増補新版

文化的再生産の社会学

sociologie de la reproduction culturelle

ブルデュー理論からの展開

宮島 喬
Takashi Miyajima

藤原書店

増補新版への序文

本書の旧版が世に出たのは一九九四年であり、早や二〇年を超える歳月が流れる。その間、何回か版を重ね、予想したよりも多くの読者の手に取られ、文化的再生産という考え方、アプローチと、それを展開したピエール・ブルデューの社会学的研究、労作を紹介することができ、社会学、教育学、人類学などの視野や方法の拡大にいささかなりとも貢献できたと自負している。たとえば、文化資本、社会（関係）資本、ハビトゥス、「変換」という再生産、等々のタームが日本の社会学のターミノロジーのなかに定着するようになったのも、その表れかもしれない。

しかし、この二〇年間に起こったことに思いをはせると、無視しがたい、われわれの思考や関心にも変化を迫る事態があるのに気づく。ブルデューは、二〇〇二年、文字通り〝巨星墜つ〟の言葉さながらに、世を去った。その晩節には、経済、政治、社会のグローバリゼーションのなかで、これに抵抗し、生き残りをかける労働者、移民、その他マイノリティの生き方や運命に強く関心を寄せ、『世界の悲惨』（一九九三年、邦訳未刊）などを世に問うていた。ベルリンの壁の崩壊が未来に向かって告げたのは、東と西の二つの体制の対立の終焉、より正確には東の崩壊であり、したがって資本主義的市場経済の世界化である。スーザン・ストレンジが「国家の退場」と述べた意味での国家主権の相対化が進み、また時期的にはインターネット、通信衛星技術が可能にする情報化が並行的に進み、グローバリゼーションが一段と進んだ。

ブルデュー自身も気付いていたが、欧米および日本の一社会を取っても、経済的格差化はいっそう進み、高水準の失業、非正規雇用率の上昇、公的扶助の受給者の増加などにそれが現れ、その一方、情報化の進展ゆえに可視的なライフスタイルや表明される意識の上では平準化がみられ、その次元に目を奪われると、不平等社会の現実がみえなくなる。たとえば日本の高校進学率は九八％に達し、大学進学への希望を親たちに問えば、希望する割合は六割を超えよう。フランスではコレージュ（公立中学校）に通う移民の子弟もバカロレア取得の希望を語るし、筆者のたまたま知ったところでは、パリのグラン・デコールの政治学院の特別入試を意識している者もいた（同校ではＺＥＰ〔優先教育地域〕に属する学校出身者向けの特別入試が行われている）。しかし現実には、進学への、あるいは学歴達成への障害はさまざまに存在して、格差は解消されていない。

そこには、どのような「文化的障害」があるのだろうか。ジェンダーという要因に注目する見解もある。これにはブルデュー、パスロンも言及し、デュリュ＝ベラの『娘の学校』（一九九〇年、邦訳一九九三年、藤原書店）は就学経歴のなかに植え付けられていく性差別をより系統的に指摘してきた。ただ、格差社会化とジェンダー秩序がやや変わってきている状況では、学校を修了するまでは女性はさして差別を感じないものの、しかしそこから先、安定した正規雇用に就くのは容易ではなく、結婚から離婚などを経ると、非正規雇用に就かさるをえず、いっぺんに貧困化してしまうというケースも生まれている。グローバリゼーションが進むなかで文化的再生産がより直接に問題化するのは、移民、難民、その呼び寄せ家族などの場合であろう。これについては本書で一章を設け、その後、筆者としては別に『文化と不平等』（有斐閣、一九九九年）をまとめ、中心的な考察テーマとしたので、今回は若干の「補論」を付すだけで、増補は行わなかった。

日本でも過去一〇年ほどの間に殊に社会学的関心を呼んできたのは、「貧困」の問題である。欧米では一九六〇年代以来、「新しい貧困」への関心が持続してきたが、「総中間層化」神話の強かった日本では、一時期「貧困」のタームが社会科学からすっかり姿を消し、ようやく二一世紀に入って問題があらためて自覚される。公表されたOECDの比較データにおける日本の貧困率の高さが、人々に問題を突き付けた。全雇用の三分の一が非正規で、その割合がじりじりと上昇し、かつ家計補助的「主婦パート」ならぬ、個々に自立的に世帯を営む青壮年男女の就労に非正規の形態が増えていることが背景にある。「ワーキング・プア」の語が人口に膾炙し、共通の現象は、アメリカ等でもサービス産業が生み出す大量の「ジャンク・ジョブ」(S・ラッシュ)という形で指摘されている。

さらに、これが子どもを巻き込んだ「貧困の連鎖」と呼ばれる、再生産の視点から解明を要する問題現象であることが重要である。子どもの貧困に目を向けることは、これを個人的な怠惰や不運の結果とみるのでなく、当人たちの行為に先行する制約条件(親が高校中退で、非正規雇用に就いていた、など)に目を向け、行為者を取り巻く社会的諸条件のなかでの世代的再生産の問題として捉えなければならないことを意味する。そして、貧困がまた貧困を生むという過程があるとして、そこにどんな文化的要因がはたらくのだろうか。それを乗り越えるのに個人的な努力に限界があるとすれば、どんな社会的な仕組みが必要なのか。

そうした問題に関心を向けてきた筆者は、新版を準備するにあたり、『子どもの貧困』と貧困の再生産――ノートとして」という一章をあらたに加えることとした。まだノートの域を出ないが、貧困の社会学的研究における文化的再生産視点の重要性は示しえたと考えている。

出版事情の厳しい折にもかかわらず、「本書の新版を考えてはどうですか」と勧めていただき、嬉しい驚きを与えてくれた藤原書店社長、藤原良雄氏には、心から感謝している。また同書店編集部の皆さんの本づくりの熱意に大いに助けられたことにも御礼を述べたい。

＊

この二〇年余の間にピエール・ブルデューの邦訳も多く上梓された。本書で用いている仏語文献も、今や多くは日本語でアクセス可能である。ただ、本書中で行っているそれらの文献からの引用や、使用している概念を、邦訳書からの引用や、邦訳書で使われている日本語概念に置き換えることは今回はしなかった。それはかなりの改稿を結果するからである。

読者の便宜のために、本書で使われている原書文献と邦訳書との対応づけを次の三点についてのみ示しておきたい。

Bourdieu, P. et J.-C. Passeron, *Les héritiers*, Ed. de Minuit, 1964
→ 石井洋二郎監訳『遺産相続者たち』藤原書店、一九九七年

Bourdeiru, P., J.-C. Passeron et D .Saint Martin, *Rapport pédagogique et communication*, Mouton & Co., 1965
→ 安田尚訳『教師と学生のコミュニケーション』藤原書店、一九九九年

Bourdieu, P. et I. Wacquant, *Réponses*, Ed. de Seuil, 1992
→ 水島和則訳『リフレクシヴ・ソシオロジーへの招待』藤原書店、二〇〇七年

その他、数点、事実上日本語でアクセスが可能といえる文献があるのだが、邦訳の底本が、筆者が本書で用いた仏語テクストと異なっているため、提示するのを控えた。

二〇一七年一月

宮島　喬

〈増補新版〉文化的再生産の社会学

目次

Ⅲ　ハビトゥスとしての文化　251

〈増補新版〉

文化的再生産の社会学

ブルデュー理論からの展開

はしがき・凡例

この本は、〝文化的再生産論〟と一般に呼ばれている社会理論または社会分析視点の意義とその射程をあきらかにしたいという願いからまとめられた。ピエール・ブルデューのそれを中心とする今日の理論、分析を紹介しながら、それらの具体的な展開を試みている。著者たちが日本のなかで行なった調査の結果も紹介している。これは、具体的展開の試みのひとつである。

分量にして約三分の二は、すでに一度雑誌等に発表した論文を収めている〔後の初出一覧をみられたい〕。これらには本書への採録を機会にだいぶ訂正や補筆をした。

また、第Ⅲ部第11章「ハビトゥスとしての文化――文化社会学序説」は、ある雑誌に連載の形で掲載されたもので、Ⅰ、Ⅱ部とは形式が異なる。エッセイとして読んでいただければ幸いである。

折々に発表されたものをまとめた本の通例として、繰り返しがあり、また章により強調する論旨や力点の置き所がいくらかずれたりしている。御寛恕を願うものである。

欧語雑誌から論文を引用する際、頻出する雑誌のタイトルは次のように略記した。

AESC Annales. Economies-Societes-Civilisations
AJS American Journal of Sociology
ARSS Actes de la Recherche en Sciences Sociales
ASR American Sociological Review
HER Harvard Educational Review
RFS Revue Francaise de Sociologie

序論　なぜ文化的再生産論か

「近代」の幻想への批判

文化を通しての社会の編成（差異化、階層化、秩序形成など）の過程を解明することは現代社会の理解の重要なカギのひとつではなかろうか。かねてから著者はそう考えてきた。その際、ブルデューの理論は、われわれに与えられているもっとも豊かな鉱脈となろう。

人に「出会い」というものがあるとすれば、著者の場合、七〇年代の初めの文化的再生産理論との邂逅が重要だった。当時の状況をふりかえると、先進諸社会で顕在化した、高等教育の矛盾と紛争、豊かさのなかでの諸階層の機会格差の問題、さらには文化的に周辺化されたマイノリティの異議申立などが、この出会いの背景の現実となっている。その多くは西欧社会の現実であったが、それに照らして日本社会を見れば、それなりに共通の問題もすでに発見できた。

「業績主義」（パーソンズ）、「メリトクラシー」（ヤング）などをキータームに、近代社会を能力、機会の開放、移動などの観点から捉えようとした社会理論が隆盛をみたのは、一九五〇年代である。しかし六〇年代、こうした近代オプティミズムへの懐疑の眼差しが生まれる。とりわけそれに貢献したのが、文化や教育の社会的機能を批判的に問いかける社会学者、教育学者たちだった。以後、本書の中でもふれるA・ジラールの「社会的成功」調査、B・バーンスティンの言語コード論、またアメリカでもS・ボールズとH・ギンティスの不平等再生産としての教育論など、メリトクラシーの幻想暴露がさまざまな論者によって行なわれてきた。ブルデューらの考察もそうした文脈のなかにあり、決して孤立した仕事ではない。

たとえば、ブルデュー＝パスロンの初期二作が著された時期、フランスでは、N・ビッセルが次のような指摘を行なっている。パリ大学文学部学生の出身階級、学科選択、卒業資格取得の可否などを追跡調査してみると、機会の平等というタテマエと現実との乖離がすでに明らかとなっている。進学者の比率のなかにすでに階級差が現われているが、それだけではなく、進学後の専攻の選択でも、自分の興味、関心にしたがって専攻を選べるのは上層の学生に限られ（たとえば古典文学や美術史の専攻）、労働者の子弟は就職をおもんぱかって、職業（主に教職）とむすびつく学科を選択する傾向がある。ここにすでに学ぶことの自由への制約があり、この国で伝統的に威信を付与されてきた古典的人文的文化は、ある学生には接近困難であることが示されている、と。[1]

まさに再生産的な事実の分析であり、ブルデューらとの視点の共有は明白である。

しかしこういう共通の文脈のなかにありながらブルデュー＝パスロンの特異な点、抜きんでている点は、この再生産的事実の究明から進んで、ひとつの社会理論を彫琢するにいたったことにある。

著者（宮島）にとって、七〇年代の初めという特別な時期[2]にブルデュー＝パスロンの分析にふれたことは重要だった。そして、これを文化を通して、またそれによって正統化される社会的選別、その前提および結果としての不平等を批判的に解明する、「近代」の幻想批判の社会理論として受け止めた。この見方は今でも基本的には変わっていない。

ブルデューらの仕事のその後の豊かな発展と、絶えず進行する射程の拡大は、われわれに戸惑いをさえあたえるが、同時に、その考察の基底にあるコンセプトをあらためて捉えなおし、かれらの仕事の意義を統一的につかみたいという願望をもかきたてる。それだけに今、批判的社会学としての現実的意義ばかりでなく、かれの理論の構造、その概念、観念が多少ともシステマティックに論じられ、整理されてしかるべき時期だと思う。ブルデュー理論が新しい社会学または社会理論として評価される内実をすでにそなえているといえるかどうか、著者にはよく分からないが、「再生産」のコンセプトをはじめ、この理論の提起している問題は大きい。

再生産における変換

物、事柄、人、行為、人と人の関係、思考、思考の所産、等々が生み出されること、これをすべて「生産」(production)という言葉で表わすとして、では、「再生産」(reproduction)とはなにか。実は再生産について語ることは、生産について語ることと何の違いもない。およそ無から *ex nihilo* の生産などはありえないからである。「再生産」という言葉をあえて使うことの第一の意味は、無からの生産などありえないということ、あらゆる生産は条件づけられ、文脈づけられているということ、この自明といえばあまりにも自明である真理を強調することにある。この意味で、あらゆる生産は再生産なのだ。

しかし、こうした再生産を論じるさいの重要なキータームのひとつは「変換」である、人のあらゆる生産の営みはこの変換の過程を含む。それゆえに条件づけられ、文脈づけられている人の行為は、単純反復行為としては現

われない。ブルデュー自身も、近年の著作では、「再生産」と「変容」(変革)の対置を虚偽としてしりぞけている。(3)

たとえば小さな店舗の経営者にすぎない父の下に育った一人の少年が、大学まで進み、小学校教師になるとする。かれの行動は、その文脈、条件というものに照らし、再生産的に理解されうる。父は、かつて教師となることを夢みたが家が貧しくて、早くから仕事に就いたが、そのかつての理想を息子にいつも語っていたかもしれない。父の真面目なコツコツ働く態度が息子の性質に受け継がれた可能性はある。高校の教師がその子の勉強ぶりに注目し、進学のアドバイスをしてくれたという幸運はあっても、他方、かれは大学に進むにあたり、家の経済、親の理想、自分の現在の学力などを考え合わせ、教員養成の課程を選んだかもしれない、等々。こうした面からみれば、息子の選択は自由意志的・偶然的なものではなく、むしろ深く条件づけられた行為であり、家庭やその他の環境に媒介された再生産の行為とみることができる。

しかし別の面からみれば、これは不連続であり、変動である。息子の携わる仕事は、店頭で物を商いする父親の仕事とは明らかに異なる。つまり再生産でありつつ、反復ではなく、変換がなされたのだ。商いにおける勤勉さは、机に向かい勉強をし教案をつくる勤勉さへと変換され、顧客への奉仕を生甲斐とする父の態度は、子どもの教育への使命感へと変換されたとみることもできる。また父親の諦めが、息子の場合では大学進学への意欲に転じ、形を変えて受け継がれたともみられる。そういう面からみれば、息子はその都度その都度の自分の人生行路の決定に際し、つねに意識的でないとしても、解釈をし、判断を下してきたのだといえる。変換とは、自動的決定ではなくむしろ解釈的過程とみるべきであろう。

とすれば、社会的再生産について語ることは、単なる反復的再現を言うことではなく、また行為者の排除でも、主観的な解釈過程の排除でもないであろう。

「主観主義」と「構造的決定」の乗り越え

以上との関連で、従来の社会学の行為の理論の図式の見直しも行なわれてよい。M・アーチャーの表現を借りる。「自分が自由であるとともに鎖につながれていると感じること、自分の未来を手ずからつくることができると感じる一方で、自分の前に立ちはだかる非情とみえる拘束に向き合っていると感じること、これはわれわれの日常経験の一部となっている。自らの反省からして自分が人形の操り師だというたいそうな妄想を退け、また自分は単なる操り人形なのだというなげやりな結論に抵抗する者は、この経験のなかの両価性を調停するという課題を負わなければならない[4]」。いうまでもなく、主観(主体)主義的な行為者像、また、構造的決定の一般化のいずれの側にも立たず、その対立(疑似対立)を解消する理論化につとめることである。

しかし、その「両価性の調停」も、いくつかの方向に枝分かれするだろう。ひとつには、現象学的な視点から、「脱中心化分析」(C・C・リマート)、間主観性の分析あるいは相互行為分析へと進んでいく方向がある。また、マルクス主義や構造主義の洗礼を多少とも受けてきたヨーロッパ社会理論のなかでは、構造と行為の関係の再定義というかたちでその課題が受けとめられているといえる。右に引用したアーチャー、おなじくイギリスのアンソニー・ギデンズの場合がそうであるし、この本で中心的に論じるブルデューやパスロンの志向も基本的にはそうである。

ところで、ギデンズが主観主義的アプローチを批判しながらも、これを「構造的決定」におきかえるだけならかえって有害であり、問題となりえないと述べていることからも察せられるように[5]、かれらにおいては構造主義が相当に強く意識され、構造主義の乗り越えという点により力点がおかれているように思われる。このことは、いささか逆説的にひびくかもしれないが、ヨーロッパ系の社会学者が、構造的決定のリアリティをよりいっそう強く感じていて、そこから行為者とその行為の相対的自律性をどのようにみちびくかという課題に腐心してきたことをうかがわせる。たとえば、階層による機会の享受の不均等や人間関係の切断がかなり明瞭であって、階層ハイアラーキーの存在がリアリティをもっている社会では、主観主義への批判はむしろ自明なものとして受入れられやすい。他方、構造的決定論を批判して、行為者と行為の意味を復権させることは必ずしも容易ではないだけに、大きな理論的課題としても意識されるのだろう。留意しておいてよい点である。

かれらの試みは、ひとつには「行為」および「行為者」の概念化をめぐって展開され、いまひとつには、広い意味での行為における解釈過程が問題とされ、独自の概念もそこでは登場している。たとえば、ブルデューらのテクストに「行為者の慣習行動」(pratique des agents) といった表現が現われているが[6]、ここでいう〝agent〟は、動作主であるとともに、何かを誰かから託されて行為する「代理人」という含意ももつ言葉である。また、〝pratique〟(英語の〝practice〟とほぼ同じ意味)は、後天的に習得される行動で、かつ日常の習慣化した行動という意味がある。なお、英語ではそれにあたる言葉で〝agency〟もよく用いられるが、〝agent〟という言葉との関連で、その意味は理解されよう。

そして〝pratique〟は、われわれの日常の実に広範な行動の領域を覆っていて、その意図、動機、目的などがあまり問題にされないという点では、意識的に組織されるという度合いの低い行動を含意しているといえる。それだけに、ともすれば〝型にはまった行動〟ととられやすいが、必ずしもそうではない。言語の習得において「文法だけでなく、プラティックも」という時には、規則を規則として知的営みを媒介させて習得するのではなく、実際の行為のなかで体得し実地使用することを意味し、さらには、さまざまな状況に応じた色々な文構成のパターンを身につけることをも意味する。この意味ではプラティックは、むしろ「型にはまった」行動の対極にあるともいえる。

こうした行為に接近するとき、一方では、その社会的な条件がどのようなものであるかが明らかにされなければならない。与えられた環境世界のなかで行為者が習得するものの見方、感じ方、行動のノウハウ、かれが利用しうる機会、人間関係、物質的手段などがそれである。しかし、他方では、その条件が行為者によってどのように象徴的、実践的に解釈され、どう資源化されて用いられるか究明されなければならない。「実践的に」とわざわざ言ったのは、行為者は、意識的に考え、計算をし行為の方向をさだめ、資源を用いていくとは限らず、日常的な解釈枠組のなかで与えられた状況の意味をとらえ、行為をつくりあげていくことがむしろ一般的だからである。そこから、先に書いたような、プラティックとしての行為の性格がみちびかれる。だからギデンズ式にいえば、社会学者は、社会的場におかれた行為者の行なう解釈をさらに解釈するという「二重の解釈学」(double hermeneutic) をつねに実践しなければならないことになる[7]。

以上、やや抽象的となったことは否めないが、こうした行為へのアプローチが再生産論とある程度切り離しえないものであることを強調したい。

文化を通しての再生産

ところで、本書がその焦点とするのは、文化的再生産の理論である。なぜ「文化的」とするか。これは、右にみたような社会過程としての再生産の一般的な特徴を踏まえながらも、ある問題の解明に接近しようとする具体的な関心の下に構成された特定的視点である。著者らはかつて別の機会に文化的再生産論を「不平等、序列、支配等の関係をふくむものとしての社会構造の同形的な再生産の過程において、文化的なものの演じる役割をあきらかにしようとする理論志向[8]」であると表現したことがある。今では必ずしも十分な定式と思っていないが、とりあえずの意味はつかんでもらえると思う。

そして、このような問題の構成は、なんといってもブルデューらに負うものであるから、かれらの問題文脈にできるだけ即して考えてみたい。次のような事実をあげよう。

一九五〇年、フランスでバカロレアの試験に合格した生徒は、三二、三六二名だった。それが、八〇年代ではどうであろう。一九八五年には、実に二五三、〇五〇名となり、七・八倍にもはね上がっている[9]。バカロレアとは、後期中等教育(日本でいえば、高等学校)の修了資格試験であり、同時に大学入学資格試験でもある。フランスの青年たちのなかで「大学へ」と志向する者が短期間にこれだけの急増をみたことは、中・高等教育が庶民に向かって開かれ、「教育の民主化」が進んだことの証と解釈されてよいように思われる。文化が庶民により近づきやすいものとなったといえそうにみえる。

だが、はたして平等化か。教育という文化の伝達‐習得の過程も一種の競争過程であることを考えるなら、バカロレア合格からその後へと、競争が緩和され、選別もゆるやかにならなければ平等化が進んだとはいえない。実際はどうか。高等教育を修えた者が就くにふさわしいとみなされる専門職・管理職は、この間に増えるには増えたが、二倍程度である。とすれば、「バシュリエにはなったけれど……」、さらに「大学は出たけれど……」という嘆きが聞かれるだろう。また、こうしたエリートの職に直接つながる特別な教育機関の存在は相変わらずで、定員制 *numerus clauses* による入試を行なう諸々の高等専門学校《グランド・ゼコール》の入学定員はそれぞれ百名〜三百名くらいで、あまり増えない。つまり、エリートの椅子とそれにいたる有力な通路は特に拡大されてはいないのだ。七・八倍にふえたバシュリエには、はたして事態は平等化の進行として経験されるだろうか。

しかもより重要なことには、大学に登録する者の出自の偏りは解消されたというにはほど遠い。六〇年代の出身職業別の学生の割合については、第1章のなかにもかかげた。それから二〇年後の一九八五～六年度のフランス国民教育省の調査をみると、上層出身の学生の占める割合は、低下しているとはいえ、依然として高い。職業構成のなかにせいぜい一〇%を占めるにすぎない自由業・上級カードルの子弟が学生の中の四分の一を占めているのにたいし、三五%に達する労働者の子弟は学生のなかに一五%を占めるに過ぎない。しかも最終学年では三六%対七%と、この差はさらに劇的に広がっている。[10]

「文化的再生産」とは、というとき、まずこうした事実を頭に入れておきたい。

今日では、学校教育という文化伝達の制度が人々の地位獲得においていよいよ重要になっている。しかし、そこでは単に伝達だけが問題なのではなく、選別という過程がつねに伴っていて、それは学校内およびその後へと続いていく。そして選別の基準となる文化モデルは「普遍的」であるとされ、それゆえ選別の「無私性」「中立性」という観念は受入れられやすいが、しかしそれは往々にして一定の社会集団（ほとんどの場合支配的上層集団）と親和性の強い文化である。選別の社会的バイアスがここから生じるのであり、その選別は上層階層への有利な地位配分を結果しやすい。文化を通しての再生産的な地位継承が行なわれやすいということである。ただ、付言すれば、ブルデューらがこれを学校教育の本然的な不可避の傾向とみなしていたかどうかは留保しておこう。かれらは、非宗教性、無償性の原則に立つフランス的公教育を評価するモノサシをもたなかったかどうか。万人にとり文化へと接近する王道であるはずの学校教育がなぜそうならず、不平等の継承の場になってしまうのか、ということへの問いはかれらは棄てていなかったように思われる。[11]

ところで、選別の基準とされる文化に、言語能力、知識、教養からハビトゥスにまでいたるさまざまレベルがあることを明らかにしたことは、ブルデューらのまぎれもない功績である。それに対応して、「文化資本」(capital culturel) というコンセプトが用いられ、その選別の過程におかれた個人および集団の有利、不利を左右する条件を指すこととなった。しかし、タームとしてやや通俗化されるなかで、文化資本が実体化して扱われがちな点は問題である(その責任の一半はブルデューたちにもあるが)。そこから、M・カーノイのように、ブルデュー理論を「機械的で決定論的」と断じるような批判も出てくる。[12] だが、はたしてブルデューらの本意は〝文化資本による決定論〟といった具合に単純化できるだろうか。行為と行為者というものを組み込んだ理論としてブルデュー理論を解釈するならば、別の見地も開かれてくる。

行為者にとって所与条件といってよい文化環境はたしかに存在し、かれの位置している文化市場との関係で、これは有利にまたは不利に作用する。しかし、この条件を積極的に利用する行為者もいれば、そうでない行為者もいるだろう。また、文化資本は、少なくとも一部は能動的な習得の結果でもあるのであり、行為者自身が自ら獲得する要素からも成っている。所与の条件の不利を意識する行為者が、その不利を埋めるために積極的に学習過程に参入するということも起こりうる。ブルデューがある箇所で論じている「身体化された文化資本[13]」などは、この所与性と獲得性との双方の性格を含むものであろう。とすれば、階層、家族、社会関係などによって決定されつつ、自らの行為によってその条件をさらに変換し、競争過程に参入していく行為者を想定することができる。とくにこの点について、著者はブルデュー理論の発展的解釈の可能性として、第7章で論じている。

とはいえ、所与としての文化資本の決定力は過小評価されるべきではない。文化を習得することは、白紙の上に書きこまれるような、無からの習得ではありえず、習得にもまた文化的条件が必要である。学ぶことを可能にする或る種の先有性向を身に付けているということである。その習得は学校以前的な第一次的教育における習得によるところが大きく、学校以前的ないし学校外的な多様な社会化が関係してくる。そして各社会集団ごとにその環境のなかで習得される文化が、学校における文化習得とどういう連続的ないし不連続的関係に立つのかも問題とされなければならない。

いずれにしても、文化資本を、所与の資源として、また獲得される資源として二重の観点の下にとらえることは重要だろう。

さまざまな「場《シャン》」と文化による選別

ところで、ブルデューらの議論は、学校または学校文化の社会的機能にだけ向けられているのではない。文化を通しての再生産は、職業生活、芸術活動、コミュニケーション、社会的交際、婚姻などのさまざまな社会的な場《champ》で見いだされ、考察されている。

「文化的」といわれるある種の活動が、なぜ特定の職業階層に属する人々によって好んで実践されるのか。美術館やコンサートに通うという行動が多かれ少なかれ上層から「中の上層」の行動であり、それに反し、園芸、日曜大工、演歌を楽しむことなどは庶民階層に多い行動であることはわが国での調査からも知られる。[14] ここでは、学校的習得のような明示的な知識の伝達の効果は相対的に小さい。それゆえ、目に見えない、意識されることも少ない、ものの見方や感じ方の習得過程があるのだろう。また、職業生活や社会的交際のなかで、ある人々が有利に用いていく資源のなかには、情報や人間関係といったものもある。狭義の文化資本とはかならずしもイコールではない要素だといえよう。

上層階層の者が「正統」とみなされるものの見方や感じ方――『ディスタンクシオン』においてブルデューが「美的性向」と名付けたものが代表的であるが――を身につけていく際にも、べつに明白な規範があるわけではなく、「こうすべきだ」という指示的な教育なしに、ある選好が身に付けられていく。かと思うと、文化的に「正統か否か」とは異なる次元で、人々が有効な機会や関係を利用するように性向づけられていく事実もある。そしてこれもまた意識的な選択行動や、組織的な習得を通してではなく進行することがある。しかしそうした性向や行為の成就いかんが、差異化や選別の基準となり、階層化の徴《しるし》あるいは要因となることはブルデューらのいくつかの考察が示して見せてくれる。

これらの行為はどのような社会的条件によって可能とされるのか。ブルデュー社会学はこうしたもっとも微妙な問題の解明を自らに課しているが、その論証の到達した結論は、上層のゆとりある物質的な条件と正統的文化との結びつきであり、ある集団や個人の近代的ハビトゥスの習得可能性のもたらす競争上の有利さであるが、それらは「機械的かつ決定論的」にみちびかれてはいない。むしろ行為者の解釈的過程にも踏みこんだ考察となっているといえる。

ハビトゥスを通しての「合理的」選択

ブルデューにおけるハビトゥス（*habitus*）は、行為の生成、展開のプロセスを構成する上で、その必要から提起されたもので、そこに想定されている機能は注目されるが、概念として実体化することは危険だろう。むしろ行為のどのようなフェーズを問題とするかによって、ハビトゥスの機能の力点の置かれ方も異なるように思われる。ハビトゥスが実践的に習得された、知覚や行動の生成の原理であり、「構造化された構造」で「構造化する構造」

でもあるといわれるとき、その機能は単なる単純反復的な再生産ではないということが言われている。もっとも、アルジェリアの農民たちの生活について、かれらは前年の農園からの所得にしたがって消費するのであって、これからの所得を見込んで消費するのではないと言われるとき[15]、この種のハビトゥスは伝統的である。しかし、不可測な未来にむけ、意識的な厳密な計算もなしに行為する者においては、ハビトゥスとはどんな原理なのだろうか（日常の多くの行為者は一般にそのような状態にある）。先の農民の場合のように過去の経験とそのなかで獲得された行為の図式を喚起させ、これに依拠させるという一種の反復性はその機能の一側面だろうが、それだけではない。ブルデューは新たな状況での生成の活動にかかわるハビトゥスについても語っていて、それは最近の著書で一段と鮮明にされている。L・ヴァカンとの対話から引用したい。

「ハビトゥスによって暗示されるもろもろの行為の方向が、コストとベネフィットの戦略的計算を伴うということはありえます。これは、ハビトゥスがその固有の論理で達成する作業を意識のレベルにもたらすといった態のものです。しかしそれだけではない。危機の時代にあって、主観的構造と客観的構造の惰性的な一致が突然破れるとき、これは、少なくとも合理的たりうる手段をもっているといってよい行為者たちの間で合理的な選択が勝利するような、一連の状況をつくりだすのです[16]」。

それゆえ、ブルデュー再生産論における行為者は、状況の必要にせまられて、ハビトゥスを通しても「合理的」な選択を行なうものとされる。この見方は、ギデンズが強調する、再生産としての構造化を担う、自省的な評価《モニタリング》を行なう行為者という観念にいちじるしく接近している。行為者の行なう解釈の営為もそのなかでは重要な位置が与えられるわけで、行為者が必ずしも意識的にではなくハビトゥスにおいて、状況への自省的な対応を行ない、状況の知覚を変え、それによって自らの反応をも組み換えることが行なわれうる、と[17]。たとえば、婚姻戦略論（本書第6章でふれた）は、そのような角度から読まれてよいものである。こうしたハビトゥスの機能についての論及は、注意深くみれば、ブルデューの考察の随所に見いだされる。それらが従来の社会学理論にたいし提起している問題をどう受け止めるか。これは本書の答えたいと思うひとつの課題でもある。

文化的再生産論のフロンティア——ジェンダー、エスニシティ

本書の中では十分にふれることができないが、ジェンダーやエスニシティという、不平等やハイアラーキーの再生産が多少とも〝文化〟を媒介にして行なわれてきた問題領域もある。これらに文化的再生産の理論をどのように適用し、どのような問題側面を明らかにするか、著者としてはいくらかの論及を行なったが、単なる覚え書の域を出ない。ジェンダーについては、性別のある関係パターンを再生産する通念やイデオロギーの規制力は相変わらず強力で、それが行為者に内面化されてジェンダー・ハビトゥスとでもいうべき知覚と行動原理を生みだし、これが維持されている。またエスニシティについては、支配的な文化によって行なわれる、「異種」文化、「異種」ハビトゥスの貶価と文化資本の格差づけがかなりヴィジブルな差別をつくりだしている。

ただ、一言するならば、これらの領域では、近年、「文化」の正統が何であるかが次第に明示的な争点として問われるようになっている。「男性性」「女性性」という通念、あるいは暗黙の規範の中身とその機能が批判的に問われるようになり、また国民国家における規範化された文化とその強調が「エスノセントリズム」として相対化され、異議申立の対象とさえされている。文化的再生産のメカニズムを意識的に捉え、それに対抗、あるいは抵抗しようとする行為者が立ち現われてきているのである。文化的再生産論の枠組をこれらにどう適合させていくかは、かなり重要な課題ではないかと思われる。

注

（1）Bissert, N., "La selection a l'université et sa signification pour l'étude des rapports de dominance", *RFS*, IX, 1968.

（2）ブルデューらの著作を迎えた「五月革命」後のフランスの状況については、拙訳P・ブルデュー、J-C・パスロン『再生産』〔一九七〇〕、藤原書店、一九九一年、の訳者解説でもふれた。

（3）Bourdieu, P.& Wacquant, L., *Réponses*, Ed. de Seuil, 1992, P. 67.

（4）Archer, M., *Culture and Agency: The Place of Culture in Social Theory*, Cambridge University Press, 1988, P. x.

（5）A・ギデンズ『社会理論の最前線』〔一九七九〕友枝・今田訳、ハーベスト社、一九八九年、四四頁。

（6）『再生産』一七頁。原著 *La reproduction*, Ed. de Minuit, 1970, p. 26.

（7）Giddens, A., *The Constitution of Society*, Polity Press, 1984, p. XXXV.

（8）宮島喬・藤田英典編『文化と社会――差異化・構造化・再生産』有信堂高文社、一九九一年、ii〜iii頁。

（9）Ministère de l'Education Nationale, *Repères et références statistiques*, Edition 1987, p. 223.

（10）*Ibid.*, p. 193.

（11）この点については本書六七〜六八頁で多少ふれている。また、ブルデューにフランスの教育の改革への抱負とビジョンがあることは、一九八五年のコレージュ・ド・フランス教授団の「未来の教育のための提言」を通じて知ることができる。

（12）Carnoy, M., "Education, Economy and the State", in M. W. Apple (ed.), *Cultural and Economic Reproduction in Education*, Routledge, 1982, p. 104.

（13）P・ブルデュー「文化資本の三つの姿」〔一九七九〕福井憲彦訳『Actes 1　象徴権力とプラチック』日本エディタースクール出版部、一九六八年。

（14）この点については、秋永雄一「文化のヒエラルヒーと教育の機能」宮島・藤田編前掲書所収、を参照。

（15）P・ブルデュー『資本主義のハビトゥス』〔一九七七〕原山哲訳、藤原書店、一九九三年、一二三頁。

（16）Bourdieu & Wacquant, *Op. cit.*, p. 107.

（17）*Ibid.*, p. 111.

I　文化的再生産論の射程

1 文化的再生産論の展開

変化と不変

一九六〇年代は、欧米、日本の諸社会にとって、経済の「高度成長」、または少なくとも「離陸《テイクオフ》」の時期にあたっていたが、同時に、中・高等教育への就学率の急テンポの上昇期でもあった。高等教育については、数%に満たなかった就学率が、一〇年間にいっきょに二〇%をこえたような国もめずらしくない。

たとえば印象的な光景としては、それまで「パリ大学」というひとつの名称のもとにソルボンヌとその周辺のキャンパスにおさまっていたこの大学は、この時期、Ⅰ、Ⅱ、Ⅲ……のナンバーを付し、さらに郊外の町々の名を冠した多くの分校を設け、いくつものキャンパスをもつ複雑で、つかみようのない複数大学へと核分裂を起こしている。そしてそこには、工場労働者の息子や商店主の娘、またごく少数ながら移民労働者の子弟さえも大学生として登場するようになっている。

だが、外見上はそうみえても、高等教育の享受者の中身ははたして大きく変わったのだろうか。学ぶ者の社会

表1–1　高等教育の不平等（フランスの事例）——OECD による

社会—職業的カテゴリー	a　学生（1964-1965）	b　1964年現在の男子労働人口
1　自営農業	5.5	13.7
2　実業家、職人、商人	15.2	9.8
3　自由業、中等および高等教育職	14.3	2.6
4　上級幹部職	15.9	2.8
5　中堅幹部職、小学校教員	17.7	7.5
6　他の事務員	9.4	9.8
7　農業労働者	0.7	5.3
8　労働者	8.3	44.8
9　その他	13.0	3.7
計	100.0	100.0

ブードン『機会の不平等』新曜社、1973、104頁。

的な構成についてても「民主化」、「大衆化」とよぶにふさわしい変化が生じたのだろうか。議論は相対的でしかありえないが、いくつかの調査は高等教育機関が依然として上層階級の子弟にはるかに広く開かれていることを報告している。たとえば**表1―1**から印象的な数字をひろえば、全労働人口（男子）のなかに労働者は四四・八％を占めるにもかかわらず、この労働者家庭出身の学生の全学生に占める割合はわずか八・三％にすぎない。それにたいして、わずか二・八％を占めるにすぎない上級管部職《カードル》が、学生のなかでは一五・九％を占めているのである。大学生は、その出身からいうと、やはり圧倒的に中・上層に偏っていたといわなければならない。

このことは、次のような事実を考えると腑におちないと思われるかもしれない。フランスでは、公教育の無償の理念、バカロレア取得者の無試験入学の原則があり、高等教育進学の障壁は概して低い。入学試験を課している高等専門学校《グランド・ゼコール》では、「能力」による以外の不平等は認めないとして、あらゆる社会階級にたいして開かれていることを公言してきた。他の欧米諸国でも同様であるが、戦後の経済成長と中規模所得層の拡大とあいまち、教育改革もすすむなか、「機会均等」は少なくとも経済的にはたんなるお題目にはとどまっていなかったはずである。にもかかわらず、高等教育の享受にこれだけの差が維持されつづけていて、民衆レベルからの接近が――少なくとも経済的には不可能ではないとみえながら――現実には困難であるのはなぜであろうか。

ここで文化へと着眼する一連の分析の試みがある。経済の障壁とならんで、場合によってはそれ以上に乗りこえがたいカベとして、文化の障壁があって、それが社会的層化あるいは不平等を再生産する要因となっているのではないかという見方である。こうした仮説ないし理論化の志向を、文化的再生産のそれとよんでおこう。

こうした着眼は、現在にはじまるわけではなく、潜在的な視点としては過去の社会学研究のなかにもあった。いま「文化」を、ある行動のパターンを正統なもの、意味あるものとしてとらしめるような、集団の成員諸個人に共有された価値‐象徴のシステム、と理解しておくならば、こうした文化が、人びとの社会的適応行動の方向づけにおいて一定の機能を果たすことはいうまでもない。このことの認識を、階級・階層関係をコアとした社会構造の再生産の考察のなかに組み込もうとする企て、それを以下にたどってみよう。

ただし、ここでひとつ断わっておくと、社会構造の再生産についての検証それ自体は、いうまでもなくマクロ統計的な課題となるであろうが、以下で検討をくわえるのは必ずしもそうした研究ではない。文化的再生産の研究は、統計的与件に関心をもつが、いわばそれを出発点（被説明項）に置き、文化的な要因としてどのようなものがどうそれに関与したかをおもに問うもので、現状では量化による把握よりは、要因の内実を質的にあきらかにすることに力点が置かれている（たとえば高学歴者の子弟はきわめて高い確率で高学歴者になるという統計相関的事実をどう要因連関的に理解するかという問題）。こうした質的な研究と統計的検証の試みとの統合がいずれは望まれるとしても、そのためにはなお、質的な議論と仮説の構成が必要であると思われる。

「社会的成功」と教育

A・ジラールと国立統計経済研究所の行なった『フランスにおける社会的成功』（*La reussite sociale en France*, 1961）の研究は、モニュメンタルなものである。「平等」と「民主化」が政治、社会のスローガンとして特別な重みをもっている近代フランス、ことに戦後のフランスにあっては、社会的成功とは、〝上層移動〟の結果でなければならず、言い換えると、労働者や農民にも開かれた道をとおしての到達点でなければならない。ところが、「重要人物」と「高等専門学校卒業生《グランド・ゼコール》」という指導エリートについてのこの大規模な調査では、パリという出身地域の重要性があきらかになり、かつ、かれらの三分の二にあたる者が、最上層（上級カードル、企業主、自由専門職など）の出身者であることが判明した。(1) そこで、成功とは、出発点ですでに自らの属している出身環境の固有の利点をさずけられている人物のもちうる特権ではなかろうか、というのがひとつの結論である。そして、ジラールたちも、学校教育をとおしての選別と、家庭環境からの影響については部分的に言及している。ただし、そこでは、教育と家庭の影響はきりはなしがたい連続性をもつものとしてはとらえられていないし、選別のプロセスを追究するための固有の概念装置は準備されていないから、文化的再生産過程への着目は表面的にとどまっている。

このジラールらからブルデュー＝パスロンへと、再生産論的関心がフランスでひとつの流れを形成してきた理由として、多少ふれておきたい文脈がある。

ジラールらの調査もはっきりと確かめているように、この社会ではエリートの輩出の有利・不利は、ひとつは階級・階層との関連で、いまひとつはパリ―地方という「地理的環境」との関連で、比較的はっきりと表われている。このことは、分析的に考えると、非常に多くの選別にかかわる要因の存在を示唆しているわけであるが、とくに文化的な要因としてブルジョアと庶民《プープル》の心性や生活スタイルの相違が含意される。地位の維持のための教育への強い関心と、子どもの養育のよき環境としての家族の重視は、ブルジョアを庶民から分かつものといわれてきた。パリか地方かという地理的条件も、いうまでもなく大きな文化的条件の差をふくんでいる。他の欧米諸国にも例をみないフランスの中央集権体制は、文化的にもパリを特権的地位に押し上げてきたのであり、文化にかかわるどの指標をとってくらべてもパリの優位が証明されるほど、これは総合的である。数世紀以来知られてきたパリジャンによる「成功」の高い再生産率は、ここにむけての人口移動の因となり、また果となってきたのである。

以上は、社会文化構造上の特徴だが、他方、すでにふれたように「民主化」、「平等」を合言葉とするこの社会の風土が、逆説的に、再生産への関心を刺激したといってよい。教育の「無償」、「非宗教性」の伝統にくわえて、戦後には、幾多の「民主化」改革が企てられ、上層階級の独占物との批判の声のあった高級官僚の養成の制度にもメスが加えられている(2)。この時期、いわゆる「機会均等」とそれによる社会の民主化は、かつてなく真剣な主題として論じられ、取り組まれたのである。それだけに、そこからしばしの時間をへた六〇年代の初めをかざるジラールらの仕事は、なにほどかの幻滅の感情を隠しているように思われる。

「成功」志向とサブカルチュア

ここで、一転してアメリカに目をむけてみよう。

「丸木小屋からホワイトハウスへ」といういささか言い古された格言をもちだすまでもなく、この国にはなかば神話化された平等と成功の観念がある。今日六〇%にも迫るこの国の大学就学率も、ある程度この文化を反映しているように思われる。ところで、「成功」を称揚し、下層階級の成員にまでひとしなみにその追求をうながすこの文化の機能については、すでに古典ともいうべきR・K・マートンの適切な指摘がある。「十分にして平等な機会にめぐまれないような社会に地位を占めている人々が、批判の目を社会構造から転じて〔成功を達することのできない〕自己自身にむけるようにすること」[3]、それがこの主要な機能のひとつなのである。

しかし、アメリカ社会における選別のメカニズムは、このように「成功」願望の斉一的な支配と、不幸にしてこれを達せられない者における逸脱、または挫折の甘受というかたちだけなのだろうか。こうした議論にある単純化があったことは否めない。というのは、この社会においては、「成功」神話があまねく喧伝されてきただけに、それだけまた、それとは異質の、それに多少とも背をむけるサブカルチュア(下位文化)に注目する試みもかねてから存在してきたからである。典型化していえば、アングローサクソン系ミドルクラス文化にたいして、下層の、そしてしばしば黒人や南欧系移民の示す価値の相違が、この「サブカルチュア」として論じられてきた。当面の文脈でいえば、このサブカルチュアは、ほかでもない、選別過程のなかで排除されるべく運命づけられている価値と行動様式を用意するものということになる。

古くは、C・ショウとH・マッケイによる非行のサブカルチュア論があるが、より最近では、A・K・コーエンの『非行少年』(一九五五年)があり、これらの議論には文化的再生産論の含意があきらかにこめられている。ここでは、いわゆる「非行文化」(delinquent culture)が、労働者階級文化とミドルクラス文化との葛藤の所産としてつかまえられているわけで、学校については、これがミドルクラスの価値基準の支配する場であって、労働者階級の生徒がその基準によって裁かれる場であると指摘されている。すなわち、自己信頼、欲望満足の延期、「よきマナー」などのミドルクラス的価値の支配する場で、かれらの短期充足的・非功利的価値観、悪ぶったふるまいなどが、不適合なものと評価され、これが競争からのかれらの脱落を結果している、と。こうした下層のサブカルチュアの研究は、消極的な諦めや挫折としてではなく、むしろ固有の価値にしたがう行動の追求の結果として、かれらの排除を説明しようとする。ミドルクラス文化がここでは支配原理として機能するというわけである。

しかし、サブカルチュアの議論も、「成功」の文化との対立面のみを強調すると、過度の単純化におちいる。現実の階級文化はもっと複雑なものであり、下層の少年たちのなかにはある程度、ミドルクラス的価値といわぬまでも、「成功」への志向は内面化されているからである。たとえばH・ロッドマンらが、アメリカのハイスクール生徒にたいして行なった態度調査[4]では、「成功」への志向は階級ごとに分化していて一様ではないが、しかし理想とか好みというレベルでは下層の少年たちも上層の少年とほとんど差がないくらい、将来の職業的成功を志向している(「期待」という点だけからすると、最下層に分類される生徒も五〇%以上は、上層ホワイトカラーに就くことを期待している)。ただし、どこまでの将来コースまでなら許容するかといった点になると、現実的可能性とにらみあわせてかれらはより留保的にならざるをえず、そこに階級差があらわれるという。

なお、『非行少年』の著者コーエンは、後に、こう書いている。不断の努力、欲望満足の延期などの支配的な価値は、ある程度下層の少年たちのなかにも内面化されていて、自分ではそれを意に介しないつもりでいても、ひそかに作用し、かれらのとろうとする行動を弱めようとつねに脅かす。このため、かれらは自己の文化を守るべく、反動形成のメカニズムに依存する、つまり、「復讐心」をもって支配的価値を拒絶するのである。「拒絶したゲームに対するかれらの侮蔑感を示すために、あらゆる種類の悪意ある、いじのわるい、しかも『下品な』行動をとるのである[5]」。

とすれば、ここでの再生産のプロセスには反動、葛藤というダイナミックな過程もはらまれているとみなければならない。

文化をとおしての選別といっても、ここで階級サブカルチュアをあまり純粋に類型化してはならないことがわかるし、選別を経験する下層の成員の心理もかなり複雑なものであることが予想される。

社会化の型の相違と選別

以上のような考察のなかで明示的に、また黙示的にいわれていることは、これら「成功」価値や「学校」価値に同調したり、反発したり、または背をむける態度が、学習されたものであり、所与の環境をとおして習得されたものであるということである。それは、「能力」の優劣といったものに還元できるのではなく、子どもたちがそれぞれに成長をとげてくる社会的・家族的環境のなかに保持され、伝達されてきたそれぞれの固有の文化の問題であって、それらのあいだに相違があるということである。そして、その相違は、別の観点からいえば、社会化のパターンの相違としてつかむことができる。

S・ボールズのような経済学者からの問題への接近は、現代資本主義のもとでの階層差（おもに所得で定義）とその子弟の教育年数との相関といったマクロな関係にむけられるが、そのかれも、この社会化の型という「文化」的要因を無視するわけにはいかない[6]。たとえば家庭についてはどうか。労働者階級家庭の場合、子どもたちは絶えず「上から」の規律中心の社会化をこうむる傾向があるのにたいし、上層階級では、幼児期から比較的自立性にむけてのソフトな訓練が行なわれる。そしてこの第一次的社会化の二つの型は、それぞれ、労働者子弟の多い往々にして財政援助の乏しい学校、郊外の比較的豊かでゆとりのある上層階級子弟の多い学校のなかで受けつがれ、より強化されていく。高等教育へとすすむにつれて、後者の子弟がより有利になり、進学者に多くを占めるようになるのは、かれらの経験する社会化のパターンこそが、学校文化に適合的であるからである。言い換えると、上層階級が、自分たちの子弟に有利なように「学力」や「優秀さ」というものを定義する力をにぎっているからにほかならない。

それゆえ、文化的再生産の観点は、社会化のパターンのちがいの所産にすぎないものが、なぜたんに多様性ととらえられず、優—劣のヒエラルヒーに変換されていき、しかも、そうした変換が「正統」なものとみなされうるのか、を説明しなければならない。その場合、学校において規範化されている文化がどのような性質のものであり、なぜそれがしばしば「中立」で「正統」なものとして表象されうるのか、という問題がカギとなろう。

この「学校文化」をとらえるうえで、言語に目をむけることは戦略上意味があるといえよう。とくにヨーロッパではそれが多くの調査をつうじて実証されてきた。文化的再生産論がこれまでもっとも成果をあげてきたものに、言語的社会化と学校文化の考察がある。

もろもろの文化のなかで、言語というものは、二重の意味でかなり特異な位置を占める。ボアズやレヴィ＝ストロースらがつとに述べてきたように、通常、言語は話者の意識の外にあって、その構造や規則は自覚されずにいるという点で特異な文化現象である。自覚されないだけに自律的に意味や価値をもつ文化とは考えられず、しばしば道具的なものとしてとらえられる（コミュニケーションの手段！）。しかし、そうした道具性、したがって中立性が強調されるにもかかわらず、言語は「話し手についての情報を伝える」という機能をもち、「社会構造やその社会の価値体系と密接に結び付いている」[7]。すなわち、言語はその話し手の属する地位を示すものとして受けとられ、そのことに関連して、美しい—きたない、正しい—正しくないなどの価値評価イメージが容易に付され、ひとり歩きをするということである。

このように学校文化の構成要素のなかでも、一見道具的で中立的な要素であるとみられながら、社会的な背景をもっている言語に着目したバーンスティンの試みは興味ぶかい[8]。かれが設定した二つの言語コードは、理論的であるとともに経験的なものである。精密コード（elaborated code）は、明白な意思をことばによって象徴化する志向を促進するもので、多様な、また複雑な語の組合せの可能性をもち、表明する意味においては普遍主義的である。ミドルクラスの子弟は、そのあたえられた環境のなかで容易にこのコードをまなんでいく。これにたいし、限定コード（restricted code）は、狭い範囲の語彙からの選択と単純な構造の文の構成へと志向するもので、表明する意味からすると、完結的というより文脈依存的であり、個別主義的である。労働者階級の子弟たちがその生いたちの環境のなかで学んでくるのはこのコードであるが、ただし同コードにはミドルクラス子弟も反応することができる。そして、いうまでもなく学校が子どもたちに要求する適切な言語コードは、精密コードなのである。

もちろん、ここで著者は二つの言語コードにたいして絶対的な価値判断を下しているのではない。習得される二つの言語行動パターンが異なっている、ということの確認がその本意なのである。そして、さらにこのパターンの背後に、ものごとにたいする態度のそれぞれ異なったパターンとその習得が想定されていることも注目される。すなわち精密コードは、社会関係や客体にたいする手段的（instrumental）態度とむすびつきうるものであり、他方、限定コードは、非手段的態度とむすびつくと考えられる、と。こうした態度の相違が、就学、さらにはその後の職業生活においてかれらの適応行動を分化させていくであろうことは容易に想像される。

バーンスティン「言語コード」の概念は、たびたび指摘されるように、あいまいさをもっている。また二つのコードを明快にミドルクラスと労働者階級の言語行動に対応させすぎている点も疑問がのこる。なお、その後の発言ではかれは、限定コードを用いるからといって精密な語り方が使われないわけではけっしてなく、ただ、子どもの社会化のなかで（ある種の家族では）その使われる頻度が低いということにすぎない、と付言している[9]。ともあれ、言語という文化要素に着目することで、選別のプロセスへのより具体的な接近の道をきりひらいたことの貢献は評価されなければならない。

文化的再生産過程の批判理論——ブルデュー、パスロン

ブルデューとパスロンが教育と文化の問題に批判的に切り込んでいったことの背景には、「近代」というものへのかなり根本的な問い直しがあろう。フランスに代表される非宗教的な無償の公教育という理念は、宗教的権威、生来の身分にともなう経済的有利―不利、個別学校機関のパティキュラリズムなどからの解放を意味してきて、それ自体ではラディカルな「近代」原理の実現であった。しかし、その「近代」のもとで少なくとも高等教育レベルでは他に例をみないほど、エリート教育と一般高等教育との分化が生じてきたのである。いったいこれはどのようなメカニズムによるのか。その場合、「能力のみを基準とする選別」という、よく援用される主張にたいし、この「能力」あるいは「学力」といわれるものの中身にまでメスをいれ、その社会学的な批判を展開したところに、ブルデューたちの接近の意義がある。

「ブルデューは、単に移動の統計や教育のインプット―アウトプット分析を使って不平等のパターンを説明するのではない。むしろ、かれの焦点は、それを通じて社会的不平等の搬送器としての文化的知識や文化的スタイルが作用する過程に置かれている。その分析の中心をなすのは『文化資本』のコンセプトであり、これによって、個人および集団によって生産され、分配され、消費される経済的財貨と類比されるような一般的文化背景、知識、性向、技巧などを分析することが可能となっている[10]」。

「言語資本」(capital linguistique)、もっと広くは「文化資本」(capital culturel) というかれらの概念がよく知られているが、これは、言語をたくみに操ったり、正統的な芸術への趣味をもっていたりする能力を、社会の成員個々人のレベルではなく、むしろ社会集団あるいは階級の総体としての有利―不利という面でとらえようとしたものである。(11)

この場合に、文化と教育をめぐってブルデューらに重要な二つの視角があることに注意しなければならない。そのひとつは、教育(ひろい意味で)というものがつねに社会的な選別の過程としてあり、このなかで文化への能力も「資本」化されてあらわれ、機能するということ。第二に、その過程で、どのような能力が有利さをもつかは、暗黙の、社会的に基礎をもつ基準によって決められる傾向があり、この基準は上層階級の文化的行動のそれに近いこと。それゆえ、文化資本は、上層階級に有利に、民衆階級には不利に配分されていると想定される。ただし、個人個人をとってみると、たとえば労働者家庭の出身の大学生と、たいした強い動機づけもなく進学してきた上層階級出身の学生とでは、成績上まったく差がないか、前者がまさっている場合さえある。これは、選抜のきびしさの度合いがまったくちがうからであり、このことを無視して、能力の階級差が小さくなったなどと短絡的な結論をみちびいてはならない。こうした集団全体の文化的な有利―不利の条件のちがいを明示的に認識するうえで、「文化資本」概念は意義をもつのである。

では「資本」としての有効性の大小を分かつもの、別の言い方をすると、学生・生徒たちの選別の基準となるものについて、かれらはどのように考えているか。むろん、当然ながら、生来の(あるいは「天与の」)才能の有無を問題にするような非社会学的思考はしりぞけられている。あたえられた社会的な環境世界《ミリュー》のなかで各成員はそれぞれの言語行動や特有の知を学習してくるのであり、この意味で「能力」とは、本質的に習得されたものの

(acquis) なのである。ところが、この習得されたさまざまな能力にいわば優劣の判断をくだすヒエラルヒーが存在し、それらの差異化、区別だて(ディスタンクシオン)がすすめられていく。そして先にも述べたように、このヒエラルヒーは、事実上、上層階級の成員の習得する文化を基準として構成されている。あらゆる社会集団の成員は、この意味で先行世代の文化の継承者であるが、とくに上層階級子弟は特権的な「遺産相続者」(héritiers) として立ちあらわれるわけである。『再生産』その他では、ブルデューらは学生の言語と教養の獲得状況の調査をとおしてこのことをあきらかにしようとし、[12]『芸術への愛』(邦訳『美術愛好』)や『ディスタンクシオン』では、正統的文化にたいする諸社会階級成員の接近の仕方を分かっている微妙なちがいをつきとめることで、このことを証明しようとした。

他方、文化の習得過程や、選別とそのメカニズムへのアプローチにおいて、主観的なものと客観的なものの相補性を問い、また無意識あるいは半意識のなかで機能するもろもろの態度性向に注目している点は、かれらの方法上の独自性として特筆できよう。この点を組織的に検討し、評価するならば、社会学方法論の全般にかかわるブルデュー社会学の貢献を定式化できるかもしれない。たとえば『遺産相続者たち』のなかでは、上層階級家庭にそだった少女が、ほとんどなんの苦もなく自然に、正統の美術や音楽への趣味をつちかっている事実をインタビューとともに紹介し、他方、労働者や農民の子弟に作用する選別の過程では、かれらの主観的な表象、「大学なんて自分と無縁の世界だ」によって、あらかじめ自己選別が準備されていることを指摘している。[13]こうした主観的な表象がかれらの行動を規定し、進学競争からの離脱を(それと意識せずに)うながし、過剰選別という客観的事実を生みだすのに寄与している、と。「ハビトゥス」という概念をかれらが重用するのも、以上のことに関係している。これについて定義的なものをもとめれば、「実践と表象の産出・組織の原理として機能する素性をもった構造化された構造」[14]ということになるが、このタームに拠ることで、なかば意識下にある社会的習得の産物である、言語の用い方、学ぶことへの態度、表象、知の獲得様式、身体の能力などが浮彫りにされた。これによって、人びとのいわば意識の外において進行する文化的再生産過程に接近するためのひとつの視角があたえられたことは、とくに重要であろう。学校内では、たとえば右に述べたような少女の獲得した知や文化へのハビトゥスが、また学校外では、贈与や婚姻にかかわる慣習行動をさまざまに編みだすハビトゥスが、再生産過程とむすびつけて論じられているのである。

ブルデューの教育観については、ときに誤解されるように、支配的階級の利害や価値にこれを還元しているようにみえることがある。しかし、教育という領域の「自律性」も、これまたかれらの強調してやまない主題のひとつである。少なくとも近代社会においては、教育機関は、経済的利害や政治的要求にたいし「中立」を標榜し、現に「真理」やそれに類した原理のもとに教育的コミュニケーションを行なうし、教員にたいしても一定の自由と身分の保障をあたえるのが普通である。しかし、この自律性には、どういう社会的な機能があるだろうか、とブルデューらは問う。そして、教育的コミュニケーションを正統なものとして受けいれさせるための条件として、むしろこの「相対的な自律性」が不可欠であるとみる。教師が外的な力によらずに自らを権威あるものとして示し、徹底して象徴的な次元で意味を表現することによって、かれの行なうコミュニケーションははじめて正統性を獲得する、と。

こうした考察は、教育の内容のイデオロギーや利害への還元とは一線を画している。しかし、教育の「中立性」や「普遍性」を額面どおり鵜呑みにし、その文化的恣意性（「真理」の名において一定の意味解釈権が行使され、これが押し付けられること）や社会的機能を見落とすことにたいし、するどく警鐘を鳴らすものである。

教育とはなにか、についてのブルデュー理論の含意を十分に引きだすのは今後の課題に属するが、こうした批判的考察の視角がかれのなかにあることは知っておきたい。

再生産と変動の問題

ブルデューらの仕事のあたえたインパクトはきわめて大きかった。それは、たんにフランスだけでなく、英米の社会学者、教育学者にも刺激をあたえ、多少とも類似の関心に立つ研究を動機づけている。しかし同時に、かれらのなかにドグマ性を感じとった者からはとくに二つの主題をめぐって問題が提起されているように思われる。ひとつは、文化それ自体に、あるいは文化の社会的機能に生じている変動の問題がア・プリオリに排除されてしまっているのではないかという批判、そしていまひとつは、ブルデュー再生産理論は、結局、諸個人のとる行動は機会の不平等、選別の不平等を維持するという方向にはたらいてしまうとする点で、機能主義的論法におちいっているとする批判である。R・ブードンは、こうした意味で『再生産』の著者のなかに「反復のメカニズムという仮説」の導入をみている。(15)

ここでは、それらの批判にたち入って吟味をくわえることは課題ではない。だが、文化的再生産論がこうした批判とどういう関係に立つのか、いくらかの考察をくわえておくべきだろう。

これらの議論が登場した時期、すなわち六〇年代が、教育、文化そして職業構成におけるむしろ変動期をなしていたことを思い出しておきたい。ブルデューらもこのことには目を向けている。ということは、かなりの変化がマクロ統計的に観察されるにもかかわらず、かれらにおいては、階層上の再生産への傾向が依然としてはたらいていることの再確認があったということにほかならない。もちろんこうした確認は相対的なもので、変動への諸傾向の存在（労働者子弟の大学進学→ホワイトカラー層への組み入れ、自営業主子弟の高等専門学校《グランド・ゼコール》への進学→企業経営幹部への昇進、あるいは女子の高等教育へのかつてない進出など）を否定するものではない。ただ、そうした〝変化〟とみられる現象においても、仔細に考察すると、所与の不利な条件を克服するための容易ならない努力と、それによってもなお克服しきれない文化的ハンディの重圧がみてとられ、結局、支配的文化のモデルが変わっていないことによるカベは取り除かれていないということの側面に注目せざるをえなくなる。

ただし、それにしても、この時期に生じた文化のモデルの若干の手直しの試み（たとえばフランスのリセでの古典語教育のウエイトの軽減）のあたえた影響は無視されるべきではないだろう。ブルデューらの研究はそれらの側面には明示的にはふれていない。

また、いまひとつ、経済成長がすすみ都市的勤労者が人口中に大きな割合を占めるようになるにつれて、学歴資格はかれらの地位の伝達・維持のために必要なものになってくるから、まさに地位維持のための子弟の進学の追求が支配的となってくる。ここでは相対的にいえば、教育（学歴取得）をつうじての固有の意味での〝上昇移動〟よりも、〝地位維持〟のほうが一般的となってくる可能性もある。文化的再生産の過程に注目が集まらざるをえない背景が、その点にもあるといえよう。

ところで、再生産にかんする理論がとかく〝機能主義的〟と映り、かつそのように批判されてきているのは、なぜだろうか。たとえば、ブルデューたちを「制度的機能主義者」とよんでいるM・カーノイは、かれらが学校を他の社会諸制度から比較的「自律的」なものととらえていて、生産装置、政治体制そして学校のなかに生じている変動や葛藤との相互関係を見逃している、と述べている。[16] ブルデューによる教育システムの相対的「自律性」の強調は、右に述べたように、それなりの意義をもっていると考えるべきであるが、反面、こうした批判の余地もあたえているということである。

そして、「機能主義的」といわないまでも、この再生産理論をスタティックと感じさせているいまひとつの理由は、選別の過程におかれた個々人行為者をとらえている動機づけや、かれらによって生きられた文化の意味がかならずしも、動的につかまれていないと感じられるという点にあろう。しかし、ブルデュー理論の動的再構成の可能性はあると著者は考える。これは第7章で論じてみたい。

ところで、文化的再生産論への視点を秘めながらも、労働者の文化をかれらの内なる態度の側からとらえようとするP・ウィリスの試みは示唆的である。[17] なぜ労働者の子弟である生徒たちは、反学校的な態度、言動を示し、進学への道をすすむことなく、「おちこぼれ」として肉体労働（labour）を選ぶべく方向づけられていくのか。それは、消極的なやむなき選択といったものではない。学校教育、それはかれらに精神労働というものを管理と屈従のいとなみとして感じさせる。それにひきかえ、手労働はそうした学校的な管理や権威の支配からまぬがれた、「自由な」「男らしい」活動であり、それ自体が権威へのある種の抵抗であると感じられる。少年たちにとっては、手労働は、それ自体は無意味であるとしても、この社会で自分たちの自由を謳歌し、自己を実現する形式とみなされている。ウィリスによれば、こうした労働者文化は、「対抗文化」とみなされるべきものであり、たんに自己防衛のための消極的な選択ではなく、むしろ学校で身をもって会得したものを積極的に肯定する行為であるとする。

とすれば、かれらの文化には挑戦的で、破壊的な要素があるとみなければならず、既存の社会をおびやかす力をたもっている。「社会的再生産の文化の位相にはさまざまな亀裂やズレや対立抗争が陰に陽にせめぎ合っているのであって、そこから現存の体制に適合しない諸結果を導き出す真に破壊的なロジックが生まれてこないともかぎらないのである」[18]。むしろここでは、社会的再生産（職業、階級、社会的地位の再生産）にたいして文化が適合的であるようにみえて、攪乱的、ときには破壊的にさえ作用するかもしれない、という予感が語られている。文化的再生産論がもしも変動への視点をとりいれようとするなら、無視できない見方ではなかろうか。

結びにかえて

文化的再生産への関心は必ずしも新しいものではないが、現代あるいは後期近代のある特徴的な状況への批判的なかかわりによってとくに活性化された。それは、ほかでもない、教育その他の文化享受が、社会移動の正統かついよいよ不可欠な手段とみなされながら、むしろ既存の多少とも確立された社会層がその地位を維持・伝達していくための手段として機能する傾向にあるという状況である。

そして、この状況にたいする批判的認識として再生産理論の提起したものは、支配的文化または学校文化の「普遍性」、「中立性」の仮構性であり、これは正統とされている言語、教養、知のノウハウについて指摘され、さらにはカリキュラムについてまで看破されている。一方、この「普遍的」文化にたいして、それぞれの集団のなかで伝達され継承される文化は小さな、あるいは大きな距離をもっていて、その距離のいかんで選別・排除がおよぼされる。

こうした枠組にかんするかぎり、この理論の批判社会学的な意義は承認されてきたといってよい。とはいえ、支配的文化や各集団の文化的状況の変動をどうとらえるか、政治、経済、社会運動などのレベルの変化や葛藤の影響をどう組み込むかは今後の課題といえるし、選別の作用とそれにたいする行為者の反作用といった動的な関係も視野にいれておく必要がある。またブルデューたちは部分的に論及しているが、階級・階層のみならず、性

（ジェンダー）や民族などに即した再生産理論の構築ものこされた課題であろう。

注

（1）A・ジラール『エリートの社会学』〔一九六七〕寿里茂訳、文庫クセジュ、白水社、一九六八年。これはジラールらの六一年の大著の要約版ともいうべきものである。

（2）戦前のこの国の官僚の補充システムは、私立の政治学院（シアンス・ポ）に大きく依存するものだったが、戦後、機会均等、公正、能力主義などを旨として国立行政学院が創設され、その準備校的位置にある政治学院も国立に移管され、パリ以外にも増設された。

（3）R・K・マートン『社会理論と社会構造』〔一九四九〕森東吾他訳、みすず書房、一九六一年、一二九頁。

（4）Della Fave, L., "Success Values: Are they universal or class-differentiated?" *AJS*, Vol. 8, No., 1974.

（5）A・K・コーヘン『逸脱と統制』〔一九六六〕細井洋子訳、至誠堂、一九六八年、一一一頁。

（6）S・ボールズ、「教育の不平等と社会的分業の再生産」〔一九七一〕潮木守一他訳『教育と社会変動』（上）東京大学出版会、一九八〇年。

（7）P・トラッドギル『言語と社会』〔一九七四〕土田滋訳、岩波新書、一九七五年、二、九頁。

（8）B・バーンスティン『言語社会化論』〔一九七七〕萩原元昭訳、明治図書、一九八一年。

（9）同右。

（10）Swartz, D., "Pierre Bourdieu: The Cultural Transmission of Social Inequality", *HER*, Vol. 47, No. 4, 1977.

（11）この点については、本書六七頁以下を参照。

（12）この調査については本書一五一頁以下を参照。

（13）Bourdieu, P. & Passeron, J.-C., *Les héritiers*, Ed. de Minuit, 1964, Chp. 1.

（14）P・ブルデュー『実践感覚』（1）〔一九八〇〕今村・港道訳、みすず書房、一九八八年、八三頁。

（15）R・ブードン『機会の不平等』〔一九七三〕杉本一郎ほか訳、新曜社、一九八三年、六六頁。

（16）Carnoy, M., "Education, Economy and the State", Apple, M. (ed.), *Cultural and Economic Reproduction in Education*, R.K.P., 1982.

(17) P・ウィリス『ハマータウンの野郎ども』〔一九七七〕熊沢・山田訳、筑摩書房、一九八五年。
(18) 同右、三五〇頁。

〈付図〉文化的再生産プロセス関連図

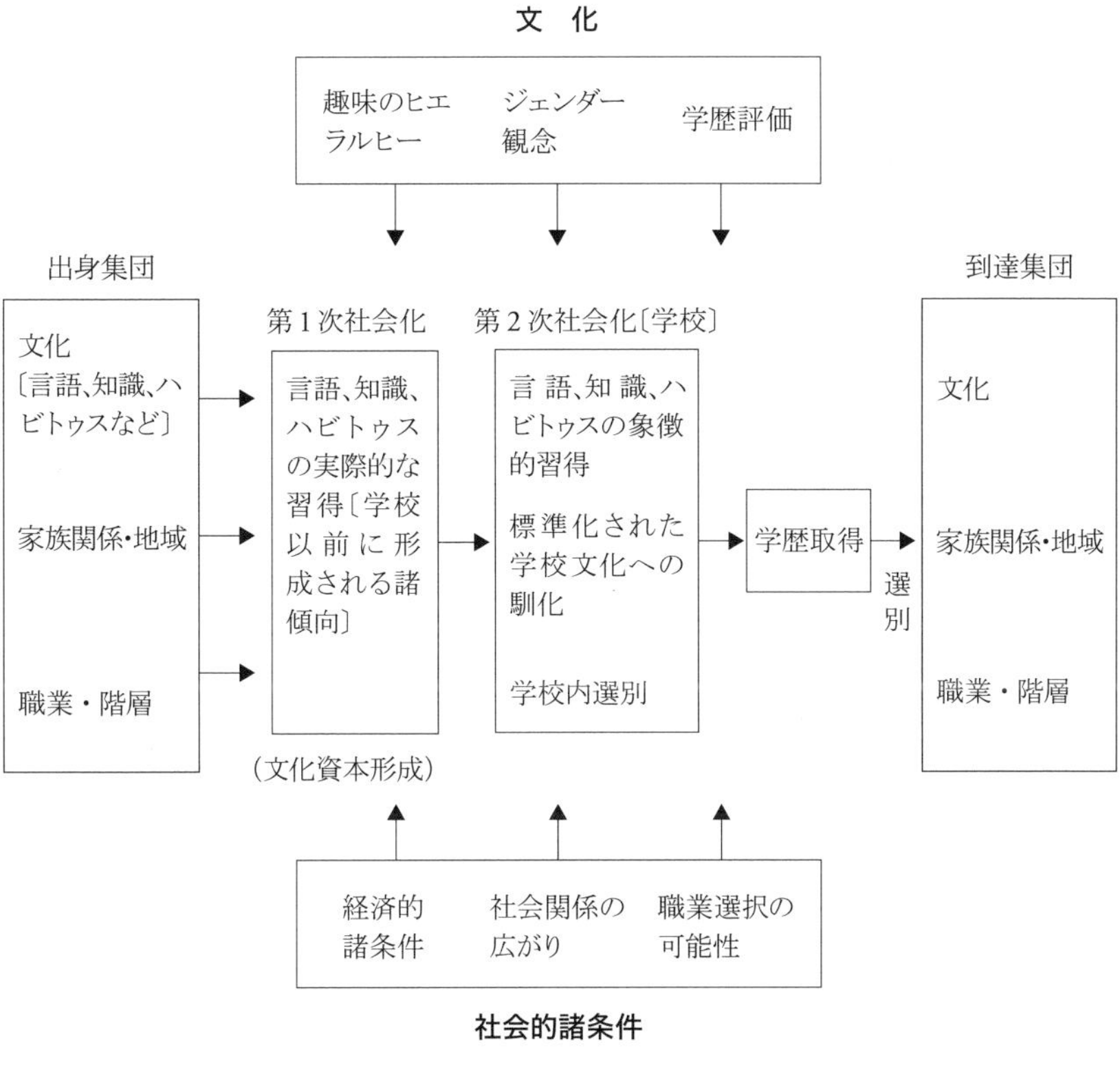

2　再生産論としての教育論の構造
——ブルデュー、パスロンの教育論の視角と論点——

"再生産論"の視角のなかで

以下でとりあげて論じるのは、ブルデューとパスロンの二つの著作、『遺産相続者たち』（*Les héritiers*, 1964）と『再生産』（*La reproduction*, 1970）にほぼ限られる。[(1)] このことをあらかじめことわっておきたい。

この二つの仕事は、公刊以来、その解釈や賛否をめぐって、かなり活発な議論をまきおこしてきたが、いまわれわれはかれらの教育論の社会学的インプリケーションをある程度まで冷静に、その意義を評価しつつ、かつ限定づけるかたちで受けとめることができるのではなかろうか。ただし、そのためには、ブルデュー、パスロンの視角が再生産論としての教育論にあえて徹するという立場からうちたてられ、それに即応した理論構成を行なっている、ということをあらかじめ踏まえておくことが必要であろう。

過去二十年ほどのあいだに教育、とりわけ高等教育が社会学者の関心の対象とされてきたが、これは、教育内在的な問題関心と無縁ではないとしても、主として次のようなコンテクストと関係していたといえよう。過去数十年のあいだに欧米諸社会に生じた中・高等教育の就学者の増大、そして一般にいわれるところの教育機会の下方にむけての開放は、思ったほど機会の不平等の実質的縮小をもたらしてはいず、したがって社会移動の有効な促進剤とはなっていない。経済成長が進んで、中規模所得層がより厚みをますにつれて、社会移動が容易になるものと考えられ、それには教育機会の平等化が中心的な役割をはたすであろう、という社会学的通念とでもいうべきものがあった。しかし、これがかならずしも妥当しないことが、種々の研究から明らかとなる。

もともとヨーロッパの社会学者はこうしたオプティミズムにはやや懐疑的であったが、「開放階級社会」のより大なる信奉者であるアメリカの社会学者ですら、このオプティミズムを維持できなくなる。たとえばリップセットとベンディクスの古典的な分析『産業諸社会における社会移動』（一九五九年）なども、その観察を通して否応なしにこのような現実を確認しなければならなかった。D・ベルの『脱工業社会の到来』が著されたのは一九七三年であるが、かれが展望する第三次産業（サービス経済）中心の社会は、理論的知識の優位が決定的となる社会であり、高等教育を受けた技術専門層が階層的にも上位を占め、決定の権力をにぎることになる。この展望が含意するのは明らかに、教育格差の地位格差への変換がいっそう進むというものであって、労働者も必要上教育水準を上げるとしても、平等化へ進む移動が活発化するといった見通しはほとんどみちびかれない。むしろ、七〇年代にはS・ボールズらとともに、明瞭に批判的な立場が現われる。相継いで著されたかれの論稿は、家庭における社会化と学校の機能を問うことを通して、「開放階級社会」というアメリカの長年の神話を完膚なきまでに批判したものといえよう(2)。

『機会の不平等』の著者で、ブルデューと同世代の社会学者レイモン・ブードンに言わせれば、まさに「機会の不平等に関する社会学の危機」という状況である(3)。

そのフランスでは、一九六一年に公にされたアラン・ジラールと国立統計経済研究所（INSEE）スタッフによる研究『フランスにおける社会的成功』が、この国の指導的人物たちの出自を実証的に洗いだし、機会の平等の幻想をあばく大量のデータを提示したが、かれらの結論のひとつは「成功に達するチャンスは、どんな階層にも存在する。しかし、もっとも生活機会にめぐまれない階層ではそのチャンスはとるに足らぬほどわずかであり頂点に達するため地位の階層体系の諸段階を上昇していくにしたがって、このチャンスは増加しつづける」[4]というものである。

ブルデュー、パスロン（以下、簡略化してしばしば「ブルデューの」とよぶことにするが、対象の二作があくまでもパスロンとの共同作業であることを著者は忘れるものではない）の教育論も、大きくいって、楽観的な社会移動論が批判され、凋落したのちの、シヴィアな現実認識のなかに立って展開されている。ただ、そこにはいかにもかれら独特の旗幟鮮明な非妥協的な観点の選択がある。

選択された視点として

その観点のひとつは、繰り返しになるが、再生産論としての教育論であること、いいかえれば、社会移動または階級・階層変動を促進するものとしての教育という見方にたいし、あえて距離をとる視点に立つこと、という点にある。

この視点の採り方は、現実の複雑で多義的な動きの側からは当然部分的な反証をつきつけられ、反論をこうむる。フランスの中・高等教育就学率の統計を繰ってみれば、通時的に相当の変化が認められることは否定できないからである。[5]ブルデューたちも、むろんこのことを知らないわけではなく、その視点のさだめ方は多分に選択的かつ戦略的であろうとみることができる。

　しかし、この視点があえて採られているのは、この社会学者たちの強烈な批判的認識眼の表われである。「ブルデューは、『専門家社会』とか『メリトクラシーの興隆』にかんする理論が教育思想を支配していた時期に、『教育の民主化』という流行《はや》りのテーマに批判の目をむけた最初の社会学者の一人だった。教育を通じて社会構造のなかで少数の個人が上昇していっても、これは階級関係の基本的な変化や内からの柔軟化を意味するものではない、と」[6]。この意味で、人びとの喧伝する変化よりは、再生産の事実の指摘の方が重要だという判断が明瞭にあった。つまり、ブルデュー教育論は、後者の側面に意識的に焦点をあわせたもので、楽観的な社会移動論とリンクした教育論にたいするアンチテーゼたることに意識的に徹した議論ということができるのではないか。このようなものとして解釈されうる理論の性格を、前もって強調しておきたい。

　いまひとつのブルデューの教育論の特質は、再生産を促進する過程のなかに直接に経済的障碍を要因として挿入するのではなく、ある種の文化的な態度および能力を重要な媒介的要因として入れてくる点にある。それは、あるばあいには言語を操作する能力と規定され、あるばあいには「自由」な教養と規定されているが、いずれにせよ、ある種の階級の環境世界《ミリュー》のなかでほとんど無意図的におのずと習得され、当人を学校教育に適応させていく態度あるいは能力である。これは、『再生産』のなかで著者たち自身の使っているターム、「ハビトゥス」(*habitus*)ということばによってほぼ適切に表現されよう。

　以上から、ブルデューらの再生産論としての教育論は、しばしば「文化遺産」説ともよばれている。しかし、「遺産」という、モノへの連想のはたらきやすい、スタティックな表現がはたしてふさわしいかどうか。むしろかれらの真骨頂は、こうした所与の環境世界からの習得物が当人の態度や能力へと変換されて、なかば血肉化され、自発性の外観をおびてさえ作用するその様相についての犀利な考察にあるのではなかろうか。この点については、のちに多少の議論をこころみたい。

キーコンセプトとしての「選別」

さて、再生産論のなかで教育のプロセスに考察を加えていくとき、重要な意味をおびてくる概念のひとつに選別(sélection)がある。ブルデューらも、その議論の組み立てにおいて、「選別」の問題を重視し、かれら独特の注目すべき意味づけをこれにあたえている。

選別とは、その一定側面が具体的なデータとしてつかまれるという意味では、客観的・構造的事実とみなすことができる。

『遺産相続者たち』で掲げられる数字をもとにすると、たとえば一九六一〜六二年の社会的出自別のフランスの学生の比率では労働者の子弟の占める比率は六%、自由業・上級カードルのそれは二七%となっている。また有力な高等専門学校《グラン・デコール》のひとつポリテクニック入学者のうちに両者の占める割合については、それぞれ二%、五七%という数字がしめされている。著者たちによれば、これらの数字はまさに「選別」という事実をしめしているのであって、「学校を前にしての不平等」(inégalites devant l'école)の顕現にほかならない。フランスの当時の有業人口の構成比に照らし、当該有業人口千あたりの学生数を算出すると、労働者については二、自由業・上級カードル七九という数字がでてくる。[7] 客観的にみて、就学の機会にして四〇倍の差があるというわけである。このような数字としてあらわれる就学機会の相対的関係が、「選別の度合」(degrès de sélection)ということばをもってあらわされる。

もっとも、そのインプリケーションをよりよくつかむには、かれらが同義的に用いている「学校死亡率」(mortalité scolaire) ということば[8]のほうが分かりやすいかもしれない。すなわち、大学生に占める労働者子弟の比率七%という数字は、そこにいたるまでの進学の挫折者、断念者の死屍が累々とよこたわる戦場を前提とし、逆に自由業・上級カードル二七%という数字は、少数の脱落者をのこし、多くが無傷のまま生きのびてきた楽戦楽勝の戦場を前提としているというわけである。だから、かれらの用いる「選別」の概念は広く、学校という制度内での競争や、上級学校入試の結果など、人びとの通常イメージする過程のみにかぎられない。また、進学へとむけられた意図的な行動だけでなく、無意図的な行動の帰結をも包括している点からすると、この概念はきわめて客観主義的であるともいえる。大学のことなどつゆ考えない生徒がさっさと技術リセのコースへすすみ、就職してしまうとき、かれもまた「選別」のふるいにかけられたわけであり、「死亡」の宣告をされた、ということになる。

ここまでその意味を拡張してしまうと、選別という概念内容がぼやけてしまうという批判もありえよう。が、べつの角度からみれば、この拡大には大いに意味がある。学校内での落第、卒業不能、入試の際の不合格というかたちでヴィジブルにあらわれる選別が、じつは目にみえないかたちで背後に当の学校課程以前の長大な選別のプロセスを隠しもっていることが、これによって示唆されてくるからである。

「自己選別」の問題

ブルデューとパスロンの選別の概念化は、右にみるかぎりでは客観主義的にみえるが、じつはそれはひとつの側面であって、そこから先のやや微視的な考察では、なかば主観的といってもよい独特のファクターが導入されてくる。ほかでもない、ハビトゥス的な要因である。

とりあえず『遺産相続者たち』のなかの一節に注目しよう。やや長いが引用する。

「本人たちが意識的にそうは考えないにせよ、客観的な就学機会におけるこのような大きな差は、日常的な知覚の場でさまざまな仕方で表現され、高等教育を自分の『不可能』な未来とみるか、『可能』で『当然』な未来とみるかという、社会的出自ごとに異なるイメージをつくりだす。そしてそのイメージが、こんどは就学への志向を規定するようになる。二人に一人以上が大学に行き、その周囲や家族のなかにも高等教育を当り前の通常のコースとして見いだしている上級カードルの子弟と、進学が百人に二人以下で、わずかに人づてに、また媒介的世界をへだてて勉学と学生のことを知るにすぎない労働者の子弟とでは、未来の勉学がおなじように経験されるはずがない。社会階層が上がるにつれて家族外的な人間関係が――いずれのばあいも社会的には同質的でありつつ――拡大していくことがわかっていれば、もっとも下位の階級では高等教育へすすみたいという主観的な希望が客観的チャンスよりもいっそう低いレベルにとどまることも理解できるというものだ[9]」。

選別には、主観的な表象が関係してくる主観的な側面があるということがわかる。外からはたらく排除の力だけではなく、当人の内からはたらく主観的な心理、すなわち、高等教育への距離感、諦念、断念、自己過小評価などの心理が抑制的な効果をもつということである。優秀な成績のよい生徒が、にもかかわらず「自分には大学なんて縁遠い」と思いこんで、はじめから進学希望をもとうとしないといったケースは、その典型であろう。右の引用のいう「主観的な希望が客観的チャンスよりいっそう低いレベルにとどまる」というケースである。

この側面からみると、さしずめ「自己選別」または「自己排除」とでも名づけるべき心理的作用がブルデューたちの議論のなかで重視されていることがわかる。

しかしいうまでもなく、この心理的要素は、純粋に個人的な主観ではなく、すでに述べたハビトゥス的なものに相当する。なかば無意識のなかで所与の日常の環境世界のなかでまなびとり、身につけていく主観的態度といったらよいだろうか。ともかく、出身階級の社会的・文化的生活条件をそのなかに映しだしている態度傾向なのである。

先に引用したこととの関連でいえば、自由業や上級カードルの家庭的環境にあっては、父母・兄弟・親戚などのいたるところに高等教育経験者がいて、大学はいたって身近に感じられる場をなしており、進学することがノーマルで、当然のことと思いこまれていて、おのずとそれに沿った未来イメージ、心組み、勉学へのかまえが準備されている。こうしたハビトゥス的なものの再生産を仮定することによって、ブルデューらの再生産論におけるひとつの重要な媒介の過程が構成されている。

「選別」の問題にふれたついでに、もう少しかれらの考察を紹介しておこう。

ブルデューたちによれば、選別(右で用いたことばでは、むしろ「自己選別」)の作用は、大学進学自体だけでなく、そのなかでの学部や学科の選択のなかにもつらぬかれている。『遺産相続者たち』は次のようにいう。労働者や農民の子弟は、その選択において一定の自己限定を行ない、法学部、医学部、薬学部をあまりえらばないという傾向がある。代りに、文学部と理学部に進む者が比較的多いのであるが、文学部をとってみると、社会学とか心理学のような新しい分野をえらぶ者は概して少ない。これらの傾向に著者たちはそれほど明示的な説明をあたえてはいないが、およそ次のようなことが暗に想定されていると思われる。

すなわち、農民や労働者の子弟にとっては、(一)自分たちの身近な世界にそのモデルをみいだしがたいような職業キャリア(医師や弁護士)は縁遠く感じられること、(二)修業年限が長く、ひとりだちの遅れるような職業コースをえらぶことには自己抑制がはたらくこと、(三)知的な関心や冒険心にしたがう選択よりも、堅実で、かつ教職などと結びつきやすい学科の選択をおのずと余儀なくされてしまうこと。教職は、民衆の子弟にとってはほとんど唯一なじみのある専門職である。以上のような自己限定、自己抑制そして選択の放棄といった主観媒介的なプロセスが重視されていることは興味ぶかい(10)。

ここでは経済的要因も重視されてはいるが、それとならんで、否それ以上にハビトゥス的なものへと変換された社会階級の生活諸条件にも照明のあてられていることがわかる。

支配的な文化範型とその機能

ところで、こうしたハビトゥスについて、それが有利に機能するとか、不利に機能すると論じられるとき、そこにある重要な仮定が措かれていることを見逃してはならない（著者はいま「仮定」と述べたが、ブルデューたちはこのことばには同意しないかもしれない）。それはなにかといえば、当該社会においては教育の場で支配的なものとして機能している文化諸範型があって、それらは一般にその社会の支配的階級のハビトゥスとつよい親和性をもっている、というものである。この関係を中心に置いて、教育＝再生産の理論化が行なわれるのが、『再生産』であるが、そこでは次のように書かれている。

「家族によってなされる教育的労働以外のいっさいの教育的労働の特有の生産性の度合は、当の教育的労働が教えこもうとするハビトゥスとそれに先だつあらゆる形態の教育労働――最終的には家族によるそれ――によってすでに教えこまれているハビトゥスをへだてている距離のいかんによる(11)」。

ことわっておくと、右の一文の訳出において著者はブルデューらに特有のあのカッコ内の長々とした注記を、大ナタをふるってカットしている。また、同書では『遺産相続者たち』の語法とややおもむきを異にし、ここでは「教育的労働」、「生産性」といった、市場原理への連想をさそうタームが登場していることに気が付かれるだろうが、このことにはのちにあらためてふれる。

さて、右にいう、教育の教えこもうとするハビトゥスとは、その社会における支配的な範型性をおびた知《サヴォワール》の形式や言語行動の形式を思い浮かべればよい。これらが、それぞれの階級の家庭その他の環境世界《ミリュー》のなかで子どもたちのまなんでくるそれぞれのハビトゥスのどれと、どの程度親和性をもっているかが問題なのである。そして周知のように、ブルデューによれば、自由業や上級カードルなどの上層階級の文化がこの特権的な親和的位置にある。

じっさい、ブルデューらがフランス社会の学校教育の場を支配しているとみる文化範型は、さまざまな意味で言語に分かちがたく結びついている。たとえば、複雑な構造をもった言語表現を操作したり解読する能力である。あるいはそれは「凝った学校ことば」(langue savante) の操作能力とも表現される。こうした能力への接近の可能性が、各階級の子弟にどのていど用意されているかをみるため、かれらは実際に一九六二年から六三年にかけて、諸大学の学生を対象に、かなりの量の質問紙からなる言語能力調査を行なっている。(12)

その設問のおおよそを紹介しておこう(狭義の言語に関する設問のみ)。

I〔不適切な語〕次の一連の文章において適切に用いられていない言葉に下線を施せ。

L'ennoblissement des roturiers n'a pas été le fait de la seule monarchie anglaise.(以下略)

II〔語の定義〕次の言葉をできるだけ厳密に定義せよ。

Antinomie/Cadastre/Epistémologie(以下略)

Ⅲ〔多義語〕次の言葉の意味をすべて列挙せよ。
Attribut/Fonction/Image（以下略）
Ⅳ〔具体語〕次の言葉と同義の言葉を下の六つから選べ。
Achopper：（選択肢省略）
Combe：（同右）
Funambule：（同右）
（以下略）
Ⅴ〔人文的教養語〕次の言葉の定義として下のうちの正しいものに下線を施せ。
Le contrepoint：（選択肢省略）
Une sonate：（同右）
Hélène：（同右）
（以下略）

そして、上層階級子弟の言語能力が相対的に高い水準にあるとみなされるという言語調査の結果が、かれらの立論の支えとなっている。[14] なお、具体語についての設問だけは労働者農民子弟の能力が高かった。

この言語とともに、いまひとつ支配的文化範型として措かれているのは、ある種の型の教養〔culture〕である。その中心的な要素は西欧のクラシックな人文的教養といってよいであろうが、かといって、ブルデューたちが注目するのは、型にはまった知識と化したような古典的教養ではない。リセなどでなされる規格化された古典教育は、「王太子向け」（*ad usum delphini*）教育というべき側面をもっている。[15] これはルイ十四世の王太子（le Dauphin）

のために編集のくわだてられたラテン語古典のエディションのことであるが、各書から数ページだけを抜粋して集め、それを編んだといった態のものである。そこから、「王太子向け」とは、何かの意図のために削除やアレンジのなされた出版物などを皮肉っていうときに使われる言葉となった。こうした趣きのあるリセ教科書などは、学校文化を構成する一要素ではあるが、学校文化内のヒエラルヒーの問題をも提起する。

『遺産相続者たち』は、次のように論じている。こうした教養に接近しうるかどうかは、一次的な直接的経験の有無に負うところが大きい。そして、この直接的経験は、両親の豊富な蔵書の乱読、観劇、バカンス旅行のなかでの史跡めぐり、暗示にみちた家庭内の会話、等々を通して獲得される[16]、と。それだけに、これらを享受できるのはおおむね上層階級の子弟にかぎられる。それに反し、労働者や農民の子弟は、生まれた地方からほとんど足を踏みだしたこともないというのに、パルテノン神殿のこまごましたプランを教えられ、理解しなければならないというわけである。

学校教育のパラドックス

しかし、以上の議論にも、ある種の想定がいわば前提的に立てられているのではないか。それは、比較的変わりにくい強固な言語や知の範型が教育の場には存在し、機能している、とする見方である。ここにも、再生産論としての教育論の視角がとくにはたらいているように思われる。というのは、中・高等教育における支配的な知のモデルについては、これを変化という側面からとらえることも可能であり、フランスのような国でさえ、六〇年代にはこの変化の問題が重要性をおびてきていたことは否定できないからである（たとえばバカロレアでのラテン語必修時代が終りを告げたように）。ここにも視点の選択という問題がかかわっているといえよう。ただし、それでも相対的にいって、フランスの教育体系のなかでは言語（「学校フランス語」）をはじめとして、知の規範化の傾向がつよく、階層の文化との相関が大きいことは、多くの論者によって指摘されている。のちにふれるC・ボードゥロ、R・エスタブレらの考察も、この認識をほぼ共有している。[17]

ところで、こうした教育の場を支配しているハビトゥスにふれるさい、ブルデューたちは、学校教育のパラドックスをきわめて印象的なかたちで描きだしている。それは次のようなものである。

もっぱら学校のなかで教えられ、そこで生徒たちが習得していくような知は、高等教育のある種のディシプリンを好成績で修めるのにかならずしも役だたない。むしろかえって学校外でまなぶともなしにまなんでいくような知、知のノウハウ、「よき趣味《ボン・グー》」こそが、そうした勉学にはプラスする。そして、「大学で、ある種のディシプリンで好成績をおさめるための暗黙の条件である『自由な』教養は、学生のさまざまな出身階層に応じてきわめて不平等に配分されている[18]」。上層階級の子弟は、学校外で、意識してまなぶことなしに、前衛的な演劇や音楽への趣味をつちかい、親の蔵書を気ままに乱読することによって、学校向けでない本物の作品にもふれる。

それにたいし、下層の出身の子弟にとっては、学校が文化への接近の唯一の道にとどまっている。かれらは教場のなかで生徒向きに編まれた古典戯曲のテクストをまなぶだろうが、上層階級やパリジャンの子弟のように前衛演劇、ブールヴァール劇、ジャズなどに直接に親しむことはまれである。ブールヴァール劇とは、パリのグラン・ブールヴァール沿いの劇場で演じられた軽妙洒脱な喜劇からきたもので、未だにパリジャンが特権として楽しむジャンルである。この差がすなわち「上層階級出身の学生たちの有利さは、学校によって直接教えられ、全面的にコントロールされるような文化領域から遠ざかるほど、……きわだってくる[19]」という逆説を指ししめしている。

以上のブルデューたちの指摘それ自体は両義的だといえる。この議論は多分にペシミスティックな宿命論に水路づけられることも可能だからである。だが、もしもこれを学校的文化のあり方への深い問いかけとしてとらえるならば、出身階級による文化享受機会の不平等にたいし、これを相殺する対抗的な働きかけの力となりえない、あまりにも学校的な陳腐な教育作用への根底的な批判と解することもできよう。次の留保つきの、現状と反する仮定をいう条件法によるかれらの言葉は、そう読めないだろうか。

「もしも学校が、出発点の文化的不平等に留意せずこれに奉仕するといったことがなかったなら、また、たとえば学校教材をあまりにも『学校的』なものにおとしめるといったかたちでみずから伝達する文化をしばしば貶価し、通常の努力の跡をとどめず容易さと天分のあらゆる外観を呈している相続された文化を有利にしてしまうといったことがなかったなら、まさしく学校は、文化の民主化へとすすみゆく王道であったことだろう[20]」。

「言語資本」とは?

ブルデュー、パスロンの名をいちやく有名にした「言語資本」(Capital linguistique)、「文化資本」(capital culturel)の概念についてはどう考えるべきだろうか。最後にこのことにふれよう。

ブルデューの読者にとっては、『再生産』でこのことばがキータームとして押しだされているのは、ごく当然だと感じられるかもしれない。というのは、次のようなイメージのなかで、この「文化資本」という表現は受け入れられうるからである。通常人びとの注目の的となるヴィジブルな競争と選別の場は、学校である。しかしこの競争〝市場〟に参入してくるそれぞれの行為者は、対等の資力をもつ平等な存在として初めから横一線にならんでいるわけではない。ある者はゆたかな元手をたずさえ、余裕をもって、ある者は不十分な元手を必死の努力

		言語資本	選別の度合		言語能力
民衆階級	パリ	−	＋　＋	⟶	＋
	地方	−　−	＋	⟶	−
中間階級	パリ	−	＋	⟶	0
	地方	−　−	0	⟶	−　−
上層階級	パリ	＋　＋	−　−	⟶	0
	地方	＋	−	⟶	0

（選別の度合における＋、−は、各サブグループの大学進学のチャンスを近似的にあらわしている）

で補いながら、またある者はほとんど役だたないかつかつの元手でなかば諦め気分で、そこに登場してくる。そのばあい、「ゆたかな」とか「乏しい」ということの基準は、かれらにあたえられている元手が、レベルが上れば上るほどその吟味がきびしさを加える学校教育という市場の場で適切な通貨として通用しうるものであるかどうか、ということである。この「資本」には特有の偏在性がある。一見平等な競争の場とみえる教育のなかで、行為者にあらかじめあたえられているこのポテンシャリティの大小が大きな意味をもたざるをえないこと、そのことが「言語資本」ないし「文化資本」という概念をみちびく正当な理由であるとみなされよう。

　およそこのかぎりでは、この概念の意味は自然に受け入れられるようにおもわれる。しかし、『再生産』のなかでの言語資本の概念の規定は、かなりの解釈の余地を残しているのである。

　同書に掲げられている、有名な**言語資本の説明図**を上に再現しておこう。[21]この図の読み方自体かなり議論があるが、素直によめば、「言語資本」という概念が多分に構成的、さらには仮説的な概念であることがわかるのではないか。まず、四つの要素のなかで、経験的に確定されているデータは言語能力調査を通じて把握される右端の言語能力（compétence linguistique）である（これを「言語資本」と混同してはならない）。パリの民衆階級出身の学生がもっとも高い成績を上げていることから推して、ここには「選別の度合」(degrés de sélection)というものが本質的にかかわっていると考えられる。そして統計を通じて大学進学までの各階級ごとの選別の度合の大小はおおよそ知られている。この二つのいわば既知の変数との関連で、その両者の関係をかくのごとく成り立たせているであろう第三の変数、すなわち言語資本が仮定されてくるわけである。もっとも、ブルデューらは、順序を逆にして「言語資本」と「選別の度合」を、言語調査の結果を説明するための変数として設定する、といっているようであるが[22]。

それゆえ、プラスまたはマイナスとしての言語資本あるいは文化資本というものは、各個人のなかになにかしら潜在的能力のようなものとして担われているとみるべきではあるまい。また、各階級のなかに平均的に一定量で蓄積されているといったものでもありえない。そうした言語資本概念の実体化こそは、かえってブルデューたちの説明しようとした現象の複雑性(たとえば下層階級出身のパリジャン学生の好成績!)に目をふさぐ結果となり、これを説明不可能にしてしまうのではないか。テクストに即して理解しうるかぎりでの「言語資本」とは、それ自体において具体的に指標化され測定されうるようなものではなく、各社会階級の成員の言語行動をかれらの置かれた選別過程とかかわらせて矛盾なく理解するために構成された説明概念、とでもいうべきものである(本章で著者が、ブルデューたちの「選別」の考え方の説明のほうにより多くのスペースを割いた理由もここにある)。

なおこの「言語資本」論には、やや別の角度からの批判的コメントもある。それは、すでに名前だけは言及したボードゥロとエスタブレの仕事であり、かれらは『遺産相続者たち』におけるブルデューの大学批判の意義を評価しながらも[23]、『再生産』の概念装置にはかなり手きびしいコメントを加えている。それはひと言でいえば、「言語資本」をはじめとするブルデューらの概念が「中立的」、「技術的《テクニック》」、さらには「技術主義的《テクニシスト》」であるとする批判である。ボードゥロ、エスタブレによれば『再生産』に登場する概念、たとえば「コミュニケーションの能率《ランドマン》」、「受け手の言語能力」、「経済的・象徴的収益性《ランタビリテ》」、「学校市場《マルシェ・スコレール》における言語資本の価値」などは、技術的で、外見上中立的であるが、それだけに既存の学校と学校の押しつける規範——当のブルデューたちのいうように支配階級のそれにほかならぬ——の観点に立たなければ、およそ意味をもたないものであるという。「ブルデューとパスロンは、民衆階級の子どもの学業成績不振を言語的・文化的資本の不平等配分によって説明することによって、技術主義的説明のうちにとどまっている。学校が成績良好とか不振とかみなすことがらを、ブルデュー、パスロンは文化的・言語的資本のすぐれた、ないし劣った収益性と言い換えているのだ」[24]。

『再生産』でより前面にでてくる理論化の志向とそれに沿って提示される概念トゥールが、より一般理論的色彩をおび、「能率」、「収益性」といったタームの機能的意味あいと相まって、全体として、教育批判への視角が後退している、ということであろうか。たしかにこの再生産論の概念と図式は、その適用の仕方いかんによっては、既存の学校教育の視点からの機能的説明へも変換され、そうした技術主義的性格をおびてくることもありえよう。しかし、それがブルデューの文化資本論への、全体的文脈をとらえた批判であるのかどうか。著者は判断を留保しておきたい。

イデオロギー性の読み取りは早計

階層構造の再生産のメカニズムを問いつつこれを媒介する教育の作用を批判的に解明しようとした企て——著者はこのようなものとしてブルデューとパスロンの二つの著作を受けとめてきた。

繰り返しになるが、ここには視角の限定がある。すなわち、再生産論としての教育論にあえて徹して理論枠組をつくりあげていくという、視角の選択、限定である。これにたいして、教育の作用はそのようなものに限られない、個々人の内面を通しての価値変革のはたらきや、そうでなくとも、少なくとも社会移動をうながし階級構造を流動化するはたらきもあるのだ、という反論が向けられる。そのような側面、過程が現実にあることを、ブルデューたちも否定するものではあるまい。

しかし、階層構造の再生産的傾向が現に社会のなかに明白にあり、教育の作用がそこにかかわっていることも、これまた確認すべきことである。とすれば、これを解明し説明しようとする理論は、これまた存在理由をもつといわなければならない。そして、このような側面、過程に視角を限定するからといって、ただちにそこに現存の教育秩序への宿命論とか、ましてや擁護論といったイデオロギー性を読みとろうとするのは、早計であろう。むしろこれが明晰な分析に立つ批判的理論としての可能性をはらんでいると考えられるところに、ブルデューが多くの読者を惹きつけてきた理由があるのではないか。少なくとも著者は、そのように考えている。

R・ブードンは、ブルデューとパスロンの理論にふれて、「教育機会不平等の発生メカニズムに関する適切な理論というのは、教育制度の他のレベルで、しかも長期間にわたって観察されることを同時に説明できる理論でなければならない」[25]という。一応妥当な批判とはみえるが、これはブルデュー＝パスロンにたいしては、ないものねだりの注文であろう。そして、そのような「適切な理論」ではないとしても、それゆえにかれらの理論は現実へのするどい照明の力を失っているというわけではあるまい。

注

（1）Bourdieu, P. & Passeron, J.-C., *Les héritiers*, Ed. de Minuit, 1964. P・ブルデュー、J‐C・パスロン『再生産』〔一九

七〇〕宮島喬訳、藤原書店、一九九一年。

(2) たとえばS・ボールズ「教育の不平等と社会的分業の再生産」〔一九七〇〕カラベル、ハルゼー編『教育と社会変動』(上) 潮本守一ほか訳、東京大学出版会、一九八〇年、などを見よ。

(3) R・ブードン『機会の不平等』〔一九七三〕杉本一郎ほか訳、新曜社、一九八三年、八頁。

(4) A・ジラール『エリートの社会学』〔一九六一〕寿里茂訳、白水社、一九六八年、一四九頁。

(5)『再生産』二三六頁などを見よ。

(6) Swartz, D., "Pierre Bourdieu: The cultural Transmission of Social Inequality", *HER*, Vol. 47, No. 4, 1977, p. 547.

(7) *Les héritiers*, *Op. cit.*, 14-15.

(8) *Ibid.*, p. 19.

(9) *Ibid.*, pp. 15-17.

(10) *Ibid.*, pp. 17-19.

(11)『再生産』一〇二頁など。

(12) この調査の質問紙とその解析結果、コメントについては、Bourdieu, P. et al., "Rapport Pedagogique et communication", *Cahiers du C. S. E.*, No. 2, Mouton, 1965を見よ。

(13) *Ibid.*, p. 62.

(14) ただし、調査結果に直接そのようにあらわれているわけではない。選別の度合との関係でそう推測されるのである。これについては後述。

(15) *Les héritiers*, *Op. cit.*, p. 36.

(16) *Ibid.*, pp. 36-37.

(17) Baudelot, C. & Establet, R., *L'Ecole capitaliste en France*, F. Maspero, 1971.

(18) *Les héritiers*, *Op. cit.*, p. 30.

(19)『再生産』一〇六頁。

(20) *Les héritiers*, *Op. cit.*, p. 21.

(21)『再生産』一〇七頁。

(22) 該当箇所ではこう書かれている。「さまざまな家庭環境から伝達されてくる言語資本とさまざまな社会層についてパリと地方からの大学進学の際に意味される選別の度合いを、相対的な値（＋、0ないし二）で規定してみると、言語テストの成績の序列を説明するのにこれらの値を構成してみればよいことがわかる」（一〇八頁）。

（23）ボードゥロとエスタブレは、「非マルクス主義的ヴォキャブラリーにもかかわらず」としたうえで『遺産相続者たち』における次の三点を「学校とその資本主義の関係のマルクス主義的分析に代わりうる妥当なもの」として注目している。（一）学生が均質的集団でなく、階級的出自による異質性がそこにも貫かれていることの確認、（二）学校および学校文化の前に立ちはだかっている社会的不平等性の解明、（三）学校を第一級の「イデオロギー装置」としてとらえている点（*op. cit.*, pp. 313-314）。

マルクス主義の側からのブルデュー評価の視点を示すものとして興味深い。

（24）Baudelot & Establet, *Op. cit.*, p. 222.

（25）『機会の不平等』六七頁。

3　ブルデュー社会学の論理
――社会的決定と自律性をめぐって――

ブルデューの仕事は――この点はヨーロッパでもさして変りはないが――その乱暴ともいえる衝撃的なターム（「言語資本」、「象徴的暴力」、「教育の収益性」、「文化的恣意」、「婚姻戦略」等々）と、「ハビトゥス」、「ヘクシス」などの原基的でありながら多義的な概念の独特の使用によって、とかくその次元で人びとの好奇の眼を惹きつけてきた。これらのコトバの一部はすでに通俗流行語とさえなっている。

けれども、その反対にむしろかれの仕事は、きわめてストリクトな、単純化の誘惑に徹底的に抵抗する社会学的認識論あるいは解釈論に基礎をおいているのではなかろうか。〝知的流行〟をこえてブルデューの理論化の営為に迫ろうとする者なら、この点に多少とも気付いているにちがいない。

じっさい、主として文化現象の社会学として展開されるかれの仕事は、主観主義と客観主義、社会的決定作用と「自律性」、構造的規定性と行為の柔軟な戦略性などとの関係を、単純化を排して問おうとする、大いに複雑な作業となっている。ブルデューをどう読むか、その読み方は多様であってよい、というのが著者の年来の考えではある。しかしその場合でも、かれの社会学的思考または推論のこうした内的な論理をとらえておくことは最低限必要であり、それを踏まえたうえで、多様な解釈と発見の試みが競われ、たたかわされることが望まれる。

以上のような観点から、ブルデュー社会学の基本的性格と前提について、社会的決定と自律性という視点から、いくつかの指摘をこころみたい。

社会的機能の視角から

社会学者であること、これはブルデューにとって、先にも述べたようにきわめてストリクトな意味で考えられている。

「私は、どんな場合にも、最大の抵抗が予想されるポイントに赴き――それはデマゴギー的意図とは厳密に正反対の姿勢である――どんな聴衆に対しても、挑発することなく、しかしまた譲歩することもなく、彼らにとってもっとも承認し難い真理の側面、すなわち、まさに自己が己れの真理と心得るところのものを述べる義務があると考える(1)」。

一見、大いに逆説をたのしむ言説のように映る。しかし、社会学的真理とは、えてして通念や「普遍的」理念のもとに覆い隠されたり、誤認されていて、人びとが直視することをこばみがちであるような事実や関係のなかにこそある、というのがこの社会学者の基本的認識であることは事実である。かれが自らの方法的立場であるとしていう「構造的ないし関係的思考様式(2)」(mode de pensée structural ou relationnel) は、徹底していけば、意図せずともそういう性格をおびてくるからである。

では、人びとの「もっとも承認しがたい真理の側面」にせまろうとするこの思考様式は、具体的にはどういうかたちで展開されているだろうか。さしあたりそれは二つの方向において看取できるように思われる。

ブルデューは、ある箇所できわめてラディカルに語っているのだが[3]、「普遍的」ないし正統《レジティム》的な知や文化を、その社会的機能という切り口から考察するという見方を徹底している。たとえば、抽象的な理念語をたくみにあやつる能力をもつことは、学校世界ではどのような成功をもたらすか、社会的にはどのような物質的・象徴的利益を当人にもたらすか、といった問題の立て方がそれである。この能力が「学歴資本」(capital scolaire) へと変換され、やがて地位獲得の条件となっていくという事実が厳然としてある以上、社会学者はこの客観的事実から目をそむけるわけにいかない。

また、やや変わったところでは、ブルデューには「中間芸術」(art moyen) と名づけられた、写真についての社会学的考察があるが[4]、そこではこの「芸術」が各社会集団によってどのように実践され、利用されるかという点に分析の焦点がおかれている。農民にとって写真はしばしば都市生活の象徴であり、それだけに反発の対象であるが、また都市的なものの導入として差異化の手段として迎えられることもある。都市に出たり、または他国に移民したりした者が、正装して写真におさまり、それを送りつけてくるとすれば、それはかれらの社会的成功ぶりを誇示するためにほかならない。芸術が芸術でありつつ、またいかに社会的効果、機能を測りつつ用いられるものであるか、が知られるのである。

社会的機能への一貫した着目は、これとはやや別の意味でもブルデューの考察を根底から特徴づけている。それはほかでもない、社会の機能《フォンクシオン》として、知や、文化的趣味や、言語能力の形成を理解していくという志向である。その代表的言明をたとえば『ディスタンクシオン』から引くと、「正統的文化に関わる趣味を自然の賜物と考えるカリスマ的イデオロギーに反して、科学的観察は文化的欲求がじつは教育の産物であることを示している」[5]とある。多くを述べる必要はないであろうが、ブルデューはその中心テーゼのひとつとして、文化的な能力、趣味、欲求は所与の環境のなかでしばしば無意識裡に習得されてくる、社会化の所産にほかならないことを強調している。

たとえば、「好きな音楽作品は？」と問われて、ある者が「バッハ平均律クラヴィア曲集」と答えるとき、社会学者はこれを、当の個人の自ら磨いた洗練された趣味とか、天与の音楽センスなどに還元すべきでないとすれば、どのように解釈すべきか。それは、これらの文化的欲求と選好の社会的な習得過程にメスを入れることである。おなじく「好きな作品は？」と問われて「ラプソディ・イン・ブルー」とか「美しき青きドナウ」と答える者との分化がどう生じるかを説明しうるようなかたちで、差異化の社会化過程を浮き彫りにすることでなければならない。調査の結果では、こうした音楽の好みは、階層によってかなりきれいに分かれるのである。

ブルデューの立場はこの意味では、社会的決定作用の探究の徹底化であって、これを初めから放棄すること、またはそれに曖昧さを残すこと、すなわち社会的に無規定である個人的な「才能」、「ひらめき」、「センス」さらには「芸術ごころ」といった要素を導入して説明に代えることへの一貫した抵抗にあるといえる。けれども、以上を単純に、文化の社会決定論的解釈などとみなしてはならない。

反対に、文化の相対的な「自律性」(autonomie) とその社会学的意味の考察も、ブルデューのなかで大きな主題として立てられている。このことはのちに論じるつもりである。

要因の布置連関の把握のために

社会学者の営為を厳密に考えるというブルデューの考察態度のあらわれをいまひとつの面にもとめるなら、それは要因連関の把握における全体性、またはその布置連関の重視という点にある。この点のかれの議論は、しばしば難解なまでに執拗である。覆い隠された、ともすれば看過されがちである要因への遡及、もろもろの要因を並列的にとらえるのではなく決定の審級を明らかにしながら構造的につかもうとする企て、さらに時間的過去のなかにまで配置されているためその効果が累積的にはたらくがゆえに、明確に識別されえないような諸要因の弁別と序列化、等々、――ブルデューの要因解読の試みは、あえてこれらの課題に立ちむかおうとする。

有名な『再生産』のなかの議論を紹介しよう。

ある学生が言語能力調査において一定の点数をあげる、または教養の調査において一定の成績を示す、という事実にかんしてどのような要因がはたらいているか。性別、出身階層、出身地域（パリか地方《プロヴァンス》か）、出身学校の種類（リセか私立コレージュか）、中等教育での古典語履修の有無（ギリシア語＋ラテン語か、ラテン語のみか、現代語《ラング・モデルヌ》のみか）、バカロレアの獲得点数、現在の所属学部、学科、等々がなんらかの相関をもつ要因として列挙されうるだろう。因子分析や多変量解析は、たしかにそれらの要因のもつ相対的なウェイトは明らかにしてくれる。しかしそれ自体は共時的な横断面のなかでの押え方であって、時間のなかでの諸要因の連鎖関係や、有意味的な構造連関を指し示してはくれない。社会学者は、後者にこそ迫らなければならないにもかかわらず。

ブルデューは、きわめて圧縮された表現だが、次のように書いている。

「行為と態度にしたがって、また成功と選別にたいして構造的因果律の不可分の作用をおよぼすのは、システムとしての諸要因であって、したがって、かくかくしかじかの要因の影響を、他の諸要因から切り離して取りだそうと思うのはばかげたことである。ましてその要因が、過程の異なった時点でも、諸要因の異なった構造のなかでも一様かつ一義的な影響力をもつのだと考えるのは、いっそうばかげたことであろう。

したがって、諸要因のある特殊な布置連関の体系的な作用について、一時点で確認され、測定された効果を体系的に問題とするには、異なったさまざまな層の子弟を異なった就学経歴の時点において、その欠如によってさえ影響力をもつことのできるすべての要因の、考えられるさまざまな構成に関する理論モデルを構築しなければならない(6)」。

この「理論モデル」はかならずしも十分わかりやすい形で示されているとはいえないが、一般的形式では、『再生産』のなかの有名な「図3―1」の包括的な矢印図式がこれに対応しているといえよう(本書2章六八頁に転載)(7)。

さて、右のブルデューのことばの眼目は、著者なりの一般的表現でいえば、表面的には相関しているようにみえて疑似的相関にすぎないものを排除すること、と同時に、いわゆる重層的決定《シュルデテルミナシオン》の事実を最大限に解きほぐしつつ明らかにすることにあるといえよう。

その具体的に適用されている例の若干を紹介してみたい。

そのひとつは、中等教育段階でギリシア語を履修してきた学生(そのばあい当然にラテン語も履修されている)は相対的に言語能力が高いという事実をどのように解釈するかという、『再生産』のなかで取り上げられている問題である(ここでいう言語能力とは主としてフランス語にかかわる能力である)。このばあい、文化をその固有価値の観点からのみとらえようとする者は、古典語を学ぶことが直接に、複雑な、あるいは微妙な言語をあやつる能力を増すようにさせ、こうした相関をうみだしているとみなしがちである。これにたいし、『再生産』の著者たちは、そのように一見もっともらしく説明される関係も、差別的な選別とこの選別を規定する社会的諸要因間の全体的関係を包み隠しているのであって、この後者こそがまさに理解され説明されなければならない、とする。

労働者や農民層の出身の学生のなかにもしもギリシア語を履修した者がいるとすれば、それは選別のふるいにかけられ、生き残った、もっとも学校的要求への適応に成功しえた者たちで構成されているはずである。また上層階級の子弟のなかでは、ギリシア語を履修する生徒は、もっとも威信の高いこの部門にかれらの文化資本を投資することで、その地位をいっそう確たるものにする者たちに属している。つまりギリシア語の履修は、選りぬかれてきた生徒たち、またはもともと文化的有利さをあたえられている生徒たちが、むしろその結果として選びとるものである。ギリシア語履修それ自体がかれらの現在のすぐれた言語能力をつくりあげてくれたものではない。その証拠に、いまひとつの古典語たるラテン語についてみると、これを履修した者は履修しない者にくらべ言語能力上なんの優越性も享受していないのである。

いまひとつの例として、パリの労働者階級出身の学生たちの言語能力が、上層階級子弟よりも、また中間階級子弟よりも高いという調査結果をどう解釈するか、という問題がある。これは、ブルデュー＝パスロンらが一九六二〜六三年にかけて大学生対象に行なった「学生と教育言語」を主題とする調査の、ひとつの印象的な結果である。それは偶然であろうか。サンプルの偏りのためだろうか。それとも機会の平等が実現され、能力の階級差が解消にむかっていることの兆候だろうか。ブルデューの解釈はこのいずれにも与しない。

まず、パリという出身環境が学生たちに文化的有利さをもたらしていることは否定できない。ただし、このことは地方《プロヴァンス》出身の同じレベルの階級の学生との比較においてのみいいうるにすぎない。右の事実を決定的に説明してくれるものは、そうした〝有利さ〟にプラスして、かれらに課されてきた選別の厳しさである。パリでは労働者階級出身の子どもたちは、コレージュから有力リセへと進んでくる過程で、厳しい選別に勝ち抜かなければならず、結果として、この過程に生き残った者は、パーセンテージ上少数となり、それだけ〝粒より〟の〝精鋭〟から構成されることになる。かれらが言語能力上、選別度のはるかに低い上層階級子弟と肩を並べ、ときにそれを凌駕したとしても不思議はないのである。特に努力もしない、成績の平均的な生徒であっても、上層の家庭の子弟であれば、まず大学に進むことに自他からの抵抗がないという意味で、かれらの選別度は小さい。

まさに、二つの異った方向から作用する要因——パリの文化環境の有利さ、労働者階級子弟の高等教育進学の困難さ——の働きかけの「合力」が、このような結果をつくりあげていることになる。重層的決定の過程へのブルデューのアプローチがもっとも分かりやすくあらわれている例といえる。

「自律性」とその社会的機能

社会的決定作用を徹底的に問い、明るみに引きだすというブルデューの志向は、しかし文化や知の領域のもつ相対的な自律性を否定するものでは決してない。すでに述べたように、この自律性の問題はかれのなかで大きな位置を占めている。

ただし、この「自律性」の意味とその扱い方もかれの場合一貫して社会学的であることに注意したい。たとえば教育的コミュニケーションは、高度に象徴的に仕立てられることにより（ある文化作品の「真理性」や「美」の称揚など）、人びとに独特の効果をもった働きかけをするが、では、それは社会学的に考察した場合どのような（社会的）効果としてとらえられるだろうか。教師、予言者、聖職者、政治的アジテーターなどが意図してか否か、「真理」、「聖」、「正義」などの名においてその言説を構成するとき、どういう効果をもちうるか。ここでまずブルデューが強調するのは、こうした働きかけは、象徴性が高められ、自律性の外見が高められれば高められるほど、スムーズに受信者に受け入れさせるという社会的機能を容易に果たせるようになるという点である。

次の文章を引用したい。

「逆説的なことに、相対的に自律的で、厳密な、行為者にその必然性を押しつけることのできるメカニズムに従って機能するような場《シャン》の存在こそが、これらのメカニズムを支配する手段およびそれらの機能の産物である物質的ないし象徴的利益を占有する手段を有する者に、人びとの支配へととくに（明らさまに、ということではなく、むしろその反対である）、直接に（すなわちもろもろのメカニズムの媒介を経ずに）、方向づけられた戦略を省力化することを可能にしてくれる[8]」。

この自律性の領域とは、たとえば「高度な精神生活」とか「洗練された趣味」が尊ばれる場、あるいは「すぐれた知的能力」や「卓越した言語能力」がそれとして価値づけられるような場を思い起こせばよいであろう。こうした場で、これらの趣味や能力が、地位の正統化や威信付与の力として機能し、とりわけ上層階級の地位をたくまずして正統化していることは経験的にもうなずけよう。

またブルデューがくりかえし強調する事実としては、教育機関は程度の差はあれ一般に、その内部において教育の「自由」、「中立」、教員の身分保証等の原則をうちたてていて、狭義の政治権力や経済システムから多少とも自律性をもっている。たとえば、カリキュラムや教員人事権において「自治」をもつ大学が、その代表例である。そして、この「自律性」を条件としてこそ教育機関は、一定の意味、価値、知を正統なものとして受け入れさせるという固有の機能を果たすことができる。

ただし、そのことは、この「自律性」がまったき完結性、独立性をもっていることを意味せず、外見と客観的機能の識別が必要となってくる。

「教育システムに、それ自身の主張するような絶対的自律性をみとめたり、また反対に、そこに経済システムの一つの状態の反映、ないし「全体社会」の価値システムの直接の表現しかみないならば、この相対的自律性のゆえに教育システムが外的要求を独立性と中立性の外観の下に利用できることを、認識しそこねる」[9]。

まさにこの意味では、支配（ウェーバーならば正統的支配というだろうが）というものは逆説にみちみちている。ソフトな、能率的な支配をめざすならば、自律性をもった文化領域、あるいは象徴の領域にうったえ、これを経由することで、支配を支配として意識させることなく、人びとの同調行為を獲得することが行なわれる。相対的自律性論、これはブルデューにあっては、支配の社会学の核心をなしているといってよい。

身体の社会性と「正統的身体」

ブルデュー社会学はしばしば身体あるいは身体性に言及している。ハビトゥスやヘクシスがキー概念化されていることからも分かるが、各所に言語、芸術、スポーツなどの身体的次元にかんする記述がみとめられるのである。

たとえば言語活動については、これを、たんなる内在的な記号過程として考察するのは抽象にすぎない。「言語活動は身体技法のひとつであり、固有の意味で言語的能力、そしてとりわけ音声的能力は、社交世界への関係そのものがそこに現われる身体的ヘクシスのひとつの次元をなす」[10]。すなわち発音、抑揚、強調、音色、ともなう身ぶり、表情の動きまでもがこの活動の一貫をなしていて、これら身体的なものを、その地位にふさわしいように呈示し、コントロールするという能力が、発話を効果的にする重要な条件をなしている。たとえば教授は、大教室で教授風の講義《クール・マジストラル》を行なうにあたり、語ることの内容だけでなく、右のようなあらゆる身体的なものの効果を無意識のうちに推し測りつつ、演出をしている、と。

論文「文化資本の三つの姿」[11]が、その三つのうちのひとつとして「身体化された様態」をあげていることは、知る読者も多いだろう。しかしその箇所では、かならずしも身体的なものの社会的側面が具体的に定式化されてはいない。むしろ別の論文から、ブルデューの身体の社会学の基礎視角をうかがうことができる。

「じっさい、外見上もっとも自然なものとしての身体、すなわちその可視的な形態（体格のよさ、背の高さ、体重など）の諸次元における身体が社会的な産物であること、身体的特徴が階級間に不均等に分配されていて、かつこの特徴が、労働の条件（変形、疾病、すなわちこの条件と相関する毀損）や、消費にかんする習慣――これは嗜好すなわちハビトゥスの次元では、産出の社会的条件をこえて存続しうる――などのさまざまな媒介を経てつくられることは、ほとんど指摘するまでもない[12]」。

これは、論文「身体の社会的知覚に関する暫定的考察」（一九七七年）の一節である。

かつてモースは「身体技法」の名の下に身体の運動の社会文化的な被習得性について語ったが、ここでははるかに具体的な社会的条件を示唆しつつ身体の形成が論じられている。労働者の節くれだったごつい手、腕、肩、農民の屋外労働のつくりだす日焼けと深く刻まれたシワ、それに対し、細身で繊細な指、神経質そうな表情をそなえたカードル、医師、教授たちの身体、これらはかれらの社会的職業的条件の相違と無関係ではない。

それだけではない。社会的所産としての身体の相違とは、さらに外面的なレベルでは二重化されてあらわれる。身体の修正可能な側面にたいして意図的に行なわれるケア（化粧、髪型、ヒゲ、モミアゲ等）と、身にまとうものの側面、いうまでもなく、衣装である。この後者の側面ほど、その「高価さ」とか「洗練」というかたちで社会的な相違がとくにはっきりとあらわれるものもない。

しかしブルデューの身体論はもちろん、人びと（あるいはその集団）の身体が社会的な所産であることを確認するにとどまらない。こうして形づくられるさまざまに異なった身体的な特徴にたいし暗に適用される分類法《タクシノミー》があり、それによって「上品な」、「下品な」、「野暮ったい」等々の表象がふりあてられていくのである。ということは、この分類法を通して、身体にかんしても正統性の表象がつくられていることを意味する。すなわち、「正統的身体」(corps légitime) が存在するのであって、これと、現実の人びとの身体との間の距離が問題となる。ここにも、なにが「正統」であるかについて定義権をめぐる争いがあり、被支配的集団の側からの対抗的権利要求(「ブラック・イズ・ビューティフル」、もったいぶりや気取りを拒否する労働者階級の「男らしい」調音の様式、など)もあるが、その定義権は、たいていの場合、上層階級によってにぎられている。

ブルデューの社会学の追求する全体性について、われわれはこうしてかなり具体的なイメージをもてるようになる。

その中心主題は、著者なりに表現すれば、文化を通して、いいかえると正統化の象徴過程を通して行使される社会秩序の維持――広義における支配――のメカニズムの批判的解明であるといえるだろう。そして、この「正統化」作用は、言語、教養、美的趣味から、慣習的行動性向や身体の維持、運動、統御にまでおよぶ、きわめて全体的な作用であることが分かる。一個の社会において支配を成りたたせている力がいかに多様な象徴的、正統化的な契機に負っているかを明らかにした点で、ブルデュー社会学は、支配の社会学のひとつのフロンティアを拓いている。

西欧的な「意識の哲学」をこえて

『語られたこと』(邦訳『構造と実践』)のなかにつづられている次のことばに注目したい。「社会学は、人を自由の幻想から解放することによって、もっと正確にいうなら、幻想的自由に対する場違いの信仰から解放することによって、人を自由にする」[13]。

ブルデューが自らの立場だとする「構造的ないし関係的思考様式」は、まずは、社会的な決定作用を無視した、ないしカッコにくくったような観念、概念にたいする批判から出発する。あるリセの生徒が試験で二〇点（満点）をとるという「優秀さ」を示すとき、この事実を、個人の「天与の才」などに還元することなく、可能なかぎり社会的な決定作用の文脈のなかに挿入して解釈しようとする。けれどもこの社会的決定作用のブルデューの扱い方は、閉じた決定論に通じているわけではない。

かれの目ざすところは、ある箇所で使われている言葉によれば、「構造的決定作用に帰せられない創造的行為の純粋な湧出の場をひたすら追いもとめる主観主義」か、「一種の理論的な処女生殖《パルテノジュネーズ》によって構造から直接に構造をうみだすとする客観的汎構造主義」か、といった虚構のオルタナティヴからいまや人間科学を訣別させることである[14]。それゆえ、かれは、「純粋主観主義」にたいするのと同じく断固たる調子で、「主体の破壊者」たる機械論的に方向づけられた構造主義にも対決する。そのマニフェストともいうべきものが、「行為者」や「ハビトゥス」の概念の導入であろう。

ここで若干の注釈をくわえておこう。「行為者」にあたる語の'agent'は、'sujet'や'acteur'からは区別して設定されており、「代理者」、「代行者」という意味合いをふくませつつ、また「変化を起こさせる薬剤」といったこの語の意味から連想される一定の機能にも関連させつつ用いられているといえる。それは変化を促進させる媒介者という意味をふくみうるとしても、自由意志的に、または無から *ex nihilo* 行為をつくりあげるような主体の概念からは、するどく区別されているのである。西欧の伝統はあまりにも「意識の哲学」に特権をあたえすぎた、とブルデューは論じる。

こういう行為者の概念とのかかわりで「ハビトゥス」概念が重視されるのは理解しうるところだろう。

ハビトゥスとは、「構造化する構造」にして「構造化された構造」である、という有名な定式が知られているが[15]、ここでの後段の、社会的に習得された、したがって構造的に前もって条件づけられた行為や知覚への性向という面のみが強調されてはならない。著者が別の機会に強調したように[16]、ブルデューはこれによってなにも社会学の研究対象を、反復的、機械的な習慣的行動に限定したわけではなく、むしろ、柔軟な展開力をしめすある種の合目的性をそなえた行動をも、その理解のなかに位置づけようとしている。言い方を変えると、行動の柔軟な臨機の適応化をうながすような編成原理をほとんど無意識のうちに人に習得させる、そうした社会化の過程に、組織的に目を向けたものといえる。これもまた、人間行為の適応とそのパターンの豊富化のダイナミクスを理解しようとするひとつのアプローチなのであって、この点では、かれ自らみとめるように、ピアジェらの発生的構造主義との類縁性はきわめて大きい。

また、ハビトゥスの概念に拠りながら、ブルデューが人間はたんに規則への従属者として行為するのではない、ネジをまかれて機械的法則によって働く自動人形のようなものでも断じてない、と繰り返し語るとき、その議論は、かれの好敵手ノーム・チョムスキーの生成文法論とも論理的に通底するものをもってくる。有限個の規則から無限にゆたかな文をつくりだす人間の能力を想定する言語学者と、さまざまな状況に直面してさまざまな対応の行為を臨機に案出させる行動性向を想定するこの社会学者との間の距離は、意外に近いといえるかもしれない。留保付きながら、ブルデュー自身もそのことを認めているのである[17]。

「社会学は人を自由の幻想から解放することによって、人を自由にする」という言葉に再び立ち帰ることになる。自由な、自由意志的に行為しうる主体というものが社会学的にみれば虚構であること、そのことの確認から出発して、実は、この社会学者は、人間行為における自由というものの再定義をひそかにすすめつつあるのかもしれない。もっとも、ここまで論を拡大すると先ばしりの恐れなしとしないが、ブルデュー社会学の可能性をどう読むかは、読者の自由に向けてかなり開かれているのではないか、というのが著者の年来の感想である。

コレクティヴな仕事としてみる必要

さいごに、付論的にだが、述べておきたいことがある。

ピエール・ブルデューの名はいまやあまりにも巨大となり、その仕事は「ブルデューの」としてとかく単称で語られる傾向にある。この章でもその轍を踏んできたが、実際にはかれの仕事はその協力者たちの貢献を抜きに語るわけにはいかない。ブルデューの名をファースト・オーサーにかかげた労作には、事実、調査に立脚した協同作業が多く、たとえば初期のパスロンとの共著の二冊の本、それに先立つサイアッドとの『デラシヌマン』、ダルベルとの『芸術への愛』（邦訳『美術愛好』）、さらに文字通りのコレクティヴな作品である『中間芸術』（邦訳『写真論』）など、多数にのぼる。ブルデューの個性や指導力がいかに強烈なものであれ、これら協力者、協働者の幅広い視野が貢献しているという事実は忘れることができない。

ざっと思い出しても、パスロン、ボルタンスキー、シャンボルドン、ド・サン＝マルタン、サイアッド、シャンパーニュらの名が浮かんでくる。おそらくかれらとブルデューとの関わりは、理論の共有度の大小、人間的な距離の大小など、一様ではないだろうし、協力の仕方もさまざまだろう。それはともかく、著者が強調したいのは、ブルデュー社会学の影響がどういう広がりをもち、それが、さまざまな分野で活動する他の研究者たちに媒介されてどのような社会学的な労作を生みつつあるかを、より具体的に知ることの必要である。

注

(1)P・ブルデュー『構造と実践』〔一九八七〕石崎晴己訳、藤原書店、一九九一年、七頁。
(2)同右、一五頁。
(3)同右、「私は、理性とか規範の問題を断固として歴史主義的に立てる傾向があります。『普遍的利害』は存在するかどうか考える代りに、私は、普遍なるもので得をするのは何者か、と問いかけるでしょう」(五四~五五頁)。
(4)ブルデュー編『写真論』〔一九六五〕山縣・山縣訳、法政大学出版局、一九九〇年。写真という「芸術」にブルデューらが社会学的関心を寄せたのは、これが労働者や農民をふくめて多くの社会階級にとって接近可能な「芸術」であること(写真屋で肖像写真や記念写真を撮ってもらうこともふくめて)、と同時に、この「芸術」への接近の仕方、理解の仕方、利用の仕方には階級によっていちじるしい相違があること、が主な理由であろう。つまり、文化を享受する仕方が社会階級によってどのように異なるかを比較し把握するうえで、写真という「中間芸術」は好適な対象をなすのである。
(5)P・ブルデュー『ディスタンクシオン』(I)〔一九七九〕石井洋二郎訳、藤原書店、一九九〇年、四頁。
(6)『再生産』二八頁。
(7)同右、第II部第一章に挿入されている。
(8)"Les modes de domination", *ARSS* No. 2-3, 1976.
(9)『再生産』一九五頁。
(10)"L'économie des échanges linguistiques", *Langue Francaise*, 34, 1977.
(11)P・ブルデュー「文化資本の三つの姿」〔一九七九〕福井憲彦訳『Actes 1　象徴権力とプラチック』日本エディタースクール出版部、一九八六年。
(12)"Remarques provisoires sur la perception sociale du corps", *ARSS* No. 4, 1977.
(13)『構造と実践』二〇頁。
(14)『写真論』二二頁。
(15)P・ブルデュー『実践感覚』(1)〔一九八〇〕今村・港道訳、みすず書房、一九八八年、八三頁。

(16) 「ハビトゥスとしての戦略――ブルデューの婚姻戦略論をめぐって」(本書第6章)も参照。

(17) チョムスキーがかれのいう意味での言語能力を人間の本来的な驚嘆すべき能力とみなすのにたいし、ブルデューは、あらゆる言語能力を習得によって獲得され、社会的に形成されるものとみなす。この点で、前者の言語能力論に批判的である。にもかかわらず、ある点でチョムスキーへの共感を隠さない。すなわち、「その点(構造主義の機械論的な方向づけに反撃する点)で、私はチョムスキーに近く、彼の中には、実践というものに能動的で創意に満ちた志向を与えようという、同じ配慮が見出される」(『構造と実践』二五頁)。

4　選別とハビトゥスの社会学

選別過程の社会学

次々とあらたな著作を生み、その意味ではいまだ生成の途上にある社会学者の理論を体系的に捉えようというのは無謀な企てである。以下の試みは、そうした危険を承知し、解釈の仮説であることを前もって明確にした上で、ピエール・ブルデューとかれの協力者[1]の仕事を、その論理に即して検討し、いくつかの意義をみちびこうとするものである。

一九六〇年代から今日まで精力的に発表されつづけてきたブルデューの著作は、なんらかの従来までの社会学的発想の系譜や理論の型に関わらせてこれを理解しようとする人びとを戸惑わせてきた。ことにアングロ－サクソン系の解釈家の当惑は大きい。たとえばC・C・リマートは、ブルデュー社会学が当初から「経験的調査へのコミットメント」を特徴としていたことを正当に指摘しながらも、その他の点では「高度に個性化されたスタイル」の孤立的な企てであることを強調するにとどまっている。[2] 著者は、ブルデューの社会学的思考の論理がヨーロッパ社会学のいくつかの伝統と分かちがたく結びついていて、ことに、デュルケムの集合意識論とデュルケム学派（中心はモース）のハビトゥス論をうけついでいること、および、マックス・ウェーバーの権力論と正統的支配の観念から重要な想を得ていることを強調したい。また、マルクスとの関連はより間接的にみえるが、思考の枠組みとして、マルクス主義にかれが負っているものは無視できない[3]。といって、これらの潮流の影響を統合しているかれ自身の固有の求心的な問題関心ないし主題群が、同じく重要であることはいうまでもない。

以下では、著者は、ブルデュー社会学が中心的にその解明へと方向づけられているものが、選別（sélection）と排除（elimination）の社会過程であると仮定したうえで、この過程のトータルな把握をめざし、どのような視点が設定され、どのような側面が分析されてきたかをたどってみることとする。もちろん、この社会過程が文化的再生産という大きな文脈のなかで考察されていることは、念頭においてのことである。

じっさい、最初期の『デラシヌマン』、『遺産相続者たち』から、最近の大作『ディスタンクシオン』や『国家貴族』にいたるまで、ブルデューの解明の焦点は選別、排除そしてそれを正統化する差異化のメカニズムにおかれてきたといってよい。そうした考察は、学校教育、職業生活、芸術活動、文化享受、婚姻などの領域にまで及んでいる。事実、その社会学的分析のいくつかのキーコンセプト、「文化資本」（capital culturel）、「言語資本」（capital linguistique）、「場」または「界」（champ）、「象徴闘争」（lutte symbolique）、「ハビトゥス」（*habitus*）、「正統化」（légitimation）などは、すべてこの選別過程の解明とかかわる含意をもっている。

社会学の研究対象は、つねに社会学者との対においてしか構成されえない。素朴な客観主義に拠る者にとっては、選別の過程とは、ある客観的に定立された普遍的基準によって、事物ないし人が選り分けられていく、ほとんど機械的な過程としてイメージされよう。ブルデューがなによりも乗り越えをめざすのは、このような見方である。いわゆる「能力主義」や「メリトクラシー」の神話への社会学的批判がブルデューの作業の重要な部分をなしているど著者はみるものであるが、それもこうした企てからの帰結にほかならない。

社会学的認識論においてかれが旗幟鮮明に打ちだした主張のうち、次の三点に注目していこう。ひとつは、主観主義と客観主義の対立の乗り越えであり、第二は、あらゆる社会過程を力の関係と象徴的正統化との相互関係のうちにとらえるべきだとの主張、そして第三は、社会文化的決定作用を一定の行動や表象の形成へと変換していく、行為者の性向の媒介的な作用の重視である。ブルデュー社会学の独自性は、これらの観点の適用においてこそ成立していると考えられる。

主観主義と客観主義の対立の乗り越え——選別過程の認識をめぐって

ブルデューは、社会学における「主観主義」を批判し、これが「生きられた」経験における「自明のもの」の記述にとどまり、この経験がいかにして可能かという客観的条件への問いを排除してしまうとし、また「客観主義」について、個人的意識から独立した客観的規則性の確定へともっぱら指向し、身近な社会的世界の直接経験を無視するばかりか、生きられた意味と制度のうちに客観化されている意味との関連も分析しない結果となる、と批判する。(4) 社会学の対象構成はまさに双方の架橋として企てられねばならない。その具体的な例を、パスロンとの共著『遺産相続者たち』(一九六四年)のなかにみてみる。

高等教育への進学のプロセスと、そこにはたらく選別の諸要因の複雑な布置をあつかったこの研究のなかでは、選別という事実はまず客観的に把握可能なデータによって示される。たとえば、特定の属性(出身階級、出身地、居住地、性など)ごとの人口の一定のコートホートにたいする、それらの属性ごとの高等教育機関在学者、特定の学部・学科の在籍者の比率があたえられるとする。これは選別の度合（degre de sélection）の客観的な指標をなす。選別という作用の結果のなかに、さまざまな社会的含意をもつ属性ごとの偏差を呈示しているからである。「父親の職業ごとの大学進学チャンスを近似的に計算すると……経営者子弟のそれにたいする農業労働者子弟のチャンスは七〇分の一となって現れる」[5]。ここですでに、ブルデューたちの選別の概念がきわめて広い社会的含意をもっていることがわかる。右の客観的データは、行為者たちには「選別」としてはまず意識されない、参加へと特に動機づけられたわけでもないもろもろの行為の、過去から現在にわたる結果の総体を指している。それでいて、示された結果は、社会学的な観点からは、選別という事実としてみざるをえないものである。

では行為者の側では、この過程はまったく主観的経験の外にあるのだろうか。そうではない。しかし多くの行為者の側では、その態度のなかに諦めや自明視として、選抜あるいは排除がすでに先取りされていて、それゆえ「選抜された」または「排除された」とは直接意識されないまま、この過程が経験されているとみるべきだろう。すなわち、ある生徒にとっては大学や高等専門学校《グランド・ゼコール》への進学は「考えもおよばない」、「想像だにできない」こととして表象されるかと思うと、ある者には「努力次第で実現可能な」こととして、また別のある者にとっては「ごく当り前な」こととして表象される。

こうして、ある者は明示的な選別過程に参加してくるかと思うと、ある者ははるか以前にこの過程から身を退いてしまうことになる。そしてそれらの主観的表象のいかんが、「次には、学校的な適性のひとつの規定因子ともなる」[6]。進学チャンスの各社会集団ごとの差が、数倍から数十倍にもおよぶという事実は、少なくとも一部分、このような主観媒介的なプロセスを抜きにしては理解されえない。

現代社会学のタームを借りれば、これは、行為の「再帰的」または「自省的」（reflexive）な性質、過程への着目だといえよう。事実、A・ギデンズはつとに、行為の自省的評価の意義が、ブルデューのなかに適切に示されていると指摘し、しかもこの再帰性が言説的には表現されえないような実践的知識、「暗黙知」にもとづいているという点に注目している。[7] これは、人びとの行為の組織化や調整がブルデュー社会学ではしばしばハビトゥスの機能として捉えられていることを指した言葉であると思われる。それについては後述しよう。

ブルデュー＝パスロンの議論はそれだけにとどまらない。進学可能性についてつくられる主観的な表象は、また、社会的諸要因の規定作用のなかにある。当の生徒のたとえば家族および家族外の社会関係のなかにどれだけ高等教育の経験者が含まれているかという事実は重要である。ある者が進学を「当然」と考えるのは、かれが家族や親類縁者のなかに相当数の大学教育経験者をもっていて、それを通して大学を身近なものと感じているからであろうし、ある者が進学など「思いもおよばない」と感じるのは、その周囲に経験者が不在で、大学など想像もできない、まったく縁遠い世界と感じられているためであろう。つまり、こうした環境は、選別過程への参加をある程度まで左右する社会的資源なのである。ただし、これらの資源は、客観的にそこに在るものというよりは、行為者によって準拠集団として想起され（そのようなものとして構成され）、引照されるというかたちで主観化されてもいる。であればこそ、「最下層にとっては、高等教育への接近の主観的願望は、この接近への客観的チャンスよりもさらになお低くなりがちであることも理解される」[8]。

このように構成され、理解される選別の過程は、この言葉の通念的な意味をこえる含意をもっている。選別は幼児期からはじまる長い時間のなかでの一連の累積的な過程であり、当の行為者の意識をこえる、その意味では客観的な過程をなしているが、しかし、その意識されない過程も、主観的な表象とそれにたいする反応によって促進されているわけで、「自己排除」(auto-élimination)を結果する諦め、「過剰代表」(surreprésentation)を結果する自信や自明視が作用しているのである。主観的なものと客観的なものの相互変換性とでもいうべき関係がここでは重要な役割を演じている。こうした選別過程の構成のなかに、対極化していえば、上層階級（自由業、上級カードル、経営者）子弟の有利さと、下層階級（労働者、農民）子弟の不利を解き明かそうという視点が配されているのである。

選別の正統的基準と価値のヒエラルヒー

「選別」とは、辞書的な定義では「もっとも適当な物または個人を選択する行為」（『プチ・ロベール』）とある。とすれば「もっとも適当な」ものは何かという選択基準の問題がつねにともなうことになる。そしてこの基準は、実態はどうであれ、人びとの合意や承認にうったえるように正統性をおびて提示されなければならない。

ブルデューらは、この問題を、文化的恣意とそれを正統化するメカニズムの社会的諸条件を問うという視角から取りあつかう。

たとえば学校文化にかんするブルデュー＝パスロンの議論に、いくつかの見方が示されている。中等教育においてある生徒たちを「優秀」な生徒として有利な地位に置くものはなにか。それは「ある種の職業と学業選択（たとえばラテン語）をある社会層へと結びつけている文化モデル、そして、学校を支配している模範、規則、価値に適応するという、社会的に条件づけられた先有傾向」[9]である。たとえば古典語（ギリシア・ラテン語）を履修する生徒たちは、一般に成績優秀な生徒として評価が高く、古典語コースに進むことがそのままエリートコースに乗ることの証とさえ考えられている。古典語がこのように「排除のための言葉」の地位にあることについて、どのような正当化がなされるか。

たとえば、ギリシア・ラテン語の習得は一般的に言語を用いる能力を高め、また知的な訓練を促進するのだとする、古典語の内在的価値を強調する議論がある。だが、果たしてそうだろうか。実際には古典語の学習は上層階級の文化と親近性をもっていて、上層の生徒にとってより接近しやすいコースであること、また家庭、両親などを通して古典語履修へと進むように直接間接の奨励がなされていること、が背景にある。このように、学校における選別基準は、特定の社会集団の文化モデルとむすびついた「文化的恣意」[10]の適用という実質をもちながら、それが覆い隠されているのである。

しかし、学校が価値をおく文化モデル、言いかえると選別基準は、学校のなかで教えられる文化から成っているとはかぎらない。ここに、生徒、学生（とりわけ下層、中間階級出身の）にとっての選別基準の不可視性、不透明性という問題がある。もっぱら学校外で、そのチャンスをもつ生徒のみが接触できるような文化についてブルデュー＝パスロンはこう観察する。「学校によって直接教えられ、統制される文化の領域から遠ざかるにつれ、たとえば古典戯曲から前衛演劇へ、学校的文章からジャズへ、と移行するにつれて、上層階級出身の学生の有利さがきわだってくる」[11]。つまり、学校によって明示的に要求されず、学校で教えられることもないような知識や教養の領域でも暗黙の要求がはたらいていて、それらが上位を占めるような文化の価値のヒエラルヒーが存在するのである。学校を唯一の文化習得の場とする労働者子弟にくらべ、上層階級の子弟の有利さがここでも確かめられる。

議論はこうしておのずと文化の価値のヒエラルヒー（選別基準のヒエラルヒーともなる）という問題にみちびかれていく。この点は次のように一般化される。「演劇からテレビジョンまで、様々な表現の体系は、個々の見解からは独立した、文化的正統性とその度合を枠付けする序列に従って客観的に構成されている」[12]。そして、このヒエラルヒーは、社会的ヒエラルヒーと結びついている。では、どのようなメカニズムで両者は結びつくのか。その後の大著、『ディスタンクシオン』は、まさにこの両者の関連の問題を、正面からあつかった社会学的文化論である。同書の中心的な問いは、次のようなものである。正統とみなされ、価値づけられる文化、つまりある種の古典音楽や絵画への好みは、高学歴と高い職業的地位の者にむすびつきを示し、いわゆる通俗的な名画・名曲や、実用とむすびついた趣味は、中間階級や労働者の好みと対応していることが経験的に確かめられるが、こうした区別の基底にはなにがあるか。同書は、この区別の基底にあるものを、「必要性への距離」(distance à la nécessité)という言葉で表現している。すなわち、正統的な文化への正統的な関わりとは、経済的な必要や実生活上の必要から距離をたもち、「無償」で「無私」の自己投入を行なうという性向、典型的なものとしては「美的性向」(disposition esthétique)によって可能とされる、というわけである。(13)

こうした諸文化のヒエラルヒーの意味の社会学的解明への関心から、ブルデューらはそれ以前にも、美術館通いや、写真(photographie)の趣味という対象をとりあげ、古典絵画鑑賞が上層階級成員とむすびつくのにたいし、実用性をももつ写真は「中間芸術」(あるいは二級芸術)として位置づけられ、かつ中間階級以下のなかに多くの愛好者をみいだしていることを確認している。といっても、「写真をやる」という活動に階級限定性があるということだけが問題なのではなく、さまざまな階級がこの「芸術」とどんな関わり方を示すかも問わなければならない。その記録性(典型的には家族の成長ぶりやその行事・旅行を映像に残すといった)という基本的な社会的機能ゆえに芸術視されないこの活動を、中間管理職のある人びとは、実用性から解放しようともする。風変りな、偶然的な被写体に向かうことで自らの芸術的意図の独自性を熱心に表明する。これにたいし、上級管理職はどうか、かれらは「写真をやる」という活動にはるかに距離をとる。実用性、その普及によって身におびてしまったとみる通俗性という汚れ、そして装備に大げさにに金をかけるスノビズム、等々のうちに無償の美的性向と相容れないものを感じとり、これを冷たく突き放す。「才能のない人びとのための安価な表現」(上級管理職、四十二歳)である、と。[14]

もっとも正統的とされる、「必要性への距離」の大きな、「無償」の自己投入を要求する文化は、物質的に必要性から解放されている上層階級の生活条件とそれに根ざした態度性向に迎えられやすい。それは、この「距離」をたもつことが「世界のブルジョア的な経験の原理」にほかならないからであるが、[15]これはまた、「無償性」という名の下に超越性、超俗性のイメージを喚起し、自らの社会的地位を正統化していくという無意識の戦略性を秘めているわけである。また、学生であれば、こうした文化への「無償」の自己投入という性向(ハビトゥス)を身につけることで、ある種の正統性の高い専攻領域ですぐれた成績を収めることも可能になる。

ブルデューらは、特定の文化なり文化への態度なりを正統化する力の源泉はなにかという問題を——その議論のスタイルの外見に反し——ほとんど具体的に取りあつかっていないが、一種の相同性《ホモロジー》のカテゴリーにおいて、正統化される文化と、特定の集団の経験様式との結びつきを問いかけているように思われる。

もっとも、『ディスタンクシオン』のあつかう世界は、どちらかといえば、文化へのある規範的な態度を持することによって「卓越」の評価をうることができる世界である。学校という場も多かれ少なかれそういう態度を要求する所であるが、選別と排除が行なわれるのはそうした文脈のなかだけではない。たとえばある高等教育機関への進学を企てるか否かの動機づけやその実際の可能性は、家族や友人などをつうじての情報の有無にも左右されることはすでに述べた。ブルデュー理論の影響のもとに、フランスの農民の経営の世界における選別について行なわれたシャンパーニュの研究[16]では、規範に合致して行動するというより、むしろ種々の資源を動員して一定の必要な条件を満たすことが、選別に勝ち残る道と観察されているようである。(本書、第7章を参照。) これらの考察は、狭義の学校世界や文化享受に即して行なわれる選別メカニズムの考察にたいし、補完的な意義をもつものではなかろうか。

「文化・言語資本」概念の社会批判的機能

ブルデューとその協力者たちが言語および言語コミュニケーションにある特別な社会学的関心を払ってきたことはよく知られている。ここには、フランス文化の特殊性の問題もあるだろうが、普遍的な問題としての側面もある。J・B・トンプソンは、ブルデューのアプローチを評価して、言語的「形式主義」および社会学的「インタラクショニズム」という二つの解釈視点の陥穽をシャープに、示唆的な仕方で明らかにしたもの、と述べている[17]。つまり、それらの言語解釈がこれまで無視してきた、言語使用における社会関係的条件の問題、あるコミュニケーションの様式を維持し、再生産することを可能にする社会構造の問題がかれによって提起されている、と。

そうしたブルデューの言語への視角を知るにはとりあえず、(チョムスキーを大いに意識した) 次の著名なパッセージを引けばよいだろう。「〔言語〕能力とは相手に耳をかたむけさせる力でもある。言語は、単なるコミュニケーションの手段でも知識の手段でさえもなく、力の一手段である。人は、単に理解されるだけではなく、信じられ、服従され、尊敬され、一目おかれることをもとめる。それゆえ、能力のまったき定義は、発言の権利、すなわち権威づけられた権威の言語活動である正統的言語活動への権利ということになる。能力とは受容を強要する力を暗に意味している[18]」。

だから、かれの用法では、「言語能力」とは、所与の社会的状況との関係のなかで正統な言語を、正統な仕方でもちいる能力と定義されるであろうし、当の場のなかでの選別作用に効果的に対応しうる能力として意義づけられる。そして「言語資本」は言語能力とは概念上区別されるもので、こうした言語能力を特定の集団の成員総体について推測して得られた、当該集団の言語的有利さの可能性であるといえよう。[19]（ただし、通俗的用法ではしばしば両者は同一視されている）。

だから、言語資本の概念化には少なくとも二つの社会学的な含意が読みとられなければならない。ひとつは、どのような質、レベルのものであれ言語の能力は「資本」としてみることができ、言語の使用者（集団）はその「資本」の所有者として競争または選別の場のなかに位置しているということである。いまひとつは、異なる諸社会集団または階級の出身の成員が不均等な条件を負って選別過程に参加してくるということであり、この「資本」が、社会的に不平等に配分されているということである。

ブルデュー、パスロンらは、教育の場の正統的言語である「教育言語」（langue d'enseignement）とその使用能力について経験的な調査を行ない、いくつかの例証的な知見を得ている。正統とされる言語の使用能力は、「理念語」（抽象語）と複雑な文を使いこなす能力、および古典的教養に関する言語にただちに反応しうる性向などからなり、学生間の差は大きくなくとも、選別の度合の大小を考慮に入れれば、階級、居住地域（パリ－地方など）により断絶があることは否定できない。「家族から伝達される言語の複雑性」ゆえに、豊かな「言語資本」を背景とする（特にパリの）上層階級子弟は、学校での言語表現の要求に不連続を感じることなくスムーズに適応していくが、たとえば農村出身の子どもは教室内はもとより、コレージュの生徒寮の生活のなかですら厳しい異文化適応《アキュルテュラシオン》をしいられ、借り物の言葉を使う「非現実」の経験のなかで「自己分裂か、排除の甘受かという選択にさらされる」[20]。

すでに多くを述べる必要はないであろう。以上のようなブルデュー＝パスロンの「言語能力」への接近は、ある言語行動の様式が、その社会的習得基盤、および正統化作用との関連で特権化されたり、逆におとしめられるメカニズムをえぐったものであり、いわゆる「能力」の神話への痛烈な社会学的批判となっている。ところで、「言語活動への関係」にまで論じおよぶと、すでにわれわれの議論は事実上ハビトゥスの問題領域にまで入りこんでいる。

構造化する構造――ハビトゥスの機能

ブルデューは、ある箇所で、「ハビトゥス概念への依拠」を、「主体なき構造主義か主体の哲学かという二者択一を抜け出すひとつの方法」と意義づけていた[21]。

この言葉は構造主義が社会学や人類学に大きな影響力をふるった一九六〇～七〇年代のフランスの状況をやや特殊的に表している反面で、かれなりの社会学的行為論の展開への野心をものぞかせているものとみてよい。ブルデュー社会学においては、およそ行為者（agent）およびその行動または慣習行動（pratique）と表象（représentation）の理解が問題となるとき、それはハビトゥスの機能または顕現として捉えられるのである。ハビトゥスの語源や意味の変遷などにはもうここでは触れないが[22]、これに拠ることの第一の意義は、行動や知覚へのもろもろの性向の後天的な形成性、つまり社会化過程のなかでの習得の所産であることの明示化にある。

ブルデュー社会学があつかっているハビトゥスの具体的形態をあげると実に多岐にわたり、言語活動への関係、知への関係、学ぶことへの態度、美術愛好の性向、身体の使い方、婚姻における配偶者選択の要領、等々に及んでいるが、それらは与えられた社会的環境と条件のなかでの学習の所産――かれ独特の表現では「相続物」――

として位置づけられている。この点は、選別の社会学においては、「能力」＝「天与の才」（don）とみなす暗黙的なもろもろのイデオロギーへの根底的な批判として現われる。上級カードルや専門職を親とする子どもたちが意識的努力なしに自然にある型の知や言語行動を身につけていくという事実、そしてそれらのハビトゥスが、学校、職業生活その他さまざまな場で、適応の要領（savoir-faire）となり、かれらをあらかじめ有利な地位におく事実が、まさに批判的に照明されるのである。この意味で、ブルデューのハビトゥス論の第一の意義は、「能力」、「才能」の名の下に正当化される選別＝排除のメカニズムの社会的意味合いを、明示的認識のなかに引き出した点にあるといえよう。

と同時に、ハビトゥス論のかれの社会学のなかでの機能は、行動における規則性（régularité）というものを理解する視点の提供にもある。「ハビトゥスは行動《プラティック》へのもろもろの性向のシステムであるが、それは規則的な行動の、したがって行動の規則性の客観的な基礎をなし、もし行動の予測が可能であるとすれば……それはハビトゥスが、このハビトゥスを身につけた行為者にある状況の下ではある仕方で振舞うようにさせるものであるということによる」[23]。こうしたハビトゥスの機能態についての代表的な論文は、内容を紹介する余裕はないが、カビールの農民の贈与行動、およびベアルンの農民の「婚姻戦略」などについてのものである[24]。

では、ハビトゥスがその生成を可能にする行動の規則性とはどんな類のものであり、また規則性を成り立たせている原理はなにか。贈与にたいして、必ず応答したり、配偶者を選ぶさい家産に気をくばり、家の釣合をとるという傾向がみられるが、これらは、なんらかの定式化された規則の遵守として説明されるべきではない。むしろここに働くハビトゥスは「なんら明示的な規則に従うことなく、しかも一定の規則性を示すもの[25]」とすら定義されうる。規則があってこれが遵守されるということからは、この規則性は説明されえない。そして、もちろん功利的な利害計算に還元する説明も皮相である。「ここに、およそ交換というものの構造的なあいまいさがある。人びとはつねに同時に、自ら表明することのない利害、および公言される名誉の領域のなかでふるまっている」[26]。だから、ここでの規則性は、規範遵守や合理的計算に対比して、はるかにルースにみえ、行動における変奏や変換をも容れるものである。特定の行動型のたえざる再現ではなく、状況に応じさまざまな行動を組立てるという臨機応変な適応をも含意する。こうした行動の変奏可能性という特徴は、「戦略」(strategie)というタームで表現されている。

以上のハビトゥスの概念について、概念としての具体化、分節化の不十分さを指してであろう、「客観的構造と主観的活動とを関連づける手段」として用いられる「理論上の機械仕掛けの神《デウス・エクス・マキーナ》」と評する見解もある[27]。また、社会学的にみて、従来から定式化が行なわれてきた「態度」、「構え」、「(社会的)性格」などの概念と重なる要素があり、かならずしも目新しいものではなく、しかも経験的使用に耐える概念にまで定式化されていないといううらみもある。しかし、これによってブルデューが明示化しようとした問題、あるいは論点は受け止める必要がある。

そういう目で見てみると、ハビトゥス-慣習行動論には、従来の社会学的行為論にたいする二重のアンチテーゼがはらまれているのに気づく。

ひとつは、いわゆる功利主義モデルへの対抗であるが、この点にはもう立ち入らない。いまひとつは、規範の内面化とそれによる行為の規制の第一義性をいう行為理論、たとえばタルコット・パーソンズ理論のある側面にたいする対抗性である。行動への性向を、学習、あるいは社会化のなかでの習得の所産としてあつかう点ではもちろん両者とも共通の土俵のなかにあるとはいえ、そこで学習されるものはブルデューによれば、明示的な当為命題とか、一義的に明白にパターン化された行動規則などではない。むしろ一定の可塑性、代替的選択ないし変換の力、さらには時間のなかでの調整や展開の能力などをそなえた性向の構造を獲得することが、この学習である。であるとすれば、いわゆる規範の内面化による説明は、問題の部分化であり、静態的にすぎるといえよう。

学習されるハビトゥスのこうした性格づけは、むしろピアジェ的な意味での「変換体系」としての構造にいちじるしく近似している。ピアジェは、周知のように、構造の生成的な性質を強調して、知覚や認識の構造の形成における構成主義の契機を重視したが[28]、実はブルデュー自身も、ピアジェを意識してか、自らの方法的関心を「発生構造主義」(structuralisme génétique)と呼ぶことをも受け入れている[29]。そればかりではない。ブルデューが、一種の構成主義といってもよい観点から、「少数の原理の実践的な習得の結果」であるハビトゥスを通じ、「規則に従うことなく、規制されうるような無限の行動がつくりだされる」と書くとき[30]、それはN・チョムスキーの生成文法の基本的観点(有限個の規則から無限に多様な文をつくりだす人間の能力を措定する)との平行性をも思わせるものがある。「言語能力」の理解の視角において両者はあきらかに対立的とみえるだけに、きわめて興味ぶかい点である。

以上の側面からみるとき、ブルデューのハビトゥス論は、社会文化的決定作用のもとにある個人が、不可還元的な行為者としてあらわれ、相対的に自律的な行為の組織化の媒介主体となる過程に照明をあてようとしたものと解してよいかもしれない。F・エランは、過去の経験の蓄積がハビトゥスの媒介によって、未来へむけられた態度性向へと変換される過程こそが、この議論の中心にあると解釈している[31]。とするならば、選別=排除の社会学のなかでハビトゥス論のもついまひとつの含意も想到されてこよう。それは、上層階級の成員の戦略ばかりでなく、文化資本において劣位にあるがゆえに排除の力をこうむる社会的カテゴリー(中間階級や労働者の子弟)

や「女らしさ」のイメージを押しつけられ特定の職業や専攻に「追放」される女性などの個人が、それに抗する行動や表象を生みだしていく可能性の問題である。

ブルデューはこのことについて多くのことを語っていず、たとえば、その動機づけと熱意によって文化資本の不利をカバーし、進学をしていく下層階級出身の生徒たちの行動など、個人的な対抗的行動に若干ふれるにとどまっている。その点ではむしろ、ブルデューにやや距離をおく、おなじく再生産過程の解明をめざすイギリスの社会学者P・ウィリスの労働者階級子弟の文化の研究（これは明らかにハビトゥス論として読める）などが、この点を意識的に取りあげていると思われる。労働者階級の少年たちは、その与えられた環境と文化のなかで、反学校的価値（反権威の態度、精神労働を管理への屈従とみなす認知など）を身につけ、マニュアルな労働のうちにむしろ自由をみいだし、学校的な選別過程からの離脱をすすんで行なうというウィリスの観察は、対抗ハビトゥスとその作用への着目であろう。[32]

正統化とその限界

正統化（légitimation）の問題は、ブルデューの選別の社会学において隠れたキーの位置を占める。たとえば、『再生産』の第Ⅰ部をなす「象徴的暴力の理論の基礎」は、第一命題からして次のように始まる。「およそ象徴的暴力を行使する力、すなわちさまざまな意味を押しつけ、しかも自らの力の根底にある力関係をおおい隠すことで、それらの意味を正統であるとして押しつけるにいたる力は、そうした力関係のうえに、それ固有の力、すなわち固有に象徴的な力を付けくわえる」[33]。ここですでに明らかなように、正統化は、象徴的な意味化とその意味の受容を課することによって、力関係を隠蔽するという機能において重視されている。それゆえ、ブルデュー社会学においては、正統性の機能が問題なのであり、「正統性」概念についてのサブスタンシァルな定義はみとめられない。

ちなみに、デュルケムが、「聖性」の表象が多分に恣意的なものであることを認め、たとえばタブーの宣告というものが世俗の支配者にとっては利害関係を隠蔽しつつこれを実現する手段になっていることを観察するとき、この観点はブルデューとかなり親近性をもっている。ブルデュー＝パスロンが、マックス・ウェーバーを、「権力の行使とその永続化にたいする正統性表象の特有の寄与」を正面から追究したと評価しつつ、しかし「正統性表象の心理社会学的見方にとどまっている」と批判する点に、かれらの観点がよく表われている。(34)

つまり、ある制度なり指導者なり、あるいはその指導の様式なりが「正統」とみなされるのは、それらが、究極的には力関係によって担保された社会関係上の優位性にもとづいているからであって、しかしまた、制度の自律化や、指導者のカリスマ化によって、その基底の関係を覆い隠し、「正統」の表象を成りたたせ、はじめて制度なり指導者なりの持続的存立が可能になるからである。それゆえ、絶えざるカリスマ化の企てはあっても、純然たるカリスマ的正統性は、虚構または誤認の結果でしかないことになる。それがウェーバー理論を「心理社会学的」と評させる当のものである。

一方、制度や行為者およびその機能を、象徴的なレベルで正統化するという作用の社会学的解明という点で、ブルデュー社会学の寄与はきわめて重要であろう。学校にしろ、教師にしろ、流行の伝播者にしろ、それらが伝えようとする意味（文化的恣意）を人びとに受容させることができるのは、一定の権威の関係という社会関係を前提とし、かつその関係が、たとえば「無私」、「中立」、「真理の伝達」といった表現で象徴的に正統化される（誤認される）という条件のもとにおいてであることを、これほど多様な形で示した試みもない。「正統性」の表象の背後にある、力関係の作用と象徴化による隠蔽の作用という二重の過程との連関をつねに問うこと、これが正統性の問題への社会学的接近にほかならない。

けれども、正統性の問題のこうした取り扱いにたいして、ブルデューは権力や制度の存続あるいは機能の条件を、もっぱら「正統性の承認」の有無にもとめ、社会的再生産の「合意モデル」にあまりにも固執しすぎている、という批判もある。(35) たしかに理論の「モデル」という点からみれば、そういう類別は可能かもしれない。

しかし、その正統性概念がブルデュー社会学のなかで実際にどう機能しているかをみると、正統性の承認＝客観的真実の誤認というネガティヴな規定がそもそものがたるように、それは正統性の限界を明らかにすることにもひとしく方向づけられている。ないしは、誤認が部分的に維持され、かろうじて一個の制度なりシステムが存続しているケースにも目が向けられている。たとえば教師の「無謬」の権威が疑われず、それを学生たちのハビトゥスが補完し、それゆえに特別な教育方法なしに存続できた伝統的タイプの教育が、「効率」を低め、今日いわば正統性の危機にあることは『再生産』の著者たちの強調している点である。かれらの理論と概念装置は、正統性がいかに「合意」の黙約に依存し、それゆえ社会的条件の変化とともに脆さを露呈しやすいか、という正統性の限界の考察にも開かれているとみてよい。

結びにかえて——若干の問題

「再生産」——このタームは、同じ標題の著書をはじめ、ブルデューらの研究のなかにキー的に用いられており、かれらの理論全体の説明が志向するところに即し、われわれはこれを文化的再生産理論と呼んでいる。それは、とりあえず、「不平等、序列、支配等の関係をふくむものとしての社会構造の同形的な再生産の過程において、文化的なものの演じる役割をあきらかにしようとする理論志向[36]」であるとしておきたい。

しかし、踏みこんで考えると、社会構造の再生産の捉え方ひとつをとっても、曖昧さと未提示の問題が少なくない（R・ウィリアムズのようにこの語の用法を「隠喩」とみなす者さえいる[37]）。再生産されるのは、具体的集団関係なのか、それともなんらかの基準による上下ヒエラルヒーなのか、世代間の地位継承なのか、それとも構造としての地位関係なのか、特定の集団（たとえばテクノクラートとか大学教授）なのか、それとも全体社会の集団関係なのか、等々。むしろここでは、理論の汎用性を言うより、どのような問題あるいは過程を解明の中心とするのか、というその射程の明確化が望まれるし、重要ではないかと思われる。

再生産は変動とどのような関係に立つのか。この問題の立て方はあまりにも素朴にすぎるかもしれないが、しかし避けられない問いであろう。再生産はそれに先だつ生産とは異なる条件下で行なわれる以上、変化を伴うのは当然であろう。ではその変化の質、範囲、方向がどのような域に達すれば、システムの再生産という規定を越えるのだろうか。あるいは、それとも、ハビトゥス＝行動の再帰的性格を想定し、再生産への傾向がシステムに内在していると考えているのだろうか。六、七〇年代の経済成長下に西欧社会の構造がかなりドラスティックに変ったことを承認するなら、ブルデュー理論もこれになんらかの答えを用意しなければならないが、当面、再生産と変動の関係は、さらに問われるべきテーマとして残されている。

いずれにしても、ブルデューたちの研究を、ゴールに到達した完結物とみることはできない。また、経験的な事実確認以上に、視点の提示、そして理論化に方向づけられたものとみられるから、そこから示唆的と考えられる仮説をみちびきだし、経験的研究にむすびつけることが、かれらの研究の意義を問うひとつの道であろう。著者たちはそうした試みをささやかながら実施に移したことがある[38]。そうした接近の仕方からすれば、かれらの一連の研究は、さまざまな仮説形成のための豊かな鉱脈として現われてくるはずである。

注

(1) ブルデューの著作は、経験的調査にもとづくものが多いこともあって、共著である場合が少なくない。とくにヨーロッパ社会学研究所の同僚スタッフの協力がしばしば重要な役割を演じている。これをブルデュー個人の業績に帰することは誤りであろう。この点は、今後の是正にゆだねたい。

(2) Lemert, C. C., *French Sociology: Rupture and Renewal since 1968*, Columbia Univ. Press, 1981, pp. 52-53

(3) 支配的イデオロギー（支配的文化的恣意）を、支配的集団の権力行使の一側面とみなす点では、ブルデュー社会学がマルクス主義の観点に負っていることは間違いない。しかし、ブルデューがその分析のなかで重用する階級の概念についてはどうか。かれの拠る階級概念は、生産関係上の地位を基底とするマルクスのそれとは異なり、フランスの社会職業的階層（C.S.P.）のカテゴリーがしばしばそのまま用いられるように、職業的地位、学歴、威信などを加味したものである。この点について Accardo, A. & Corcuff, P. *La sociologie de Bourdieu*, Le Mascaret, 1986, pp. 199-201. を見られたい。

(4) P・ブルデュー『実践感覚』(1)〔一九八〇〕今村・港道訳、みすず書房、一九八八年、四〇頁。

(5) Bourdieu, P. et J.-C. Passeron, *Les héritiers*, Ed. de Minuit, 1964, p. 11.

(6) *Ibid.*, p. 12.

(7) A・ギデンズ『社会理論の最前線』〔一九七九〕友枝・今田訳、ハーベスト社、一九八九年、四四頁。

(8) *Les héritiers, Op. cit.*, p. 12, 17.

(9) *Ibid.*, p. 25.

(10) 「文化的恣意」(arbitraire culturel) という用語の含意については宮島「文化における支配、文化における選別」、見田宗介・宮島喬編『文化と現代社会』東京大学出版会、一九八七年、二七～三〇頁で、著者なりの解釈をこころみた。

(11) P・ブルデュー、J-C・パスロン『再生産』〔一九七〇〕宮島喬訳、藤原書店、一九九一年、一〇六頁。

(12) P・ブルデュー編『写真論』〔一九六五〕山縣・山縣訳、法政大学出版局、一九九〇年、二七頁。

(13) P・ブルデュー『ディスタンクシオン』(I)〔一九七九〕石井洋二郎訳、藤原書店、一九九〇年、四頁。
(14)『写真論』、特に第一章。
(15)『ディスタンクシオン』I、八五頁。
(16) Champagne, P., “Capital culturel et patrimoine économique”, *ARSS*, No. 69, 1987.
(17) Thompson, J. B., *Studies in the Theory of Ideology*, Polity Press, 1984, p. 43.
(18) “L’économie des échanges linguistiques”, *Langue Française*, 34, mai, 1977, p. 20.
(19) 言語資本が、一種の構成概念であって、その点で言語能力とは区別されるべきだという著者としての解釈は本書第2章のなかに示した。
(20)『再生産』一五一頁。
(21) P・ブルデュー『構造と実践』〔一九八七〕石崎晴己訳、藤原書店、一九九一年、一九頁。
(22) ハビトゥスの概念については、以下を参照されたい。Inglis, F., “Good and bad habitus, Bourdieu, Habermas and the Condition of England”, *Sociological Review*, Vol. 27, No. 2, 1979.; Rist, G., “La notion médiévale d’ « habitus » dans la sociologie de Pierre Bourdieu”, *Revue Européenne des Sciences Sociales*, T. XXII, No. 67, 1984.; Héran, F., “La seconde nature de l’habitus: Tradition historique et sens commun dans le langage sociologique”, *RFS*, XXVIII, 1987.
(23) “Habitus, code et codification”, *ARSS*, 64, septembre, 1986.
(24) “Trois etudes d’ethnologie kabyle”, *Esquisse d’une théorie de la pratique*, Droz, 1972; “Les stratégies matrimoniales dans le système de reproduction”, *AESC*, 27, juillet-octobre, 1972.
(25) Esquisse *Op. cit.*, p. 175.
(26) *Ibid.* p. 43.
(27) Dimaggio, P., “Review Essay: On Pierre Bourdieu”, *AJS*, Vol. 84, No. 6, 1979, p. 1464.
(28) J・ピアジェ『構造主義』〔一九六八〕滝沢・佐々木訳、文庫クセジュ、白水社、一九七〇年。
(29)『構造と実践』二九頁。
(30) La stratégie matrimoniale, *Op. cit.*, p. 1124.
(31) Héran, *Op. cit.*, p. 393.
(32) P・ウィリス『ハマータウンの野郎ども』〔一九七七〕熊沢・山田訳、筑摩書房、一九八五年。特に7章を参照。

（33）『再生産』一六頁。
（34）同、一七頁。
（35）Tompson, *Op. cit.*, p. 59.
（36）宮島喬・藤田英典編『文化と社会——差異化、構造化、再生産』有信堂高文社、一九九一年、ⅱ頁。
（37）R・ウィリアムズ『文化とは』〔一九八一〕小池民男訳、晶文社、一九八五年、二三六頁。
（38）これについては、宮島喬・藤田英典・志水宏吉「現代日本における文化的再生産過程——ひとつのアプローチ」宮島・藤田編『文化と社会』（前掲）第八章を見られたい。

II　ブルデュー理論からの展開

5 言語、コミュニケーション、力の関係
――ブルデューのコミュニケーション論――

コミュニケーションの社会関係的文脈

言語は、たんなるコミュニケーションの道具にすぎないのではなく、それ自体、推論の様式、思考の様式、そしてそれらの表現の様式であるといわれる。こうして言語は今や狭義の言語の対象から、哲学者や人類学者も関わるべき領域になっている。これは周知の通りである。しかし、果してこの言い方で十分だろうか。ピエール・ブルデューは、言語学雑誌『フランス語』に寄せた一論文のなかで、「なぜ今日、一社会学者があえて言語や言語学にかかずらわなければならないのか」という自問とともに、筆を起こしている。(1)

社会学者が関心をもたざるをえないのは、それぞれの地位や利害関心や文化をもった社会状況内の行為者または行為者集団が、さまざまな権力関係のなかで、他の行為者またはその集団とのあいだに取りむすぶ社会関係である。また、そのなかで取り行なわれる実践である。「権力関係」と言ったが、それは、経済的、政治的、威信的、精神的、等々の力の優劣による非対称な影響力行使の関係であるといってもよい。そして当然ながら、こうした

社会関係から自由であるようなコミュニケーションはありえないし、あたかも自由であるかのように構成されるコミュニケーション過程は、一個の抽象にすぎない。たとえば、現代社会学に連なる一潮流、シンボリック・インタラクショニストたちには、多かれ少なかれその傾きがある。社会心理学者やマスコミ研究者のなかには、この権力関係にいくぶん注意をむけた者もいて、かつてこれを実験的、計量的に確認する企てもなかったわけではない。(2)

しかし、一般のコミュニケーション論、とりわけ言語論において、どれだけこの社会関係的文脈に正面から関心が払われてきただろうか。疑問とされる。

まず、ソシュール言語学へのこの点からの批判的検討は、避けて通れない。アンソニー・ギデンズは、「ソシュールはラングのシステム的、非偶然的、社会的な性質と、パロールの特殊的、偶然的、個別的な性質とを媒介するものを示さなかった……。つまり能力をもった発話者もしくは言語使用が抜け落ちている」(3)と書いたが、これは、「ラングとパロールの関係を……楽譜とその演奏のような関係をモデルにして考えることのナイーヴな法中心主義（juridisme）」(4)に批判をくわえるブルデューの見地と符合している。つまり、言語というものが、相互行為場面で、社会化された話者によって、時宜にかない、状況の要求に適合するように変形されたり、調音されたりしながら自在に話されるという実践的な性格が見落とされている、ということである。

ソシュール流「内在言語学」は、体系化された言語規則の存在を想定し、これをもっぱら対象のがわに置き、個々の話し手のもちいる変異を含んだ言語の側面であるパロールは、個人的、偶然的なるがゆえに言語学の対象たりえないとすることで、言語をいちじるしく静態的・主知主義的にとらえる結果となっている。ブルデューは、「言語活動を、行為の（あるいは権力の）手段としてよりもむしろ知的理解の対象にしてしまう主知主義的哲学」を批判し、こう書く。「言語活動は一個の実践であり、それは話されるためになされる。すなわち、伝達の機能だけでなく、あらゆる可能な実際的機能を引き受けるもろもろのストラテジーのなかで使われる。それは、適切に話されるために(pour être parlé à propos)なされるのだ[5]」。ここにすでに十分な理解のカギが与えられているのだが、あらためてブルデューの言語論、コミュニケーション論をもう少し正面からうかがってみよう。

「言語能力」の社会学的再規定

ブルデューにとっては、言語よりもむしろ「言語活動」(langage)(もっと砕いていえば「言葉の用い方」)が問題である。そして、言語活動は、徹底してハビトゥス的なものとして捉えられている。ここではとりあえず、ハビトゥスが、経験を通しての社会内的、後天的な習得物とされるものだという一事だけを指摘しておこう。そして、このことに関連し、ブルデューの重要な主張が出てくる。それと意識しないで行なわれる言語の実際的な習得は、どのような場で、何を、どのように語るべきかという「状況」と不可分の言語の使い方の体得として行なわれる、と。これが言語の「実践的習得」(maîtrise pratique)(「象徴的習得」(maîtrise symbolique)と対比して言われる)と呼ばれるものの本質的に重要な側面である。「実践的習得は、この点で、学校的学習という非現実的な状況のなかで、すなわちおよそ実際的な状況の外で身につく知的(学校的)能力と区別される。後者では、言語活動は死文として、単なる分析の対象として扱われる[6]」。

したがって、チョムスキー的な意味での人における「言語能力」の観念に、ブルデューは懐疑的である。あるいは少なくとも、それはきわめて抽象的レベルでしか意味をなさないと考えているようである。言語は実践的効力をめざす戦略のなかで用いられる以上、つねに、だれと対座しているか、何が話者の目的とされているか、どんな振舞いの様式がそこで規則として課されているか、等々に応じて使われなければならない。であるならば、「チョムスキーのいう能力は、その能力を適切に運用するために必要とされる能力（いつ語るべきか、黙すべきか、この言葉を使うべきか、それとも別の言葉を使うべきか、といった点にかかわる能力）を含んでいない一個の抽象である。問題なのは、文法的に一貫した文を無限にうみだす能力なのではなく、それらの文を無数の〔社会的〕状況のなかで適合的かつ整合的に運用する力である」[7]。

もっとも、ある程度の留保が必要だと思われる。チョムスキーの言語能力論が、単純に環境や相互作用を無視した生得論であると言いきれるかどうか、また、かれの生成文法論とブルデューの思考方法のあいだには、単なる交わらない平行関係しかないのかどうか[8]。ただ、ここでは議論の焦点をどこに置くかが問題なのである。一貫して社会学的見方に立つならば、人間の言語能力もちがった地平において現われてくること、そこでは言語能力なるものが、言語の実際的支配と、またハビトゥスあるいは言語資本と切り離せないものであることを認めることにある。

そこで、ブルデューの言語論の枠組みのなかでは、たとえば「文法性」(grammaticality) と対比して使われる「容認可能性」(acceptability) といったチョムスキーのタームも、別な風に解釈されてくる。ある言説が聞き手によって受け入れられるか否かは、文法的な正しさのみによらない。たとえば、“The boy the girl the man Kissed loved laughed”（その男がキスをした娘が愛していた少年が笑った）[9]は、たとえ文法的には通るとしても、それ自体では非常に理解しづらい、悪文というべきであろう。つまり、容認性の限界を超えているのである。

だが、「悪文」とされるものが、受け入れられるか否かは、より別の基準、もっといえば社会的な条件にもかかっている。ブルデューによれば、それは、ある言語能力と「言語市場」との関連によって、ある言説とある状況との両立可能性のいかんによって、さらに正統化された権力の作用によっても決まる。ちょうど、大学の講壇から語りかける教師の、「ことばの曲芸」、「難解なあてこすり」、「意表をつく言及」、「異論を許さない晦渋さ」をもってする表現が、常人の容認の範囲をまったく超えるとしても、大学という制度によって準備された権威を媒介として、それなりに聴衆学生に効果を発揮できるように。[10] 大学という固有の場、その固有の「言語市場」(marché linguistique) では、市場のなかであるステイタスをもつ教師が発信者となるとき、「容認可能性」のそれなりの閾値が存在するというわけである。

この場合、それぞれの言語市場のなかで、市場価値の高い言説を発することのできる状況適応の力、そしてまた権力関係を自らに有利に利用しうるような関係の存在が、ものを言う。教場のなかでの教師の子どもへの教え込みの行為、すなわち「教育的コミュニケーション」(communication pédagogique) へのブルデュー＝パスロンの考察が、以下でも紹介するが、このことを具体的に示している。

言語活動へのかまえ

言語にかかわる活動は、狭い意味での記号過程をこえる。何を、どんな内容のことを話すかという記号の内包だけが問題なのではない。それは、いかに話すか、発話を通していかに自己を呈示するか、という、一言でいうと「話し方」のハビトゥスをも含んで成り立つ。ブルデュー＝パスロンの言葉でいえば、「言語にたいする社会的に形成されたひとつの態度性向」[11] であり、対話者にたいし、あるいは会話の主題にたいし、どのようなかまえで臨むかということに関係する。そして、それは、社会階層、職業、男女等に応じて、特徴的なかたちをとる。

言語コミュニケーションの場《シャン》をだれが支配するか、ということに関連し、上層の者たちの言語活動への態度性向の特徴が問題となる。現実に多くの会話の場を支配するかれらの発話の仕方、その際の態度の特徴がそれである。ブルデューらはこれを、「きわだった距離」、「抑制された闊達さ」、「身についた自然さ」、「自信」、「余裕」、等々と定式化している。*

＊高等教育就学者対象のある語彙能力調査のなかに導入された、実在しないおとり言葉〈ジェロファジー〉(gerophagie)にたいし、学生たちの示した反応が、ひとつの例証となる。この言葉を定義せよ、と求められた学生たちの回答はまちまちだったが、「定義を知らない」、「何も思い浮かばない」と書く庶民、中間階級出身の学生にたいし、「その語源はかくかくしかじか、……ある種の野蛮民族にみられる、老人を食する習慣である」と、いかにも堂々と自信ありげに書いて平然としている上層出身の学生がいて、その対照はかなりきわだった(12)。

このことは、言語についての正確な知識、またそれを踏まえた言語能力といったものとは別の次元に、人びとに優越性を印象づけるような言語への態度というものが存在することを意味する。そして、それが主として「第一次的教育」(学校以前的、学校外的な環境世界での習得)の所産であり、言語の「実践的習得」の問題であるというのがブルデュー＝パスロンの主張である。これは、上層の「言語的卓越」なるもののカラクリの暴露であり、痛烈な批判であるといえる。にもかかわらず、こうした自信、余裕、尊大さは、その言説に、「もっともらしさ」「真実味」、一言でいえば「正統性」を与えるのであり、対話者にその言説を受け入れさせる力として機能する。

一方、労働者、農民など「民衆階級」の言語への態度性向はどうか。ブルデューらの挙げる特徴は、「からかい」、「あけすけな陽気さ」、「好色」、「ことごとしい大仰な話やいかにも誇張された感情を遠ざけるといった傾向」である。しかし問題は、言語市場との関連である。発話が行なわれる場への適合性、とりわけかれら自身が公的なサンクションを意識しながら参加する社会的な場(学校、試験場、役所、法廷、等々)である。そこではかれらは、緊張し、ぎこちなく、さらには、借り物のことばを使って語らなければならない。民衆階級の成員がこうした場で会話の主導権をにぎることはほとんど不可能であり、上層の言語ハビトゥスにこれをゆずらなければならない。かれらの位置は従属的な対話者のそれとなる。

けれども、そうした民衆ですら、生きる手段として、必要として、言語の戦略的な使用を最大限に追求するハビトゥスを身につけていないわけではない。ブルデューの描く次のシーンを引用したい。

「観察されたある相互作用の例であるが、同じ一人の人物（田舎の小集落に住む老女）が、ベアルン〔南仏のピレネー山脈北麓の地方〕の小さな町の市《いち》で、同地方のもっと大きな他の町の出身で、その町の商店主の妻となっている若い女性（したがって、ベアルン語を知らないか、知らないふりをしている）に話しかける際には、『おくになまりのフランス語《フランセ・パトワゼ》』で話したかと思うと、寸刻の後、ほぼ同じ年齢で、村の小集落の出で、今はその町に住んでいる一女性にはベアルン語で話しかけた。ほどなくして、彼女は町の吏員の面前で、『正しい』といわないまでも、精一杯『注意を払った《コリジェ》』フランス語で語り、最後に、村の出身で、町で働いている五十がらみの道路工夫に出会ったときにはまたベアルン語に帰ったのであった」[13]。

コミュニケーションと力の関係

I・スヌークは、ブルデューの言語観をかなり的確にとらえている。すなわち、主知主義的・観照的な言語観に反旗をひるがえし、言語を行為の一手段として徹底的に実践的にとらえているとし、ニーチェとヴィトゲンシュタインの思考の系譜のなかにかれを置く。「ブルデューは権力を言語活動にとって中心的なものとみなしている。言語とは人間を互いに統制させる手段のうちのひとつである、とブルデューは認識する」[14]。じっさい、言語に自立した意味作用などというものはなく、意味作用はつねに社会的実践とは不可分なものであるというのは、ブルデューの言語観でもある。

事実、すでに一部ふれてきたように、ブルデューらの言語コミュニケーション論は、力の関係を不可欠のモメントとして織りこんでいる。言語能力の定義に再びもどるならば、ブルデューは次のように言っている。「言語はたんなるコミュニケーションの手段でも、知識の手段でもなく、権力（pouvoir）の一手段である。人は、たんに理解されることを求めるだけでなく、信じられ、服従され、尊敬され、一目おかれることを求めている。それゆえ、〔言語〕能力のまったき定義は、発言の権利、すなわち正統的言語活動、権威づけられた言語活動、権威の言語活動への権利としてのそれとなる。能力とは、容認を強要する力を暗に意味するものである」[15]。

この力の関係は、話者相互間の社会的位置関係（たとえば、教師‐生徒など）のなかにほとんどつねに働いており、当人たちにほとんど意識されていなくとも、そのコミュニケーションを可能にする隠された条件をなしている。とはいえ、この力の関係は決して直接にそのものとして作用するわけではなく、ある言説の正統性や容認可能性をつくりだす独立変数でもない。ブルデューはそのような単純化には与していない。

『再生産』の第I部をなす「象徴的暴力の理論の基礎」はいわばブルデュー＝パスロンの独自のコミュニケーション論体系というべきものであるが、そのなかの教育的働きかけ（AP: action pédagogique）にかんする二つの命題に止目したい。

1　「APは、本来、力の押しつけには決して還元できない象徴的権力であるが、それだけに、それ固有の、すなわち固有に象徴的な効果を生じることができるのは、コミュニケーション関係のなかで行使される場合にかぎられる」。

2 「APが、象徴的暴力としてそれ固有の、すなわち固有に教育的な効果を生じることができるのは、押しつけと教えこみの社会的条件があたえられている場合にかぎられる。この社会的条件とは、コミュニケーションというものの形式的な定義では考えられないような力の関係のことである[16]」。

コミュニケーション、それは形式的にいえば象徴を通しての働きかけであり、「象徴を通して」とは、言語その他の記号を媒介してというだけでなく、普遍化や正統性をともなう意味の伝達をも含意している。あるいは、距離化や抽象化をともなう、といってもよい。だから、それはネイキッドな力の行使とは性質上きわめて異なる。たとえば教師の語る言葉は「真理」であり、「正しい知識」であり、「無私の言説」であるがゆえに受け入れられなければならない、とされ、生徒もまたそのような受信のかまえを示すとき、象徴的なものの固有の力が前面に出ているといえる。そして、これはAPがAPでありうるための多かれ少なかれ必要な条件である。

しかし、それはコミュニカブルであるための十分条件だろうか。APが受け入れられるためには、さらに一定の社会的条件がなければならない。そして、それは「コミュニケーションの形式的な定義では考えられないような力の関係」である。象徴の交換がどのような社会的位置を背負った人と人、あるいは集団と集団の関係文脈のなかで行なわれるかということである。ここで、われわれは、親‐未成年の子ども、教師‐生徒、職場の上司‐下僚、教授資格審査員‐受験者など、制度に担保された権力に裏打ちされた関係であれ、あるいは高名な講演者‐聴衆、作家‐読者、予言者‐フォロワー大衆のような威信の上下関係であれ、非対称な社会関係を想起する。

といっても、ここで「力」というものが可視的であったり、直接に経験されているというわけではない。むしろ反対に、固有に教育的な働きかけはもっぱら意味の伝達をこととし、「もっともと思われる」「妥当である」「信頼できる」といった表象を受け手の側によびおこし、力の関係を意識させないことに成功するかぎりで成立する。ブルデューらは、この力の関係が覆い隠されれば隠されるほど、固有の意味で「象徴的な」効果を生じることができるとする。

実際はどうか。現実のコミュニケーションでは、力関係が完全に意識の外に置かれるそうした極限的関係はまずみられない。受け手個人は、よく分からなくとも相手次第で分かったふりをするとか、力関係をなんとなく見抜いてしまい「逆らうことはできない」と直観するとか、一知半解の思いであっても、「専門家の言うことだから正しいのだろう」と反応したりする。『再生産』では、「学生たちは、教師の長口舌を理解できなくとも、地位からして、諦めておおざっぱな理解に甘んじることが学校システムへの自分たちの適応の所産でも条件でもあるだけに、教師のことばをさえぎろうという気にならない[17]」という例を挙げている。ここには一種の「共謀関係」があるといえるのだが、それは謀った意図や功利的計算によるというより、やはり形成されたハビトゥスによる面が大きいだろう。学校、職場、メディア関係のなかで体得されているハビトゥスなのである。そして、そこに、力関係によって担保された象徴的なものの作用の両義的な性格がよく現われているといえよう。

コミュニケーションと文化的恣意

J・B・トンプソンは、ブルデューの言語論を評価した一章のなかで、しかしその「概念的欠落」「不当な還元」として、ブルデューが言語表現の「内容」を軽視し、「スタイル」にもっぱら関心していることを批判している[18]。

しかし果して、そうだろうか。ブルデュー＝パスロンの「文化的恣意」(arbitraire culturel) 論は、この「内容」問題へのかれらの接近の仕方を示すものであり、この問へのかれらなりの解答ではないだろうか。

今さらここでソシュールの「言語記号の恣意性」論に立ちもどるまでもなかろうが、暫時止目しておきたいことがある。それは、言語記号の恣意性、すなわちシニフィアンとシニフィエをむすびつける紐帯の「恣意性」というものを強調した『一般言語学講義』の著者が、言語にかぎらず、あらゆる社会的な表現様式を用いざるをえなくしているのはそれらの内在的価値ではなく、それに比べれば偶然的、恣意的であるところの「規則」(約束)だ、と述べていることである。[19] ただ、その規則の制定や、それにはかくかくしかじかの意味があるのだという解釈をだれが行なうのかという問題には、この著者はふれていない。

力の関係によって担保されたものとしてのコミュニケーションの過程で伝達されるメッセージは、どんな性格をおびるか。そこではメッセージはいわば二重化されていて、明示的なメッセージにくわえて、通常は送り手、受け手の意識にほとんどのぼらない暗黙のメッセージも運ばれているといえる。教師―生徒の関係を想定しよう。そこでは、教えられる事柄の内容（たとえば、「直角三角形の斜辺を一辺とする正方形の面積は、他の二辺をそれぞれ一辺とする正方形の面積の和に等しい」）が、さしあたり明示的なメッセージをなす。が、これにはいまひとつの暗黙的メッセージが伴っているといえよう。それは、たとえば「教師が語っている以上、真理である」とか「生徒はこれを疑ってはならない」といった言外のメッセージであり、受け手はたいていこれを無意識のなかで受信している。ないし教場、子弟関係という場、関係のなかでの反復の結果、前もってこれへの受容的態度がつくりあげられている。

こういう関係を念頭におくなら、ブルデューらのいう「APは、恣意的な力による文化的恣意の押しつけとして、客観的には、ひとつの象徴的暴力をなすものである」[20]という命題も、理解されうるのではないか。

その第一の文脈、それは、いわばメッセージの内容にかかわる恣意性であって、APの行使者は、ある一定の意味を伝達するのにあたってその意味の範囲画定(délimitation)を行なう。そして、それは自ずと選択と排除をともなっている。文学教師の言う、「フローベールは十九世紀最大の写実作家である」という言葉はもとより、数学教師の教える定理、公理にいたるまで、一定の選択的意味構成を経ていないものはない。そして、この意味の選択は、言葉の中立的な意味で言って、"arbitraire"であろう。なぜなら、「文化の構造と諸機能はどんな普遍的、物理的、生物的または精神的な原理からもみちびかれないからであり、どんな類の内的関係によっても『事物の本性』とか『人間の本性』にむすびつけられないからである」[21]。フローベールが「十九世紀最大の写実作家」であることは、いかにして絶対的、客観的に正しいと証明されうるか。そうした証明はもともと不可能であろう。(ここで「十九世紀最大」を「近代最大」に、「写実作家」を「心理分析家」に置き換えれば、はたして明白に誤りだろうか)。

だから、ここには多様な可能な意味解釈のうちからある意味関連だけを有意味なものとして切り出す、ないし構成する意味解釈の権利、すなわち「裁定」(arbitre)の権利が行使されていることになる。では、この権利をだれがもつか。教師がその究極の権力保有者というわけではないが、その代理者、または共有者ではあるといえるだろう[22]。なお、ここで言う恣意が、以上の意味からして、「無根拠」「専横」「気まぐれ」などとイコールでないことは付けくわえておきたい。

と同時に、この恣意の行使を可能にする関係様式も無視できない。これが第二の側面である。教師－生徒、親－子、上司－下僚などの非対称な(権力の大小関係をともなう)関係がその文脈である。もう右に述べたことだから再論はしないが、要するに、教師はしばしば検証の容易でないような知を、理屈ぬきで生徒に教えこみ、これを受け入れさせることができる。ブルデューたちは、「あらゆるＡＰは、普遍的原理から演繹されないような意味を教えこんでおり、このばあい、教授法においては、権威がある役割を演じている」[23]と述べているが、これこそが恣意の行使の関係的文脈である。

なお、学校における師弟の相互作用において〝ソフト〟な、一見、意味画定も権威の行使もほとんど行なっていないような非指示的教育、「みえない教育法」(invisible pedagogy)を考察の対象としたＢ・バーンスティンも、事実上、こうした恣意の行使を問題にしていたといえる。英国のプレ・スクール、インファント・スクールなどの枠付けのない柔軟な教育にあっても、暗黙的な統制がなされ、「理念的には子どもが構成し、探索していくことを期待されているような文脈を教師が構成する」[24]ことが行なわれ、この「潜在的カリキュラム」は、枠付けは弱いが、強い類別を基本としていると分析する。恣意の行使の形態は、まさに多様なのである。

ディスコミュニケーションと受容のハビトゥス

こうした意味の押しつけにたいし、その潜在レベルのメッセージに敏感にポジティヴに反応する構えがあらかじめ受信者の側につくられていれば、押しつけは「押しつけ」として意識されず、スムーズに受け入れられる。そうした構えはしばしばハビトゥス的なものとして形成されていて、コミュニケーションの効果を前もって保証することになろう。たとえば、学校のなかで児童、生徒たちが習得している学校的ハビトゥスは、教えこみのコミュニケーションに無意識裡にポジティヴに反応する心的態度を含んでいるとみてよい。

けれども、もちろんそこにあたかも予定調和的な関係があるかのようにみるのは、非社会学的な見方である。

ブルデュー＝パスロンはいう。教育的コミュニケーション関係のなかで達成される教えこみの行為の効果の大小を分析してみると、異なる社会階層ごとの子どもの学校成績に不均等があるというおなじみの事実に出会う。そして、この差異は、基本的には、学校以前的に家庭その他の環境のなかで身につけるハビトゥスと、学校の教育が期待し、身につけさせようとするハビトゥスの距離の関数である。(25) 上層階層のある子どもは、その家庭の会話世界を通じて、凝ったことばや比較的抽象的なことばに反応する力を早期に身につけ、労働者家庭の子どもの多くは日常語、具体語の習熟のなかにとどまっている。後者は、いうまでもなく、学校に適合的な言語ハビトゥスであるとはいえず、教えこみのコミュニケーションの効果は、そこでは低下する。講壇から語られる教師のことばが、そこで誤解、誤認をこうむることは避けがたい。

事実、戦後のある時期以降の先進国では、高等教育への進学率が高まり、さまざまな階層の出身の学生が教室を埋めるにおよんで、教育コミュニケーションと学生の平均的な受容能力との開きが増し、そのディスコミュニケーションが潜在的に教育の困難をつくりだしている。ブルデューたちはこれを大げさに「高等教育の危機」と呼んだりすることに批判的で、むしろ当然の社会学的な帰結であると論じている。

では、異質な、非学校的なハビトゥスを身につけている生徒、学生たちが、教えこみのコミュニケーションの恣意の暴露者、批判者、告発者となり、これへの醒めた抵抗者となっていくことは可能だろうか。その可能性は否定されないだろう。しかし、現実には、そのような抵抗は学校的世界の中ではなかなか起こりにくい。P・ウィリスはイギリスを舞台として、労働者の子弟の「反学校文化」のいくつかの注目すべき特質に光をあてているが、この文化に立脚する抵抗は、学校の管理体質や秩序志向への批判の契機をふくみながらも、皮肉、あてこすり、揶揄といった形をとっていて、かならずしも当該学校で学校文化への正面からの異議申し立て等にはつながっていかない(26)。

民衆レベルの出身、またはパリから遠く離れた地方出身で、中等教育、さらに高等教育まで進んでくるような者の場合、進学のさいその都度の学校体験で、きびしい異文化適応の努力をしいられる。それに失敗する者が学業を中途で放棄することも少なくない。他方、適応の努力をつづける者たちは、やがては大なり小なり独特の受容の態度を内面化するようになろう。その結果、教室のなかで「難解」と感じられる教師の長広舌に接しても、これに抗弁したり、基本的な質問をあびせて説明を求めるといった者は少ない。理解できないのは自分の「能力」、「努力」の不足のせいだと自らに言い聞かせる態度がとられることもその一因である。

また、いささか功利的に反応する者もいるだろう。こうした抗議や質問がともすれば「能力」の有無の問題とむすびつけられてしまったり、「問題児」の「問題行動」とみなされてしまうとみるからである。選別され、排除されるというリスクを犯したくない者は、そうした正面からの衝突を避け、理解しているふりをするか、またはこの「異文化」の習得に黙々と努めることになる。教育の場におけるコミュニケーションは、つねにではないにしても、一般に、こうしたディスコミュニケーションの問題処理への独自の対応を、言いかえると積極的・消極的な合意を、受け手の側から期待することができるのである。

コミュニケーションの全体性

ブルデューらから示唆を得て、社会的コミュニケーション過程論を組み立てようとするとき、最後に、全体性というかれの視点の意味を、もう一度確認しておかなければならない。

「文法というものは、ほんの部分的にしか意味を定義しないものであり、言説の意味作用が完全に決定されるのは、それが市場と取り持つ関係においてである。意味の実践的な定義をなすさまざまな限定作用のすくなからぬ部分は、自動的に、言説の外部からやってくる」[27]。ここでは、まず、言説の実践的な機能こそが問題なのであって、たとえば「この部屋は暑い」という言明は、室温の高さなどの客観的状態を述べているのではなく、むしろその意味作用としては「窓を開けよ」「冷房をせよ」あるいは「別の涼しい部屋を探せ」ということを要求している。教育的働きかけに即していえば、「レポートの締切りは△△日である」と述べることは、ものごとの叙述ではなく、ある具体的な行動の指示なのであり、あるサンクションを予想させての、一種の行動の統制、秩序の形成の営みなのである。

だから、言語の使用とは、ほとんどつねに広い意味での権力行使の文脈のなかで捉えられる必要があろう。この場合の権力の行使とは、ギデンズの適切な言葉を借りれば、「既存の物事の状態や事態の経過に〝相違を生じる〟という個人の可能性にもとづく働きかけ[28]」といえよう。そして、このような文脈のなかである言説の含む実践的意味は、言説の純内在的な分析からは導かれない。その言葉の発せられている社会関係的文脈こそが、その意味を弁別させてくれる。ホテルの客とボーイ、教師と生徒たち、等々。当然、ボーイは客に逆らえない、生徒は最終的には教師の操作するサンクションに応答しないわけにはいかない、という権力関係がそこには含まれている。

ところで、このようにある意味作用を伝える企ては、当の社会関係のなかで、さまざまな有形、無形の資源を動員しながら行なわれる。発せられる言葉の当の内容は、その全体のなかの一契機にすぎない。ホテルの客は必要ならばボーイにチップを与えるかもしれないし、教師は未提出の場合の進級の遅れを示唆して生徒たちに威圧を与えるかもしれない。さらに、もっと微妙な資源動員もある。効果を測ってさまざまに選び、組み合わされる語、声音、抑揚のつけ方、アクセント、沈黙を含む間、しかるべき身振り、服装、等々が用いられる。ヘクシス論に立つブルデューは特にいう。言語とは、身体技法でもあって、とりわけ音韻的言語能力――ヘクシスのひとつの次元――は、言説の「容認可能性」を高めるべく、あらゆるかたちで動員される、と[29]。そのさい、「容認可能性」はひとつの実践的感覚として話者のなかにいわば予感的につかまれていて、それにむけて実践的にあらゆる能力が組織されていく。

これら全体から生じる効果は、表顕的メッセージへの肯定的反応という意味での狭義のコミュニケーション効果にとどまらず、社会統制そのものをなす。社会統制をめざすさまざまな行為者個人あるいは集団のしばしば非対称関係のなかでの相互行為、それがブルデューの迫ろうとするコミュニケーション過程であるといえる。

注

（1）Bourdieu, P., "L'économie des échanges linguistiques", *Langue Française*, 34, mai, 1977.

（2）コミュニケーションと説得にかんするホヴランドやジャニスの古典的な社会心理学的研究では、コミュニケイターの信頼性や威信（知名度）が独自要因としてどれだけ説得の効果をもつかが検証された。ただ、実験場面における権力関係の単純かつ操作的な（仮想的な）導入にとどまっている。C・ホヴランド他『コミュニケーションと説得』〔一九五三〕辻・今井訳、誠信書房、一九六〇年。

（3）A・ギデンズ『社会理論の最前線』〔一九七六〕友枝・今田訳、ハーベスト社、一九八九年、一九頁。（傍点部分は訳書ではゴチックである）。

（4）Bourdieu, P., "Les stratégies matrimoniales dans le système de reproduction", *AESC*, 27 juillet-octobre, 1972, p. 1106.

（5）Bourdieu, "L'économie", *Op. cit.*, p. 18.

（6）*Ibid.*, p. 18.

（7）*Ibid.*, p. 18.

（8）たとえば次のチョムスキー自身の言葉をどう受け止めるか。「生得的言語能力は……内在的に決定された道筋にそって、適切な社会的な相互作用の引き金としての影響および部分的には環境の形成力としての影響の下で、個体の内に発達すると想定するのが理にかなったことであると思われる」(N・チョムスキー『ことばと認識』〔一九八〇〕井上和子他訳、大修館書店、一九八四年、六一頁)。こうした議論が、発生的構造主義との親和性という点でブルデューとの近さをもっていることについては、本書八七頁を参照されたい。

(9) 今井邦彦編『チョムスキー小辞典』大修館書店、一九八六年、六一頁の例より。

(10) P・ブルデュー、J-C・パスロン『再生産』〔一九七〇〕宮島喬訳、藤原書店、一九九一年、一五六頁。

(11) 同右、一四七頁。

(12) 同右、二五一頁。

(13) Bourdieu, "L'économie", *Op. cit.*, p. 27.

(14) I・スヌーク「言語、真理そして権力――ブルデューの代理執行機関」R・ハーカー、C・マハール、C・ウィルクス編『ブルデュー入門』〔一九九〇〕滝本・柳訳、昭和堂、一九九三年、二四二頁。

(15) Bourdieu, "L'économie", *Op. cit.*, p. 20.

(16)『再生産』二〇頁。

(17) 同右、一四三頁。

(18) Thompson, J. B., *Studies in the Theory of Ideology*, Polity Press, 1984, p. 72.

(19) F・ソシュール『一般言語学講義』〔一九一六〕小林英夫訳、岩波書店、一九七七年、九八〜九九頁。

(20)『再生産』八頁。

(21) 同右、二二頁。

(22) だれが正統な意味の解釈権をもつかという問題は、ブルデューにおいてはさまざまな審級の間の委任、分有の問題であり、支配集団へ直接に帰せられるのではない。かつ、支配集団の存在条件と支配的正統文化との関係は、因果的によりは「相同性」(ホモロジー)のカテゴリーで捉えられているように思われる。ブルデューは究極的には、支配集団(支配階級)を権力の担保者とみるが、これは歴史的実体として措定されていない。これを理論的曖昧さとみるか、社会学理論としての一般的適用可能性として評価するか見方は分かれる。著者は、どちらかといえば後者の見方をとる。

(23)『再生産』二四〜二五頁。

(24) B・バーンスティン『教育伝達の社会学』〔一九七八〕荻原元昭編訳、明治図書、一九八六年、一二一頁。
(25)『再生産』一〇三頁。
(26) P・ウィリス『ハマータウンの野郎ども』熊沢・山田訳、筑摩書房、一九八五年。
(27) P・ブルデュー『話すということ』〔一九八二年〕稲賀繁美訳、藤原書店、一九九三年、二五頁。なお、訳文は一部著者による。
(28) Giddens, A., *The Constitution of Society*, Polity Press, 1984, p. 14.
(29)『話すということ』一〇二～一〇三頁。

6　ハビトゥスとしての戦略
——ブルデューの婚姻戦略論をめぐって——

人間ないし中心が消失したなどとは論じられないとしても、およそ「新しいパラダイム」として主張されうるものは、少なくとも中心化的ではなく、関係的でなければならない。

C・C・リマート『社会学と人間の黄昏』

「構造」と「実践」

『遺産相続者たち』や『再生産』にはじまって、『ホモ・アカデミクス』（*Homo academicus*, 1984）その他にいたるまで、ブルデューの考察には、構造主義との類縁性を感じさせる面がたしかにある。「構造」の自律性あるいは自己完結性といってもよいような見方がそのなかにみられるからである。しかし、自身そのことを意識してか、ブルデューは各所でむしろすすんで構造主義と自分の立場の相違を明示化しようとつとめている。

たとえば、二人の歴史家とのある鼎談の席では、次のような発言がある。

「文化諸現象、言語、神話、宗教は、それぞれの一貫性において理解されるべきこと、そしてそれらをシステムとして理解しないなら何も理解できないこと、この点ではみなの意見が一致している。……しかしそれらをシステムとして理解したならば、すべてが理解されるだろうか。これは大変議論のあるところですね。美術史や文学史の分野では、それは、構造主義的、記号学的な内的読解と、外的読解との対立にあたります。しかし私のみるところでは、この対立はまったく虚構であって、ほんとうは文化作品のシステムを、それが生産され機能している社会諸関係のシステムとの関係で捉えることが必要なのです[1]」。

ここにブルデューの第一の社会学的な立場の表明があるが、それはしばしばマルクス主義との近接性を思わせる。たとえば学校等、教育制度の機能をめぐるかれの論議においては、それらが関連づけられ、それによって解明がはかられるのは階級構造であり、また、この章の主題である農民世界の〝婚姻戦略〟のシステムが関連づけられるのも、まずは家産の保全という家にとってのヴァイタルな利害にたいしてである。教育制度にせよ、婚姻慣行にせよ、それら文化的作品のシステムの「意味」は、このような基底の関係への引照を抜きにしてはみちびくことはできないということである。

ただし、文化的作品のシンボリックな作用の次元の相対的な固有性、自律性に絶えず目配りしている点では、その議論はマルクスよりもむしろマックス・ウェーバーに近いと思わせる一面をもっている。たとえば、このようにいう。「AP（教育的働きかけ）は、本来、力の押しつけには決して還元できない象徴的権力であるが、それだけに、それ固有の、すなわち固有に象徴的な効果を生じることができるのは、コミュニケーション関係のなかで行使される場合にかぎられる[2]」。

いまひとつ、ブルデューが構造主義に異なったパースペクティヴを対置しているといえる点は、実践（pratique）にかんする議論をすすんで取り上げている点にある。もっとも、ここにいう〝pratique〟という語は、〝実践〟を意味するにも、そこに〝慣習的〟さらにいえば〝惰性的〟な行動といった意味あいが付きまとっていることは述べておくべきであろう。

ここでやや一般的なコメントをさしはさんでおきたい。「構造」と「実践」という二つの項の関係をどのように考えるかは社会学にとって根本的問題のひとつであるが、「構造」に重要性を認めるとか、優位を認めるというのは、多分に視点の設定の問題である。「主体なき構造主義」と俗称されるミシェル・フーコーの立場などは、この極端な視角の選択を表わしているというべきだろう。フーコーに限らないが、およそ構造主義が言語や神話や文学作品についてその「構造」を、意識ないし意識的主体から切り離して論じるとき、それは実体的な切り離しとしてではなく、むしろ方法的な操作として行なわれていると考えなければ理屈が通らない。たとえば、そうした一論者が「われわれは、神話のなかで人間たちがいかに考えるかを示そうとは思わない。かえって神話が人間たちのあいだで、かれらの知らぬうちに、いかに自己を考えているかを示そうと思う[3]」と書くとき、かれは神話が人間の実践の所産であることを否定しているのではなく、まさしく人間の実践の所産であるところのものが、意味の上で、「いま・ここに」ある意識せる主体のその意識のなかば彼方にあることをいっているにすぎない。

だが、それにしても、構造主義者の名を冠せられる人びとが、個人の行為、実践の問題についてほとんど黙して語ってこなかったことは事実である。そこに、実践の理論にあえて挑もうとするブルデューの企ての独自性がある。ちなみに社会学では伝統的に「社会的行為論」と称される〝実践〟の理論が存在し、ウェーバーに代表される個人主義的ヴォランタリズムと、デュルケムに代表される集合的・規範論的ヴォランタリズムが系譜的に挙げられうると思うが、以下にみるブルデューのハビトゥス－実践の議論は、どちらかといえば後者の流れに近いとはいえ、いずれにたいしてもその独自性を主張するものとなっている。

ハビトゥスと戦略

さて、ブルデューのなかで強調されている社会学的見地は要約すればこうである。一個の制度なり慣習システムなりは、それ自体を完結した体系として捉えてよしとされるべきではなく、さらにそれらがそのなかで機能している社会諸関係（力、権威、利害などの関係）との関連で解読されねばならない。また、なんであれ制度や慣習のシステムは、それらを維持し機能せしめる実践を通して存立しているといえるが、そうした実践は社会化のなかで条件づけられたものであり、しばしば無意識ないし半意識のなかにあって、一定の規則性（régularité）を示し、制度、慣習の構造の再生産へとむかう傾向がある、と。ないしは、そのようなものとして考察されうる、とする見方である。

以上の二つの見方が結びついて、この社会学者のうちに、無意識的な実践のもちうる戦略性という観念がかたちづくられている。すなわち、意識的、合理的に目的をねらいさだめて設計されたものではない、一見伝統的に継承されてきた行為の様式とみえるものが、構造維持あるいは構造再生産への適合的な行動を、それも弾力的に編みだす原理として機能するということである。この「戦略」（stratégie）というタームを通じて、ブルデューは「構造」と「実践」の関連をめぐる無意識性と目的性、被規定性と力動性といった対立的な要素をかれなりに調停しようとしたともいえる。

ここでやや脇道に入るが、なかば意識の彼方にある行為の戦略性についてのある印象的な社会学的論及がルネ・ジラールのなかにあったことを思いだす。例の「欲望の三角形」（le désir triangulaire）を『赤と黒』のジュリアン・ソレルの世界のなかに見いだし、これを論じている一節であるが、興味ぶかいのは、女たちをたくみに操るジュリアンのテクニックが、その父、老ソレルの抜け目なく「息子の能力を高く売りつける」手練手管の無意識の継承として、伝来の戦略として解読されている点である。

「ヴェリエールの市長〔レナール〕は、ジュリアンの父、老ソレルとの交渉の間にも常に自分の前に立ちはだかるライバルのイメージをもっている。彼は老ソレルに対して、きわめて有利な申し出をするが、抜け目のないその百姓は、まさに天才的な返事を編みだすのだ。《よそに、もっといい口がありますからなあ》。……ジュリアンは計画を実行に移す。こうしてすべては彼が予想したようにおこっていく。……欲望の三角形が再び出現する。マチルド、フェルバック夫人、ジュリアン……レナール氏、ヴァルノー、ジュリアン……。経済構造がすべての人間関係の原器を提供するというマルクス主義批評家たちが、父親の老ソレルの策略と息子の恋愛作戦との間の類似性を、これまで指摘しなかったとは驚いたことだ[4]」。

ここでジュリアン・ソレルの作戦（manœuvres）とよばれているものの社会学的特質はなにか、おそらくその合理性は、かれにとって無意識あるいは半意識に属していよう。いわんや父親の手練手管とのあいだの相応性（ホモロジー）は、なおさらそうであろう。しかし、これが抬頭しつつあるプチ・ブルジョアの環境世界のなかで青年がしらずしらずのうちに習得し身につけた行動特性であることは疑いえない。それだけに抜け目のない合理性をそなえていて、まるで別世界の色恋や社交の舞台においても、手段的に合理的な作戦を編みだす原器となりえたのであろう。このように社会化のなかでほとんど無意識のうちに習得された態度が状況に応じてさまざまな世界で適応行動を生みだすということ、これこそは以下にみるブルデューの考察世界でもある。

ここでふたたびブルデューに立ち帰るとして、かれは、こうしたなかば無意識でありながら構造の再生産への多様な適合行動をふくんで展開される実践の基礎を、「ハビトゥス」にもとめている。このハビトゥスとは、社会学的に表現してみれば、階級、階層、家族などの環境世界のなかでの社会化過程で成員個人が習得し、血肉化するにいたる行動への先有傾向であるといえるが、かれ独特の表現は次のようにいう。「ハビトゥスとは、各々の有機体（organisme）のなかに知覚や思考や行為のシェーマの形式で定着しているもので、過去の諸経験の動的な現存（présence active）をたしかなものとし、あらゆる形式的な規則や明示的な規範にもまして、時間をつうじての実践の一致と一貫性を保証するものである」[5]。

このハビトゥス的なものが学校教育のなかで（『再生産』）、文化的趣味の獲得のなかで（『遺産相続者たち』）、さらには部族社会の贈与慣行のなかで（『実践の理論についての試論』）、どのように機能しうるかが考察されているわけであるが、そこに看てとれるハビトゥスの特質は、著者なりに整理すると、次のように定式化されうると思う[6]。

1　社会化の所産としての集団的被規定性

それは社会化のなかで獲得されたもの（acquis）であるから、集団ごとに固有性をもち、また容易には変りにくい慣性、持続性をもっている。

2　実践のノウハウとしての機能

その習得の過程では無意識のうちに、ある目的適合的な実践の図式が獲得され、それが行動のノウハウ（savoir-faire）として機能する。

3　恣意性の自明化

ハビトゥスは知覚や思考の様式として一定の表象作用を伴うが、その根拠を問う立場からすれば恣意的であるような表象が、そこではしばしば暗黙化され、自明視されている。

4　「自発的」な作動

ハビトゥスは行為主体のうちに血肉化された知覚、思考、行為の傾向であるだけに、明示的な規範やその規制なしに作動するものであり、その限りでしばしば「自発性」を表示するような感情とともに作用する。

ハビトゥス概念に寄せて

「ハビトゥス」の語の含意にいま少し言をついやしたい。

社会学者の間でもあまり知られていないが、デュルケムがこの語についてある注目すべき使い方をしている。デュルケムのさまざまな著作のなかには「習慣」(habitude) とその社会的な機能についての記述はたびたび登場してきて、おなじみの議論をみちびいているのだが[7]、そのラテン語のフォーム「ハビトゥス」にかれが立ちもどって、意識的にこれを論じている箇所がある。それは『フランス教育思想史』の一節で、中世におけるキリスト教の教育思想の登場を、かれ自身一種特別な高揚感をもって記述している箇所である。「キリスト教の本質は魂の一定の態度、われわれの精神的存在の一定のあり方 (*habitus*) にあるのである。生徒にこうした態度を醸成していくこと、これこそが教育の本質的な目的である。これこそ、古代においては全く知られなかった[8]」。ここではデュルケムは、さまざまな儀礼を知ったり、特定の章句を暗唱したり、戒律を間違いなく実践することとは別の次元の、一定の体系的で、整合性をもったものの見方、物事への姿勢が重視されるようになったことに注目し、内奥からの全体的な態度形成という意味で「ハビトゥス」の語を使っている。「ここではデュルケムは、教育制度が道徳的変革の力をもつということへのかれの信念を主張しているのだ」と、ケーミックはみる[9]。

このことは、同じデュルケムの流れに立つモースが、ハビトゥスを主として身体技法のレベルで捉えていたこと比較するなら、相補性という点で興味ぶかい（モースのハビトゥス概念については、本書第11章を参照）。ブルデューはこのデュルケムに直接に言及していず、そこから何らかの示唆を得たかどうかも分からない。しかし、明示的に、そして最大級の賛辞をもってE・パノフスキーの「心の習慣」(mental habit) としてのハビトゥスに言及するとき、デュルケムの用法に近い意味でこの語が評価されていることがわかる。この点は興味ぶかい。パノフスキーの『ゴチック建築とスコラ思想』（一九五一年）は周知のように、中世ゴチック伽藍の空間構造とスコラ哲学のテクストの構造との間のホモロジーを論証した巨匠的な労作であり、ブルデューはその仏訳者となり、三〇頁にわたる「後記」をその訳書に付している。

なお、右の書がスコラ思想に関連して主に扱うのは、トマス・アクィナスの『神学大全』であり、トマスはこのなかで「ハビトゥス」を、多様な行為を編みだす性向という意味でキー概念のひとつとして使っているが、ブルデューはこのトミスムのいうハビトゥスからは特に影響をうけていないという。[10] トマスにおけるハビトゥスが個人的、神学的であるのにたいし、ブルデューは集合的現象の社会学的説明にこれをあてようとした点に基本的な相違があったためだろうと指摘されている。[11]

さて、パノフスキーについてであるが、建築と神学思想というオーダーを異にする二つの世界の間に交響するこうした創造の行為をどのように理解しようとこころみたか。「E・パノフスキーは、文化とは単に、共通コードや、共通の問題への反応の共通目録なのではなく、また個々の特定された思考のシェーマの一組でもなく、むしろあらかじめ同化された基本シェーマの総体であって、そこから、ちょうど楽譜からのそれに似た創出の技術によって個々の状況に適用される無限の個別シェーマが生み出される、ということを示してみせた」。[12] そして、この文化を編みだす原器としてのハビトゥスは「共同の遺産を個人的・集合的な無意識に変容させるもの」であり、次のように規定される、と。「創造的個人の権利と個別的創造行為の神秘をよりよく救うために、個人と集合体を対立させるなら、それは、個人の内部においてさえ文化という形式で集合体が存在していることを発見しそこねることである。この文化の形式……はパノフスキーの言葉を借りればハビトゥスであるが、このハビトゥスを通して創造者は自らの集合体と時代とに関わり、それが、外見上このうえなく独自な創造の行為を、それと知らぬ間に方向づけ、支配しているのだ[13]」。

社会と時代の規定性を受けながら、個人、そしてさまざまな同時代の個人、集団に共有され、あらたな文化的生成の行為をみちびく心的かまえというとらえ方は、ブルデューにあっては直接にはパノフスキーに負っているとみてよい。

そのハビトゥスの作用が発現する社会的フィールドは、きわめて多様である。そして、そのダイナミックな作用は、「戦略」という、かならずしも明瞭に意識されない選択的合目的性においても捉えることができる。このことをうかがうことのできる好適なブルデューの仕事のひとつを、以下に取り上げてみる。

教えこみのつくる行動性向

ここで注目するのは、論文「再生産システムのなかの婚姻戦略」である[14]。これは、『アナール』誌の有名な一九七二年の「家族と社会」特集号[15]に寄せられたもので、社会学プロパーの仕事としてみる前に、社会史、家族史上の労作として評価されてしかるべきかもしれない。ブルデューのフランス国内のフィールドワークの場としてはベアルン地方が有名であるが、この論稿の基礎となっているのも、南仏のピレネー北麓地方の一農村で行なわれた一連の調査である。

このピレネー地方の農村の「ファミリアリスム」のある強固な特徴は、かねてから民族学者や歴史学者の関心を惹いてきた。調査地点はやや離れるが、バロニー地域（オート・ピレネー県）をフィールドとしたG・オーギュスタンとR・ボナンによる『ピレネー・バロニー』（第一巻）は序のなかでこの地方の家族の特徴をこう要約している。「ここでは、（私的、集合的な）土地への権利にもとづく家族権力と経済権力はひとつに合し、家長の専決の統制の下におかれている、そのため、ひとり相続の資格を有する家長の直系子孫と、その他の親族成員のあいだには截然たる区別が設けられている」(16)。このような世界のなかで、婚姻をめぐる戦略がどのように複雑に張りめぐらされてきたか、ブルデューのあつかおうとする問題はそれである。もうひとつ、小さなコメントをはさんでおこう。ピレネー北麓農村の家族といえば、なんといってもフレデリック・ル＝プレーの名を思いだす。この一九世紀中葉の社会学者、「保守的」と形容のつく社会改良家は、かれの理想とする「株家族」(famille-souche)をついにこの地方に発見したと信じた。同世紀の生みだした「不安定家族」(famille instable, 核家族！）に比べ、なんと健全なことか。この家族では、「父親は、家族と雇い人と村と国家にたいして、慣習法の命じる義務をもっともよく果たせると判断した一人の子に祖先伝来の家と家業を継がせる」(17)。そして他の子どもは、独身のまま家にとどまり、その労働をもって相続人とうるわしい協力関係を続けるか、さもなければ財産の分け前をなにがしかの金銭で受取り、家を出、自立するのであった。今日、ピーター・ラスレットら西欧家族史研究者たちは、「株家族」をヨーロッパの伝統として称揚したル＝プレー説を、散発事例を普遍化しようとしたイデオロギー的家族論として退けるだろうが、ここでは、ブルデューはこのル＝プレー式解釈をどう扱うだろうか。

ブルデューの聞き取り調査のとりあえずの背景は以上である。一九五九〜六〇年、七〇〜七一年の両度にわたってかれの調査の舞台となったのは、ガーヴ・ド・ポー、ガーヴ・ドロロン両河にはさまれた丘陵地帯の一農村レスキール（ただし仮名）であった。

ブルデューはいう。この地方の農民たちは、その系族（lignage）の再生産と生産手段への権利の再生産の行動において、いくつかのまぎれもない規則的傾向を示している。といって、それはなんらかの規則の遵守の結果というわけではない。長年民族学の伝統をなしてきた、そして今日なお根づよい力をふるっているナイーヴな法中心主義（juridisme）から脱して、このことに眼を向けなければならない。また、ブルデューは、構造主義もまた「無意識のモデルの執行」（exécution）を語るさいに、ラング－パロールあるいはスコア－演奏の関係を表象している点で、事実上、このナイーヴな法中心主義に囚われているという。「なんら明示的な規則に従うことなく、しかも一定の規則性を示すもの」[18]という、ハビトゥスの規定が思い起こされるわけであるが、この観点が農民たちの婚姻戦略の解読にも適用されていく。

そのかれらの行動様式のひとつの側面を、ブルデューの筆のなかに具体的にうかがってみよう。

「系族の再生産、したがってその労働力の再生産を確保する手段を得ることが婚姻の戦略の第一の直接的な機能であるが、またそれは家産の保全を確かなものとしなければならない、それも現金の稀少さによって支配されている経済的世界のなかで……。伝来の相続財産の分け前と結婚のさいに支払われる補償とは一なるものであるから、土地家屋の価値がその嫁資（*adot*）の額を規定する。その嫁資額がこんどは、家産の所有者の野心のほどを左右することになる。同じ理屈で、未来の夫の家族によって要求される嫁資の額は、この家族自体の財産の大小のいかんにかかっている。このことの結果、嫁資を媒介として経済が婚姻を支配するのであり、したがって婚姻は経済的にみておなじランクにあるような家族のあいだで行なわれる傾向がある」[19]。

ここでは婚姻や相続にかんする法規範への服従——成文法であれ、慣習法であれ——をもちだすことが説明とはなりえないとすれば、では、持参金（以下「嫁資」の代りにこのこなれた言葉を使う）への要求や、それと密接にかかわる縁組上での家格への顧慮は、当事者の合理的な考量の表われなのだろうか。すなわち、そこに支配しているのは、〝家産を保全するにはどうすればよいか〟を絶えず醒めた意識で考えぬく功利の計算なのだろうか。一見そうみえても、ブルデューの見方はちがう。これらの行動の原基をなすのは、むしろハビトゥス的なものである。

婚姻の戦略にかかわるハビトゥス、それはこの文脈のなかではどう規定されているか。定式としてはいささか形式的だが、それは「生存の経済的諸条件と家族内教育を通じて教えこまれた（inculquées）性向の体系であり、諸々の実践の生成と統一の原理をなすもの」、さらには「かれらの実践が再生産しようとする諸々の構造の所産」とされている。[20] ここで〝inculquer〟ということばが用いられていることに注目しよう。それは、「理屈ぬきで教えこむ」、「叩きこむ」という意味での「教える」行為を含意することばである。すでに述べたハビトゥスの特徴にふかく関係した行為といえよう。

ここからさらにすすんで注目したいのは、これが諸々の戦略の展開の原理であるとされている点である。「戦略」というタームがブルデューのなかで何を意味しているかは本章の全体を通じてみていくわけであるが、とりあえず次のようにいっておこう。それは、むろん自由意志的ないし意識的に目的的な行動ではないが、かといってさだまった軌道の轍のなかで繰り返されるような単なるオートマティスムでもなく、ちょうどカードの演じ手にとって種々の〝手〟があるように、演じ手の経験とか勝負のカンやコツに従って臨機応変にさまざまな手が繰り出されていくあの行動の展開原理である。

ブルデューはすでに六〇年代に著わした北アフリカ、カビール社会の観察のなかで、「名誉」（honneur）というものを賭けての贈与（don）と対抗贈与（contre-don）の複雑なやりとり、たとえば対抗贈与の拒否による侮蔑の表現などの選択的行動のうちに、そうした例を提示している。[21]「完全に透明な意識」と「完全に不透明な無意識」を単純に対置することによっては捉えられない、まさしく意識と意識欠如の両極をむすぶ連続した線上の一点にこうしたハビトゥスの戦略的営為が成立するのだ、とも言っている。次のことばは引用するにあたいしよう。

「ハビトゥスによって生みだされる実践、たとえば歩き方、話し方、食べ方、好き-嫌いなどは、本能的行動のあらゆる特徴を示し、ことにオートマティスムを呈しているが、にもかかわらず、部分的に欠落があって不連続であっても、ある形式の意識がつねに実践には伴っている。オートマティスムの作動を統制するのにどうしても必要な最小限の警戒心というかたちにせよ、あるいはオートマティスムを合理化するための言説というかたちにせよ……」[22]。

家産保全のための諸戦略

ふたたび婚姻の戦略に立ち返ってみよう。その戦略の根底にある原理を要約したかたちでいえば、家産の保全さらには増大、そのための労働力の確保という言い方ができ、完全に経済的タームで語りうるようにも思われる。しかし実際には、それは生物学的、文化的、社会的な次元をもった諸行動とその組み合せからなり、経済還元主義的説明とは相容れないものをもっている。

次のような複雑な一連の〝戦略〟に注目しよう。

家産の保全を考えるならば、まず必要なのはその分割を避けるための「出生の限定」であろう。しかしまた、家産をふとらせるためには労働力は必要であり、しばしば次三男《カデ》の労働力を欠くわけにはいかない。それゆえ、最良の戦略は、長子の結婚にあたって、次三男にも分与金をあたえることができるほど十分な持参金を花嫁の親から獲得し、家産の分割をしないでもすむようにすることであった。かといって、その額があまり大きすぎて、万一持参金の返還の必要が生じたとき家産を危うくするといったことがあってはならなかった。

次三男の結婚にあっては、戦略はいっそう複雑をきわめる。かれらの存在は豊富な労働力を保証してくれるのだから、家産を増すのに好都合であり、なにも急いで結婚させることはない（そのことに関係してかどうか、人口統計的にみても、このピレネー地方の男子の初婚年齢は比較的高いという数字が出ている[23]）。そして、相続権をもつ女子と結婚させるというのが第一の戦略であった。ただし、相手の家の格（rang）は重要であって、もしも自分よりも相当に格の高い家族の娘と結ばれたりすれば、その家のためにすべてを犠牲にしなければならなかった。持参金も、労働力も、どうかするとかれの姓までも……。

次男以下であって、しかも次女以下の女子とすすんで結ばれようとするような物好きはまれである。これはよく“mariage de la faim avec la soif”（飢えと渇きの結婚）と称されたくらい悲惨なものとされていた。では、かれらはどうしたか。両親の家にとどまって世帯を創設できるのは長男だけの特権だったから、相続権をもつ女子を娶ることのできない次三男は、次の二つの道のいずれかをえらぶこととなる。家を後にし、都市に出るなり、アメリカに渡るなりして自分の腕《メチエ》で身を立てるか、または結婚を見合わせ、「部屋住み」として労働力を提供するか、（最貧困層によくみられるように）別の家の使用人となるか。（ここでも統計は、部屋住み独身の次三男の比率がピレネーのこの地方では高いことをものがたっている[24]）。

さて、以上の記述から、ブルデューが“戦略”と名づけるものがなにを指しているかだいぶ明らかになってきた。さしあたり、それは次のように解釈できよう。

第一に、「家産の保全」というマテリエルな利害上の要請が根底にあって、それに向けて行動が方向づけられ、かつ調整されている、という意味で、これらの行動は戦略的である。そのかぎりで、マルクス主義的分析の眼からみても、これはまさにモデル的な考察といえよう。

と同時に、これが戦略とよばれるゆえんは、そのマテリエルな利益を充たすのに、手段上のヴァリエーションがあって、そのなかからたくまずして選択が行なわれるという点にあろう。都市に出て労働者となるか、アメリカに移民して一旗あげるか、家にとどまって「部屋住み」を甘受するか……等々、要するに事態に応じて代替的行為がとられるということである。

第三に、しかしこの戦略は、行為者個人のレベルで目的意識的にとらえられているかというと、その点は微妙である。たとえば結婚を見合わせ使用人同然の生活に甘んじる次三男は、のちに述べるようにかならずしも経済的利害に志向しているわけではない。まさにここではハビトゥス的なものとしての実践の戦略性が言われているわけで、「目的に意識的にねらいをつけることなしに、しかも客観的にはその目的に適応せしめられているような実践および表象の生成原理」[25]というブルデューのハビトゥスの規定があらためて思い起こされる。

繰り返しになるが、こうした戦略は、意識的、合理的に組み立てられたというよりは、社会化の過程でなかば無意識のうちで習得されたものである。とすると、ここで家の成員たちが学習していくものはあれこれの行動の固定的図式ではなく、むしろ多様な代替的行動の操作を可能にするような一種のノウハウ（savoir-faire）だということになる。やや突飛かもしれないが、著者はここで、「構造」を「変換体系」と規定し、構造の操作的な性質を強調したジャン・ピアジェの見解[26]との類似性を思わずにはいられない。社会化論、学習論の角度からみても、ハビトゥス―戦略論の社会学的な含意は大いに興味ぶかい、次のことばは、右に述べたことのブルデュー自身による定式化として読めよう。「これらの戦略は、これを無理矢理に法にしたがわせようとする法的想像力のこしらえあげる、若干の公式的明示的規則に還元されるようなそれに類する、単なる法手続行為からはほど遠いものである。それは、暗黙的な少数の原理の実践的な習得の結果であるハビトゥスの所産であり、この少数の原理をつうじて、規則への従属なしに規制されうるような無限の行動がつくりだされる」[27]。

犠牲の甘受

「それだからこそ……」とこの著者はいう。「結婚の戦略」は、「相続の戦略」からも、「出産の戦略」からも、なおさらまた「教育の戦略」からも切り離せないのであって、けっきょくは、およそ集団が後続世代に伝えていこうとする「生物的、文化的、社会的な再生産戦略（stratégie de reproduction）」と不可分のものなのである、と。この指摘にはあらためて注目したい。ブルデューにとっては、ハビトゥス－戦略連関に着目することの意義は、このばあい、戦略の向けられている目標（家産の保全）を明瞭ならしめることと同時に、また、不可還元的なその全体性をも浮かび上らせることにあるからである。なぜそれは経済的戦略でありつつ、また生物的、文化的、社会的な全体性をおびるのか、殊に重要なのは、なぜ文化的性質をおびるのかという点である。

ハビトゥスからの視点は、いわゆるホモ・エコノミクス的な行為者の想定には明らかに対立する。ハビトゥスは先行世代から教えこまれ、体得されるものであるから、合理的な計算知とちがって、どちらかといえば価値にちかい、文化としての性質をおびる。ひらたくいえば、理屈をこえた、「～すべきだ」、「～するのが当然だ」という表象を伴うもので、サンクションや効果をそれとして意識することなく機能するということである。そしてこの教育は、家産の保全を、おのれと家族の誇りの問題、メンツの問題としても説きつけるであろう。だから、「格が上」の家の娘と縁組みすることによってこうむるかもしれない犠牲と従属――たとえばJean CasenaveがJean dou Tinou（Tinou家のJean）にされてしまうという己が姓の喪失！――は警戒され、避けられなければならないのだ。

じっさい、農民たちの展開する戦略が単なる計算知の適用ではなく、まさしく一個の文化であるならば、かれら自身はみずからの行動を道具的なものとして経験しないとさえ考えられる。それは、戦略の外見をもたない、また主観的には戦略として意識されない、むしろ社会学的タームでいうノーマティヴな色合いをもおびることだろう。事実、これらの実践のしばしばおびる〝自発性〟（spontanéité）こそは、ブルデューの力説してやまないところである。やや長文にわたるが、次の一節はここで引用しておかないわけにはいかない。

「次三男の多くは、子どもの時以来、伝統的価値、兄弟間の習慣的な任務と力の分担、家や土地や家族、そしてとりわけ長男の子どもたちへの愛情を教えこまれてきているので、ル＝プレーのみごとな機能主義的な定式化のいう『〔かれらに〕独り身の生活の心安らかさと家族生活の楽しみとを与えてくれる』そうした生活に心を傾けることがありえたのだ。およそこれらすべてにうながされ、かれらは家族に、家産に過剰なまでに包絡するようになり、しかもこの家族や家産を当然にも自身のものと考えるようになる。出無精な次三男は、（家族すなわちシステムの観点からみれば）使用人（serviteur）というものの極限の『理想の』姿を代表している。自分の私生活は主人の家族生活の侵入を受け、その付属物とされる。意識的ないし無意識的にその個人的な時間と愛情の大きな部分をその借り物の家族に、そして特に子どもたちに捧げるよううながされる。そして、家族生活へのこの参加によって確保される経済的、感情的な保証にたいし、多くの場合、結婚の断念をもって支払わなければならないのだ。それゆえ次三男は、もしこういう言い方がゆるされるなら、構造的犠牲者（*victime structurale*）であるが、それはあれこれの防衛措置をもって『家』を取り巻いているシステムによって社会的に選びだされ、かつ観念してこれを受け容れる犠牲者にほかならない」[28]。

ブルデューの描こうとしているこれら犠牲者の主観的な意識の状態は複雑である。一方の極には家や長兄家族にたいする「愛情」、他方の極には犠牲を義務へと変換する「あきらめ」の感情というわけであるが、いずれにせよ、この婚姻システムを支える要素として、犠牲を「自発的」に受け入れる成員の態度性向が注目されている。明示的な理念もサンクションも付されていないような一個の制度が、にもかかわらずいかにして維持されうるのか、いかにして一定の規則性をもって機能するのか。ブルデューのハビトゥス論は、まさにこれに答えようとする独自の企てなのである。

成功せる戦略のパラドックス

ただ、そのブルデューも、かれ自身の戦略上の限定のうえに立って、以上の議論を展開しているといえないだろうか。というのは、そのハビトゥス論はもっぱらシステムの再生産を説明するのに適合的なシェーマとして立てられ、用いられているようにみえるからである。いいかえれば、比較的変わりにくい強固な慣性をもった制度のその変わりにくさの説明にもっぱら志向しているようにみえ、変動の説明は明示的には登場していない。ベアルン農民の相続‐婚姻システムも、そのシェーマにとって好都合であるような事例として選びとられ、例証の対象とされたかの感がある。先に引いたオーギュスタンとボナンも、この「ピレネー的事実」は「極端で特別に変わりにくい」形式をなしている、と述べているくらいだから[29]、この相続‐婚姻システム自体がもともとブルデューの解釈枠組に適合的であったのだ、といえないこともない。

しかし、それをもってただちにかれのハビトゥス‐戦略論の、一面性を云々するのは早計であろう。まず次のことは、この議論の積極的意義として確認されなければならない。一定の時間的幅のなかで制度や慣行の存立、機能を問おうとするとき、おそらくだれしもが出会う〝構造的再生産をうながす力は何か〟という問題にたいし、明示的な規範やサンクションではなく、条件づけられていながらしかも弾力的に適応するような態度的要素の強調をもって答えようとしたこと、そのことである。ハビトゥスの概念は、これまでの社会学の共有財産となってきた態度、社会的性格、エートスなどと一部重なりながらも、それにあらたな要素を付けくわえるものである。

他方、かれのハビトゥス戦略論は、若干の論者のいうようにシステムの変動の内的コンフリクトによる説明とは相容れないのだろうか。たとえば家を後にして都市へ、さらにはアメリカへさえ旅立っていく次三男の行動は、ある角度からみれば変動の要因であって、これによってシステムの絶えざる更新が起こっているとみることもできる。この行動をコンフリクトと関連づけず、婚姻戦略内に位置づけられた一行動パターンとみなすことは目的論的解釈に陥っていないかどうか、若干の問題を感じるが、ともかく、ハビトゥス戦略は、一定のシステムの変動を惹起しながら作動しているというのがブルデューの考え方ではあるまいか。

しかしさらに次のような問いも立ててみたい。ある時まで既得のハビトゥスの支配圏内で行動してきた成員が、なんらかのきっかけの下に過去と不連続の欲望をいだくようになり、そのために結婚戦略を狂わせてしまうといったことが起こりえないか、と。典型的ケースを考えれば、たとえば息子が親の望みにまったく反し、文なしの娘との、いわゆる「飢えと渇きの結婚」をつよく欲するというような場合である。実はブルデューは、このようなケースに目配りしていないわけではない。ベアルンの農民の世界では、親の意思に反する結婚を望む者は、家を去るほかなかったが、当然それは別の兄弟に相続権が移ってしまうというリスクを伴った。といって、そのことがその娘との結婚熱をつねに容易に冷まし、親の反対にいさぎよく従わせるというわけにはいかない。事はそれほど単純に運ばない。次のような証言が一人のインフォーマントから引かれている。

「長男が婚期に達したとき、かれの〔五人のうちの〕三人の女きょうだいはすでに片づいていた。その息子はLaの家の娘に恋していたが、その家は一文なしだった。父親は息子にいう。『おまえは結婚したいって？　私は娘たちのためにさんざん支払わされてきた。おまえは、まだ残っている二人のために金を手に入れてくれなければ困る。女とは食器ダナに飾っておくものじゃない。あの娘は文なしだ、おまえに何をもってくるというのかね？　自分のセックスだけだって？』息子はけっきょく、E家の娘と結婚する。そして五千フランの持参金を獲得した。だが、はたして結婚生活はうまくいかなかった。かれは酒びたりになり、荒れすさみ、子どもを残さずに死んだ[30]」。

このケースを通じてブルデューは何をいいたかったのか。この結婚の戦略は成功だったのか。成功であった。しかしまた無残な失敗でもあった。戦略のなかで自己を殺してうごいたかにみえたその息子、すなわち構造的犠牲者は、実は自らを殺し切ることができなかったがために悲劇的な破滅を迎える。このケースは、かれのいう戦略というものがどの水準で考えられているかを明瞭に語っている。戦略適合的なハビトゥスとおのれの感情、欲望とのあいだに亀裂を経験しはじめる行為主体にとっては、この戦略とは、無慈悲な抑圧的な行動支配の力にほかならない。そしてこれを呪いつつ破滅していく犠牲者が、実はシステムを内から腐食させ、震撼させてもいくのだとすれば、それはシステムの変動の文字どおりの重要な内生要因であろう。ブルデューの考察のうちに事実上システム変動への視座があるとすれば、まさにこの点である。

ブルデューの仕事はいろいろな観点から読まれてよいと思う。著者はどうかといえば、すでに述べたように、秩序維持さらには支配のメカニズムがどう考察されているかという関心からかれを読んできた。これをことさらに政治支配の問題などに関連づけようとは思わない。

しかし、「息子よ、結婚とは好きな娘と一緒になることだ、などと簡単に考えてはならぬ」と語りかける父親の教育、さまざまなそれとなしの美徳や義務の暗示、感情への訴えをともなう諸々の言説、そしてそれらを自明と思いこみ、あるいはあえて抵抗すべきではないと考え、黙して従っていく息子たちの「自発性」、等々。そこには正統的支配といわれるものの原型がみごとに凝縮されているのではないか。この支配は、支配を支配として意識させないような心的装置を成員のなかに植えつけるたくまざるテクニックだともいえるし、これに抵抗する者を破滅に追いやるほどの非情さをそなえた力であるともいえる。論文「婚姻戦略」はその意味で興味尽きない主題をあつかっている。

もっとも、社会史的労作としても評価されうるこの論文に、著者は少々社会学的アレゴリーを読みとりすぎたようだ。その点はいくらか気になっている。

注

（1）P・ブルデュー、R・シャルチエ、R・ダーントン「文化の歴史学をめぐって」『思想』一九八六年二月号、二六一頁。

（2）P・ブルデュー、J-C・パスロン『再生産』〔一九七〇〕宮島喬訳、藤原書店、一九九一年、二〇頁。

（3）Levi-Strauss, C., *Le Cru et le Cuit*, Plon, 1964, p. 20.

（4）R・ジラール『欲望の現象学』〔一九六一〕古田幸男訳、法政大学出版局、一九七一年、六七頁。

（5）P・ブルデュー『実践感覚』（1）〔一九八〇〕今村・港道訳、みすず書房、一九八八年、八六頁。

（6）ハビトゥスの概念についての著者のより一般的な考察としては「ハビトゥスとしての文化」（本書第11章）を見

られたい。

（7）Camic, C., "The Matter of Habit", *AJS*, Vol. 91, No. 5, 1986.

（8）E・デュルケーム『フランス教育思想史』〔一九三八〕小関藤一郎訳、行路社、一九八一年、六八頁。

（9）Camic, *Op. cit.*, p. 1055.

（10）Rist, G., "La notion medievale d' « Habitus » dans la sociologie de Pierre Bourdieu", dans *Revue Européenne des Sciences Sociales*, T. XXII, No. 67, 1984, p. 212.

（11）*Ibid.*, p. 209.

（12）Bourdieu, P., Postface d'E. Panofsky, *Architecture gothique et pensée scolatique*, Ed. de Minuit, 1986, p. 152.

（13）*Ibid.*, p. 142.

（14）Les stratégies matrimoniales dans le systèmes de reproduction, *AESC*, 27 juillet-octobre, 1972.

（15）同特集の中の論文の多くは、『家の歴史社会学』（アナール論文選2）新評論、一九八三年（新版、『叢書・歴史を拓く――『アナール』論文選2』藤原書店、二〇一〇年）に訳載されているが、ブルデュー論文は割愛されている。

（16）Augustins, G., et Bonnain, R., *Les Baronnies des Pyrénées*, (T. 1) *Maisons, mode de vie, société*, Edition de l'E. H. E. S. S., 1981.

（17）*L'Œuvre de Frédéric Le play*, Nouvelle Librarie Nationale, 1912, p. 96.

（18）*Esquisse d'une théorie de la pratique*, Droz, 1972, p. 175.

（19）Les stratégies, *Op. cit.*, p. 1109.

（20）*Ibid.*, p. 1106.

（21）Le sens de l'honneur, *Esquisse*, *Op. cit.*, pp. 19-32.

（22）*Esquisse*, *Op. cit.*, p. 200.

（23）Le Bras, H. & Todd, E., "*L'invention de la France*": *atlas anthropologique et politique*, Librairie Générale Française, 1981, p. 137.

（24）*Ibid.*, p. 140.

（25）*Esquisse*, *Op. cit.*, p. 175.

（26）J・ピアジェ『構造主義』〔一九六八〕滝沢・佐々木訳、白水社、一九七〇年。

（27）Les stratégies, *Op. cit.*, p. 1124.

（28） *Ibid.*, p. 1124.
（29） *Op. cit.*, p. 21.
（30） Les stratégies, p. 1115.

〈付記〉 資料等の点で貴重な御教示をいただいた二宮宏之氏に、記して深謝いたします。

7 文化的再生産論の動的な再構成

――文化資本、ハビトゥスの力動化――

再生産の視点と社会変動

一部の誤解があるようだが、社会の再生産という見方、またはそれの含意する事象は、社会の変動と相容れないものではない。変動しない静的社会、またはまったく同型反復的な社会、これは少なくとも現代社会をその対象とする社会理論のもつべき観念ではない。再生産の理論は、社会変動を否定したり、これを無視し去るものではなく、社会変動というものを理解ないし説明するある観点を重視することを意味するものである。

まず、「再生産」（reproduction）というタームじたいが、社会・経済過程では、先行状態のある種の変化を意味するのであって、生産1にたいし、それとは質的に区別される別の生産2が問題となっていることを意味する。同一のものの機械的な反復的生起を指すのではない(1)。周知のように経済学では、同一規模でくりかえされる生産を「単純再生産」、拡大規模で行なわれるものを「拡大再生産」、縮小規模のそれを「縮小再生産」と呼び、量的なとらえ方がなされるが、通常問題となるのは、「拡大再生産」であり、その意味でふつう生産の「反復過程」

としてではなく「生産がたえず更新される過程」(『経済学辞典』平凡社)として扱われる。こうした点にも、再生産が生産の変容過程として捉えられていることがうかがえる。

他方、その生産1と生産2(再生産)は無関係な平行的な過程ではない。両プロセスの間に、ある観点からみた同型性や相同性がみられること、およびその二つのプロセスの間に確認されうる一定の因果関係があること、つまり前者から生じた結果が、なんらかの程度で後者の過程の先行条件の一部をなすことが、「再生産」とよばれる過程である。財の生産においては、この関連は、生産の継続性という市場の要請に関連し、蓄積された資本の一部が再投資され、また蓄積された技術が改良されつつ継続的に用いられるという形で生じる。

ただ、われわれが関心をもつ社会的なものの再生産においては、生産と再生産の関連はもっと質的に多様であり、また因果関係の理解も単純ではありえない。

たとえば、世代的再生産の例として、父親がブルーカラー職種に就いている(または過去に就いていた)者の七〇%の男子が同じ職種、つまりブルーカラーの職種に就いていて、この間にある因果関係が暗に想定されるとき、そこに職業的地位の再生産が生じている、とわれわれはいうだろう。だが、この場合、少なくとも三〇%の者は職業的位置の変動を経験しているわけで、これは相対的な立言でしかない。しかも、七割についても、認識者のがわが設定した大きな職業分類の基準にてらして「同じ」といいうるだけで、実態としては、伝統的な家具仕上工の息子がエレクトロニクス技術に通じた熟練電気工となっていることもあり、父子の間には学歴、能力、仕事意識、ライフスタイルに不連続が生じていることもある。これはある観点からみると同型的生産だとしても、不連続と変異をふくむ別種の生産である。このばあい、再生産の説明は、そうした不連続と変異を無視するものではない。

その上、ここで問題になっているのは、実際には文化的再生産の事実なのであって、経済学的カテゴリーとしての再生産とはかなり異なる要素をもつ。本人が進んでにせよ、または仕向けられてにせよ、ある職業へと向かうというプロセスのなかには一定の学歴資格への指向もはらまれており、そこには複雑な主観的な要素が働いている。願望、投企、反発、諦め、安全性の選択、等々。たしかに再生産の視点は、こうした主観的なものにおける客観的先行条件の「変換」を通しての規制力の継続を重視するものであるが、といって、それは当の行為者自身が比較したり、選択したり、断念したりする主体的な営みじたいを無視するものではない。だから、この意味の再生産とは一回一回の事柄の生起を、少なくとも相対的には独自の主観的-客観的過程としてみることを要求している。

「位置づけられた」行為者と構造変動

ただ、それでも、この視点は、変動へのあるバイアスをもったアプローチであることを自覚しておくべきだろう。そして、このようなバイアスはある程度まで、体系的認識という作業の宿命である。すなわち、物事の多少とも体系的な認識をくわだてようとするとき、視点の選択、視点の戦略的な設定をせざるをえないということである。再生産の観点に立つことによって、社会変動のある側面（とりわけ先在事実の変換という側面）がシャープにとらえられ、他の側面がそれほど焦点に入ってこなかったり、死角におかれるということはありうることである。これはブルデュー理論の考察についても述べた点であり(2)、認識者がみずからの限界としても知っておかなければならない点である。

いずれにせよ、再生産の観点は、変動を理解し、説明するひとつの観点でもあるということである。それは、どのような点にあるか。

七〇年代以降の社会学の理論構成のひとつの傾向は、「脱中心化」(decentralization)と表現されてきた。これは、人間中心主義(homocentrism)への批判[3]、つまり近代主義の主体―客体図式による、創発的な行為と行為者にみちびかれる行為過程や社会過程を構成することへの懐疑、批判に由来している。主体的な行為者像のア・プリオリの措定、在来のパターンと不連続な行為の出現や、外生的な変動要因の挿入の重視といった傾向を批判し、無意識、半意識、相互行為、構造的決定などを強調するものである。そのひとつの極は構造主義であったが、この構造主義の内在的批判を通して、ブルデューのハビトゥス-慣習行動-構造の理論や、ギデンズの再帰的(recursive)過程をふくむ行為者-構造化の理論がかたちづくられてきた。再生産論の社会変動のとらえ方は、それらのなかにうかがうことができる。たとえばギデンズは、「構造」それ自体をもろもろの規則と資源の相互調整的なセットで、「記憶痕跡」(memory traces)(ハビトゥスと等価)による調整作用を含むものとして規定し、その構造の生成と変容を、さまざまな文脈において規則に依拠しながら、資源を動員していく「位置づけられた行為者」(situated actors)の活動を通して把握しようとする[4]。一社会の示す構造的特性は、行為者たちが再帰的に組織する行動を媒介するものでもあり、また、それらの行動の帰結でもあるとして、これを「構造の二重性」とよんでいる。

さて、このような角度からみた場合、社会変動は具体的にはどう捉えられるか。ひとつの例をブルデュー=パスロンのフランスにおける中・高等教育の変容のとらえ方のなかにさぐってみよう[5]。

一九六〇年代後半からみられる高等教育への進学率の上昇は、めざましいものがある。この変化の新しさとその意義を強調する者は、しばしば「教育の民主化」あるいは「学生募集方法の民主化」の現われであるとする。しかし、くわしくみてみると、もともと階級ごとの進学率にはいちじるしく差があり、この差が縮まったかどうかが問題であるはずであるが、進学チャンスの社会階級ごとの配分はほとんど変わっていない。労働者の子弟の進学率が倍増したとしても、一割にも達せず、経営者の子どもの進学率はこの間、五三％から七〇％以上へと従来の高進学率にさらに増加を加えているのである（図7—1）。このように不平等のパターンは「ほとんど変わらなかった」というのがブルデューらの所見であるが、変化がこのような形をとるのは、それなりの構造的理由があるとされる。すなわち、それぞれの層における言語・文化資本の配分の不平等が決定的に変わらない以上、出身階層ごとの有利、不利は簡単には変わらない、と。この意味で、学生たちの社会的出自と就学特性との間の「循環的な関係」（相互媒介的な関係）が大きく更新されたと考えるべき理由はない。

図7–1　1961-62年、1965-66年の間のフランスの社会的出自別就学機会の変化（高等教育進学率）

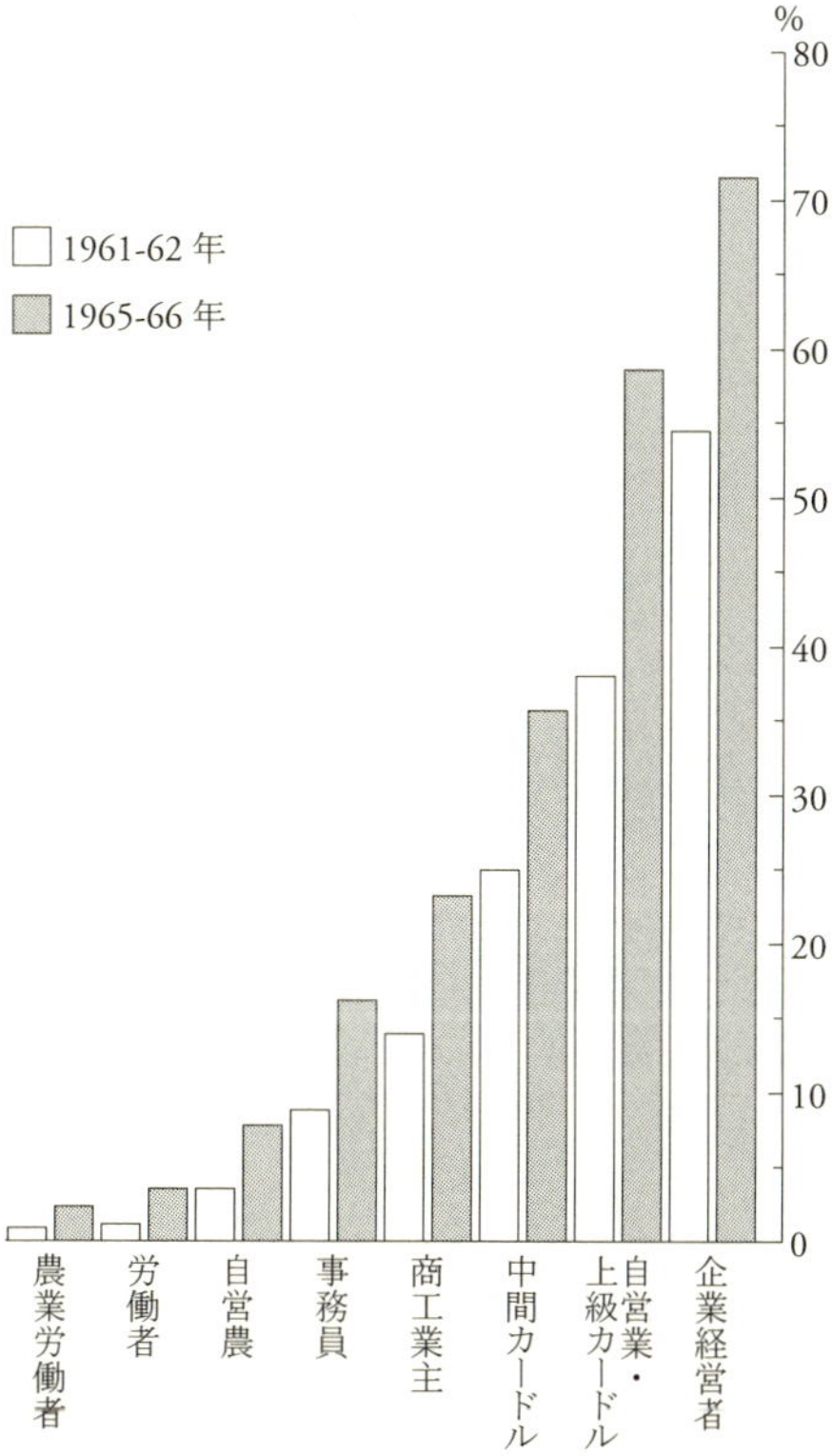

（『再生産』123 頁より）

しかし、この視点をあえて採るのは、この社会学者たちの強烈な批判的認識眼の現われである。「ブルデューは、『専門家社会』とか『メリトクラシーの興隆』にかんする理論が教育思想を支配していた時期に、『教育の民主化』という流行のテーマに批判の目をむけた最初の社会学者の一人だった。教育を通じて社会構造のなかで少数の個人が上昇していっても、これは階級関係の基本的な変化や内からの柔軟化を意味するものではない、と」[6]。この意味で、人びとの安易に喧伝する「変化」よりは、再生産の事実の指摘の方が重要だという判断が明瞭にあった。

そして、次に注目しなければならないのは、これらの「資本」の作用がたんに機械的なものとして捉えられていないことである。それは、次のような説明に表われている。労働者の子どもの場合、就学が低率であるということが再帰的に作用して高等教育進学を「考えられない未来」として表象させ、過大に諦めをみちびいている。一方、上級カードルの子どもたちにおいては、その高い進学率と周囲の環境からして、バカロレア後に勉強を続けることは「当然の未来」となっていて、いよいよ進学を促進している。これにたいし、中間階級の子弟(たとえば小学校教員や下級官吏の子ども)の場合、高等教育が「当然の可能性」とみえる域にようやく達しつつあるグループもあって、「バカロレアだけでは何にもなれない」という表象をもちはじめている点で注目される[7]。ここでは、個々の行為者が所与の状況のなかで理解可能な意味を付与しながら現状に反応していくそのプロセスの総体が重要であり、また重視されている。いわゆる解釈的アプローチがとられているといえないことはない。

社会変動は、既存の構造的条件、規則、慣習の重い規定作用から自由に起こりうるものでは断じてなく、その意味で同形的なパターンの再現という要素をかならず含む。しかし、そこで生起する人びとの行為がそれらの条件の単なる反映、あるいは被拘束態にすぎないかというと、そうではなく、ギデンズの言葉でいう、行為の「自省的評価」(reflexive monitoring)が個々に、また集団共有的に行なわれることを通して、その都度新たな意味が付せられている行為である。それは、ある観点からみれば、変動、乗り越えの要素なのである。

文化資本の動態的把握

「文化資本」というタームを使うか否かは別として、明示的、黙示的な選別をともなうそれぞれの競争的な社会過程において、ある集団を有利な位置におき、ある集団を不利な位置におく文化的な所与条件があるという考え方はおおかた承認されよう。事実、「言語資本」というタームを案出する以前のブルデュー＝パスロンは、「言語的有利さ」という言葉でそれを表現していた[8]。

「資本」ということばの用法の曖昧さについては、すでにP・ディマジオらの早くからの批判があり、メタファー、それも濫用されてその価値も損なわれつつあるメタファーではないかという指摘もある[9]。ブルデューがのちに、論文「文化資本の三つの姿」のなかで、「身体化された様態」「客体化された様態」「制度化された様態」の区別を試みるとき[10]、著者もそのような感想をいだいた者の一人である（『再生産』におけるこのコンセプトの性格がかかる曖昧さを比較的まぬがれていることについては、本書第2章を参照）。しかし、右に述べたように、ブルデューらが、競争における有利、不利の背後にあるものを、非経済的な領域における資源配分の不平等や、その価値ヒエラルヒー化のなかにも広範に探ろうという実際的関心にしたがっていたとすれば、この曖昧さはやむをえないともいえるし、むしろ実際的・機能的なメタファーであることで、柔軟な分析の道具となりえている面もある。以下でも、そうした柔軟な適用の可能性を探ることで、文化資本の実体化を避け、より動的な把握にすすむことができると考える。

そのさい、ひとつ留意したいのは、文化資本の配分を社会階級・階層との関連で問うことがしばしば自明視され、著者自身もこれまでそうした観点から議論を行なうことが多かったが、これを自明視するとひとつのドグマに陥るおそれがある。人びとの経験を多少とも共通なものとしてつくりあげる集団環境があれば、それに即して文化的な所与条件はかたちづくられる。同一階層内で、また階層横断的に職業、男性‐女性、首都‐地方、世代、民族、等々において、またかれらの関与する場（champ）に応じて、文化資本の配分の問題があるということである。

次に、所与の文化的条件がそのままの同一性において機能するのではなく、行為者の行動その他を通じてさまざまに「変換」されうるということも重要な点である。たとえば、両親を通して同じような客体化された様態の文化資本（蔵書、絵画、レコードコレクションなど）を与えられ、恵まれた文化習得環境のなかにある上層の子どもたちのなかでも、これを有効な「学歴資格」に変換する者もいれば、そうではなく、身体化された様態へと変換し、もっぱら趣味や感性のレベルで美的性向を発達させる者もいる。美術館に通い、コンサートを楽しみ、読書をするという習慣を身につけながら、学校的成功を達成しない、ないしは達成しようとしない者たちである。一方、制度化された文化資本様態のひとつである学歴資格の獲得が、つねに恵まれた文化習得環境を前提とするかというと、必ずしもそうとばかりはいえない。努力、勤勉さ、高い動機づけといった態度性向が独自の機能を演じることもありうる。そして、いったん学歴資格を獲得した個人は、それ自体をかならずしも固有に文化的なやり方としてではなく有効な資本として利用していくことが可能となる（たとえば社会関係資本として）。

こうみてくると、文化資本のこれらの諸様態を、たとえばそれぞれの階層においておおむね相関したものとして捉えられるかどうか、疑問の余地もある。それは社会的文脈によってもずいぶん異なるのではないか。P・ディマジオは、アメリカのハイスクール生徒を対象に、「文化資本」と「学校的成功」の相関を問う調査研究を行なったが、それによれば関係はかなり流動的である。(11) 本人が芸術、音楽、文学などに関心をもち、享受しているかどうかを文化資本の指標とするとき、この文化資本は、たしかに学業達成に相関している。しかし親の教育程度とのあいだには比較的低い相関しかない。

ブルデュー＝パスロンは『遺産相続者たち』において、家庭・両親の影響の下での早期の社会化が文化的趣味の習得において決定的な意味をもつと論じたが、アメリカの結果は必ずしもこれに沿っていないとみられる。ディマジオは、文化資本と家族的バックグラウンドがそれほど強くむすびついていないこの特徴を、ブルデューらの分析と対比する。ブルデューらが「文化的再生産」モデルに拠るならば、アメリカでは「文化移動」（cultural mobility）モデルが比較的妥当するのではないか、とみるのである。なお、男女によってこの関連には違いがあり、女生徒の場合には、男子にくらべ成績、文化資本、親の高学歴が、かなりの高い相関で結びついていることが検証された。再生産モデルのより妥当する形といえよう。

この分析は大いに興味ぶかいものである。このアメリカの例では、文化資本は、親、家庭を通して遺贈されてくるものであるとしても、本人が獲得し、付加、合体させていく要素も大きいようである。その場合、同輩集団、マスメディア、学校の示す伝達役割の大きさ、また本人自身の習得の努力のすくなからぬ役割が想定される。アメリカが、評価や選別の基準がヨーロッパほど固定的ではない、文化の規範化の度合いの低い社会であることの表われかもしれない。また、かりに所与の文化資本の不利があっても、この社会では、それを補うだけの二次的な習得環境が存在したり、習得の意欲や動機づけを維持する今ひとつの文化があることを意味するのではないか。R・K・マートンのアノミー論の古典的指摘のいう、「成功」という共通の文化的目標に向け万人が努力するようにたえず動機づけるあのシンボリックな平等主義が関係しているのかもしれない。

いずれにせよ、こうした知見を重視するなら、文化資本のコンセプトの再定義が必要になってくる。「相続的文化資本」と「獲得的文化資本」といった区別が、あるいは必要であるかもしれない。遺贈され、客観的な所与条件をなす文化条件のみならず、あらゆる資源、機会を有効に利用しながら文化的有利さを自ら獲得しようとする行動性向をも、文化資本の一要素にくわえなければならない。これは、ブルデューのタームでいえば、大きく分けて、「身体化された文化資本の様態」、つまりハビトゥス的なものとなるであろうが、必ずしも無意識のなかで獲得され、機能するものともいいきれないのではないか。これは後に再論することとしたい。

なお、ディマジオは自ら認めているのだが、かれの研究は、その調査対象から非白人エスニック・マイノリティを除外している点で、ひとつの限界をもっていると思われる。アメリカ社会において文化的再生産過程がもっとも中心的に問われるべき対象が、数の上で少数とはいえ、括弧にくくられてしまっているからである。(12)

場と文化資本の動員

変換という操作が問題となるかぎりで、文化資本は、固定的な常数的条件ではなく、動員され変容されうる諸資源の総体である。与えられた社会・文化的な条件を、有利な文化資本へと変換していく営為は、それぞれの場で行為者を通してダイナミックに行なわれている。

その「場」に参加してくるさまざまな行為者をとってみると、かれらは背後にそれぞれ異なった文化的背景を背負っている。その文化的背景と、当の場を支配している文化との間に懸隔が大きいと、行為者はまず文化触変(異文化適応)の困難な経験をしいられる。この初期の文化触変の段階で、資源の絶対的欠如やアイデンティティの危機におちいり、排除されてしまう行為者もいる。第8章でふれるが、急激な植民地支配にさらされた伝統的な原住民社会で、言語、知識、生活ノウハウのあらゆる面で適応できず、急速に貧困化し、従属的地位に追いやられる者たちの場合がその例だろう。

ただ、そうした文化触変をある程度乗り切り、その場に適合的な資源をなんとか利用しながら、適応をはかる者もいる。こうした資源動員的な営みと文化資本形成の動的な関係に目をむけたものに、P・シャンパーニュの分析「文化資本と経済資産」がある。(13)

これは、フランス中部ブルゴーニュ地方ブレスの比較的孤立的で、しかし商品生産の浸透しつつある農村を舞台に、いかにして農業経営が維持されていくか、維持の可否についてどんな選別の原理が働いていて、どんな文化資本がそこに関与しているかを分析したユニークな企てである(この場合の経営の維持とは、収益性を保つことや、後継ぎを見いだすことなど、多様な行動を意味する)。この場合、経済資本と区別された意味での「文化資本」が無視できない役割を演じると考察されるわけであるが、後者についてはあるスペシファイした見方が必要である。というのは、同じ農民階層を問題とするかぎり、教育レベルというものにほとんど差がないため、文化資本＝学歴資格という捉え方はほとんど意味をなさない。そこで、直接に問題となるのは、経済市場メカニズムへの適応を可能にする「近代的」(moderne)な生活や思考の様式をもちうるかどうかである。そして農民の場合、当然ながら「企業家的精神」といったものを出来合いの意識的かまえとして持ち合わせているわけではない。その意味でいわゆるハビトゥスにほかならないこの「近代的」態度を、かれらがどうつくりあげ、獲得するか、どんな資源がそこで動員されているかが問われなければならない。

シャンパーニュは、これを「家族関係」と「職業関係」の利用可能性のなかにみいだしている。すなわち、一方で、その家族・親族のなかで農業外の職業に従事する者とどれだけ広いつながりをもっているかが重要であり、それを通して情報を獲得し、都市的な生活様式や考え方に接し、時には援助をうることが行なわれる。他方、職業関係としては、協同組合、指導普及機関、金融機関などとのつながりの広さが重要となる。これらの直接援助もさることながら、「近代的」で「競争力のある」農業の観念、「局地的なものから解放された農業の見方」がこれによって可能とされる。技術の向上や機械の共同購入などの行動がとられるのはその帰結である。

以上は、小農的な農業経営というひとつの場《シャン》のなかにおける独特の文化資本の形態と機能の考察である。学歴のような所与条件でほとんど差がなく、また変動過程の農業にあって父祖から継承される知識・技術体系がそのままではほとんど文化資本となりえない場にあっては、行為者はなかば自らで文化資本を構成していかなければならない。もちろん、家族関係や職業関係は所与の条件ではあるが、これをどのように活用し、「資本」化するかは行為者の能力に、また主体性にかかっている。農民のこうした慣習行動《プラティック》は、たとえ明瞭に目的意識的ではないにしても、惰性的なものでは断じてなく、合理的な営みである。

こうした分析視角に倣うならば、まさに、集団により、場と係争目標により、文化資本の内実も多様であることを踏まえ、かつ、それが所与でなく、構成されつつ獲得されていくプロセスにもっと目をむけなければならないだろう。

じっさい、たとえば親族関係を、準拠集団や有利な情報ネットワークとし、進学へのオリエンテーションを得る子どもたちは少なくない。おじ、おば、従兄姉などのなかに大学経験者がいるということは、当人にとって情報源になるとともに、大学を自分にも無縁でないアクセス可能な世界として表象させ、かれの進学志向をつくりあげる一助となる。たとえ両親が大学未経験者であって、豊かな文化資本の伝達者でなかったとしても、である。

また学校という場で、文化資本の貧困、剥奪という面のみからみられがちな下層中間階級や労働者の子弟、エスニック・マイノリティの子どもたちにおいても、それなりの資源動員＝文化資本の補填的形成のいとなみがみられるのではなかろうか。

この点、たとえばブルデュー＝パスロンの断片的な記述を掘り起こしてみると、民衆のある層の成員たちの示す「真面目さ」(le serieux)、「勤勉さ」(assiduité)という無形の資本（＝ハビトゥス）への注目があるのに気づく。つまり、これらの子どもたちにあっては、「小ブルジョア的真面目さが、洗練された文化が上層階級にあたえる有利さに釣り合いをとることができる」[14]。あるいは、かれらは「文化への純な熱意」または「文化を学ぼうとする虚心のこころざし」をもち、かれらの期待をみたしてくれると考える学校にもっとも強く執着する、と[15]。勤勉に授業に出席し、きちょうめんにノートをとり、予習、復習も欠かさないといった学校の要求に合致した行動である。

こうした態度を『遺産相続者たち』の著者たちはいくぶんアイロニカルな筆致で記述しているが、ややちがった角度からみれば、まさに所与の文化資本の貧困をおぎなうため、自ら別種のハビトゥスの強化、発達をはかり、それをかれらなりの第二の文化資本へと構成していこうとするダイナミックな適応行動とみることができる。これらをわれわれは、正統的文化資本の力に、別の資源に拠りつつ対抗するという意味で、「対抗ハビトゥス」と呼ぶこともできよう。もちろん、これは意図された行動として明確な動機づけをもつとはかぎらないが、動機づけとしてはきわめて強力であるばあいもある。

そして、この勤勉さ自体は、一般に女子生徒、女子学生が高い頻度で学校にたいして示す態度でもあって、これをどのように解釈するかは、教育とジェンダー、あるいは文化とジェンダーをめぐる議論のひとつの焦点たりうるものである[16]。また、移民やエスニック・マイノリティの内のある集団または個人が、その言語・文化資本の剥奪という初期条件のなかで活路を見いだそうとするのも、この勤勉さ、動機づけの高さという別種の資本の活用においてであることは、次章で論じたい。

トータルな習得と行動の組織化

学習あるいは習得（learning, apprentisage）は、いうまでもなく行為の社会理論の中心テーマのひとつである。再生産論も当然ここに重きをおく。知識、教養、言語、文化的趣味、身体の使い方、その他さまざまなものが、生得的もしくは純個人的に獲得されたものではなく、環境と教育のなかで学びとられたものだということは周知の中心テーゼとなっている。けれども、この理論の含意をよく汲むならば、学習とその成果である行動との関係を、既存のスキームを超えて、よりトータルに動的に捉える方向が指し示されていないだろうか。

この点で、ブルデュー＝パスロンの大きな貢献は、すでに述べたが、知や言語の習得の行なわれるさいの二つのモードを区別したことであろう。

ひとつは、実践的習得（maîtrise pratique）であり、他は、象徴的習得（maîtrise symbolique）である。[17] これを分かりやすくいえば、後者は、学校的な習得が代表的で、それが用いられる実際の状況の外で、「非現実」の世界のなかで行なわれる習得であり、言語はいわば「死文」として、分析対象として扱われる。それにたいし、前者は、どのような状況で何をどのように用いるべきかを全体として学びとる、状況内の習得であり、明示的な教育によらない、いわば体得というべきものである。その例として、『再生産』は、どんな典拠によるのかを決して穿鑿することなく、親方または先輩職人に全人格的に同一化しつつ、仕事を覚えていく前時代の徒弟の行動をあげているが、[18] もちろん、今日、家庭のなかで交わされる会話になじんで、子どもがある「話し方」を身につけたり、楽譜も読めないのにからだで覚えて子どもが楽器演奏をこなしてしまうといった例もこれにあたる。

こうして習得されるものを、われわれはハビトゥスとよんでよいだろう。そして従来の社会学が「刺激－反応」図式や「規範の内面化」の図式をとるとき、ほとんど考慮外においてきたのが、この実践的習得という習得の様式である。日常生活の非常に広範な知や行動の習得領域をカバーするこの様式はどんな特徴をもっているか。その第一は、言語にしろ知にしろ規範にしろ、それらはそれらが用いられる（または適用される）状況とともに習得されるという点にある。状況の習得、これがきわめて重要な点といえよう。またこれと関連した特徴は、状況のパターンに応じ知や規範を多少とも変形しながら用いていく能力が習得されるという点にある。変換能力の習得といえよう。

こうした観点に立つと、規則（rule）というものの理解の仕方も、当然切り換えなければならない。規範の習得（内面化）がまずあって、それにもとづいてはじめて個々の行動が組織されるという考え方は疑問とされる。また、規範と行動を一対一で対応づけるような見方もここでは相容れない。ふたたびギデンズを引くなら、かれもいみじくもこう述べている。「規則（rule）というものはこれまでしばしば個別的に、あたかも行為の個々のケースや、そのひとつひとつに関係しているかのように扱われてきた。しかし、これは、社会生活の営まれ方に照らしてみるならば、まったく誤りである。社会生活では、行動は、多少ともゆるやかに組織されたもろもろのセットとの関連として維持されているからである(19)」。

ここで、右に述べた「状況の習得」ということが大きな意味をもってくる。おそらく人は、教師にたいしてかくかくの振る舞いをしなければならない、年長者にはしかじかの言葉づかいをしなければならない、という規則を、それ自体として取り出して習得するのではないだろう（学校での教育は、そうしたタイプの習得を強いるけれども）。むしろ、親の面前で、教室のある場面で、企業でのあるコミュニケーション場面で、といった具体的状況と対のかたちで、とるべき行動のパターンをほとんど無意識のうちに習得する。こうしたセットの習得は、その仕方自体からしてきわめて実践的であり、それだけに場に即してのより多様な変奏を展開することも可能になる。もちろん、より多様な対応行動を組織していく上で、自省的なモニタリングの果たす役割にも相応の位置があたえられなければならない。

こうした見方はおそらく、大きなカテゴリーとしては「発生構造主義」と呼ばれてよいものだろう（ブルデューも自らの立場を、あえていえば「発生構造主義」だと語っている[20]）。習得された行為のシェーマは、その状況における規則、関係、要求などと不可分の形で結びつき、ひとつの構造をなしていて、かつ、その構造は、意識的、無意識的な行為者の営為にもとづいて変換可能性や自己制御性をもつ。経験を積み、新たな状況と出会うなかで、行為のシェーマは変形され、分化したり複雑化するわけで、構造は連続的要素をもちながらも、たえず新たに再組織もされていく。そこに意識的な制御の過程も随時挿入される。

「悪循環」の批判的社会学へ

ハビトゥスと慣習行動《プラティック》のこうした動的な論理に注目するならば、再生産理論とは、全体としてどのように性格づけられるのだろうか。

はじめに述べたように、「主体主義」的な行為論にたいして「脱中心化」の視点を対置する理論潮流のうちに再生産理論も位置している。しかし、ハビトゥスとそれが可能とする慣習行動は、所与状態の単純な機械的な再現、延長をはかるのではない。ある態度性向が、新しい状況に適合したある行動をつくりだすとすれば、それはすでに質的には新しい行動なのである。ただ、そういう新しい状況を単純に無条件に「新しい」とみるのではなく、そこに同一ではないが同形的な、また次元は異なるが相同的な要素をみるとすれば、その行動もまた、同形的または相同的な要素をもつ相対的に「新しい」行動として捉えられることになろう。

たとえば、一日中、身を粉にして休みなく働く自営業主を父とする子どもが、その勤勉さ、きちょうめんさのハビトゥスを自身も体得し、これを受験勉強のなかに〝猛勉〟として活かすとき、かれの行動は父親のそれと同形性を帯びてくる。そして、同業者との過当競争の食うか食われるかの状況と、熾烈な受験競争とは、状況の上で同形的なものをもっている。息子のとる行動は、父親のそれを「再生産」しているといえるだろう。しかし、毎日朝から晩まで油まみれで機械のそばに立つ親の行動と、机に向かって受験参考書に取り組む息子の行動とは、それ自体は決して同じものではない。否、まったく別種の行動といってよい。後者の行動は、父親の知らない、経験だにしたことのない行動かもしれない。文化的再生産とは、この意味で、実態としては大なり小なりの不連続な変動を含むものである。そこになんらかの角度から連続性をみ、その連続性の次元を重視するかぎりにおいて「再生産」という見方がなりたつ。この関係はきわめて相対的である。

では、「文化的再生産」の視点にはどのような意義があるか。つきつめて問うならば、それは、それを用いて事態の認識を行なおうとする者の価値視点と関わらざるをえなくなる。著者は、その点を次のように考えるし、おそらくそれはブルデューらの初発からの視点でもあろう。

社会のなかにハイアラーキカルに位置づけられた諸集団のそれぞれにおいて進む「再生産」は、その問題的な側面において、優位なものが優位を維持し、不利なものが不利にしばりつけられるという一種の悪循環を生む過程にほかならず、それゆえに重要な批判的な問題指摘の意味をもつ。不平等の維持、再生産のメカニズムの批判的解明の視点といってよい。その際、文化は、象徴的正統化作用によって上位の集団と下位の集団のそれぞれの再生産を正統化するという役割の側面からとらえられることになる。

しかし、この「悪循環」を、宿命的・決定論的にみることなく、その循環を部分的にもストップさせるような要素をその過程自体のなかに探ろうとするなら、再生産と捉えられるその過程のなかの変動の要素に目をむける必要がある。それは不可能ではないはずである。じっさい、次の点は重要だろう。文化的再生産論は、この循環的にみえる過程を単に機械的に構成しているわけではなく、構造的に条件づけられていながらそれ独自の適応力をもつ主観的態度性向の媒介も重視しており、先に述べたような「対抗ハビトゥス」の生成に注目することもできる。そうした対抗的なハビトゥスの生成、展開が、支配的文化をも相対化し、代替的価値を押しだし、この循環をも断ち切るまでにいたるかどうか。それは、他の付加的な条件、たとえば意識的な反省や批判の行為の介入によるところも大きいかもしれない。

注

（1）ただし、'reproduction'の一般日常語の用法としては「複写」「複製」などの意味もあり、社会科学上のタームとして用いる場合、これとの区別が必要となる。

（2）本書五六頁以下を見よ。

（3）Lemert, C. C., *Sociology and the Twilight of Man: Homocentrism and Discource in Sociological Theory*, Southern Illinois Univ. Press, 1979.

（4）Giddens, A., *The Constitution of Society*, Polity Press, 1984, p. 25.

（5）P・ブルデュー、J-C・パスロン『再生産』〔一九七〇〕宮島喬訳、藤原書店、一九九一年、一二二頁。

（6）Swartz, D., "Pierre Bourdieu: The Cultural Transmission of Social Inequality", *HER*, Vol. 47, No. 4, p. 547.

（7）『再生産』二三八頁。

（8）Bourdieu, P. & Passeron, J.-C., *Les héritiers*, Ed. de Minuit, 1964, p. 176.
（9）Dimaggio, P., Review Essay: "On Pierre Bourdieu", *AJS.*, Vol. 84, No. 6, pp. 1468-69.
（10）P・ブルデュー「文化資本の三つの姿」〔一九七九〕福井憲彦訳『Actes 1　象徴権力とプラチック』日本エディタースクール出版部、一九八六年。
（11）Dimaggio, P., "Cultural Capital and School Success", *ASR*, Vol. 47, No. 2, 1982.
（12）黒人の子どもの学校成績と家族背景の関係を示唆したいわゆるコールマン報告やその他のエスニック・マイノリティ（たとえばヒスパニック）の研究は、家族背景という広義に文化資本と解される要因の重要性を間接的に示唆している。本書第8章も参照。
（13）Champagne, P., "Capiatal culturel et patrimoine économique", *ARSS*, No. 69, 1987.
（14）*Les héritiers*, *Op. cit.*, p. 32.
（15）*Ibid.*, p. 38.
（16）この点については、本書二一九頁以下で若干の議論を行なっている。
（17）『再生産』七一頁。
（18）同右、七三頁。
（19）Giddens, *Op. cit.*, p. 18.
（20）ブルデュー『構造と実践』〔一九七八〕石崎晴己訳、藤原書店、一九九一年、二七頁。

8　エスニシティと文化的再生産論

不平等への説明の視点として

「コールマン報告」の名でよばれる、六〇年代のアメリカにおける黒人の子どもと他のグループの教育達成の差の背景をさぐる研究[1]は、今ふりかえってみると、エスニシティ研究に文化的再生産論の視点を結びつける先駆的な企てとなっている。ただし、それは結果としてそうなったということであり、黒人の児童・生徒と他のグループの児童・生徒との間の学力差がなぜ存在するのかという問題にたいし、再生産論的な仮説が立てられていたのではなく、いわば消去法的に「家族的背景」（当然、そこに社会、文化、階層の諸要因が含まれる）の重要性が指摘されたにとどまる。そして、このことは、エスニシティ問題が、単なる制度の不備（機会提供の不十分さや施設の悪さ）や、人びとの直接的な差別や敵視といったものには還元できない、もっと構造的な条件にも関連していることを気づかせるきっかけとなった[2]。

その後、こうした指摘に触発された研究はなかったわけではない。しかし、明示的に再生産論の視点に立って、エスニック・マイノリティの社会的な不利、排除のメカニズムを解明しようという研究はかならずしも多くない。ブルデューやバーンスティンも、その直接の対象としてこれをとり上げているとはいいがたいのである。そこで、以下ではささやかな覚え書ながら、標記の主題に接近するいくつかの視点を呈示してみることとしたい。

ところで、現代社会学のフィールドとして、エスニック・マイノリティの社会的・文化的位置、とくにその不平等と差別の諸相の研究が重要性を増している。この対象にたいし、異論の余地のない定義をほどこすのはとうてい不可能であるが、著者なりに仮に、言語、宗教、その他の文化的特徴、または身体的特徴や出生などを理由として否定的に区別され、さらには差別され、当人たちもこれを否定的に経験している集団、と規定しておきたい。なお、ここでは、区別さらには差別の理由とされる基準が、本人の意思や努力によっては変えることのむずかしいような生得的もしくは属性的な特徴（ascription）であるという点が、ポイントである。なお、この仮の定義も種々の補足が必要であるが、ここでは立ち入らない(3)。

文化的再生産論の観点は、ある集団の客観的社会的条件が（時間的経過も含んで）どのように文化的な条件に変換され、さらにそれが社会的な有利―不利に変換されるかという過程に関心をもつ。あるいは、その集団の原初的文化特性が、それらが位置する特定の文化市場との関連でどのような社会・経済的有利―不利へと変換されるか、という側面に関心をもつといってよい。とすれば、これはエスニシティをめぐる社会・文化的な不平等形成とそれを焦点とするコンフリクト等を説明しうる重要な接近方法となりうるのではないか。

異文化適応の困難

社会的文化的出自を異にするさまざまな個人または集団が、ある特定文化が支配的な位置にある共通の「場」

のなかに参入し、そこで有利さを競うとき、どのような選別と排除の過程が生じるのか。これがおなじみのブルデュー的な「場」と状況の設定であるが、そのような場に投げこまれた個人のこうむるアカルチュレーション経験に、かれは折にふれて言及している。「高等教育に進む民衆階級および中間階級の学生たちは、言語にかんする学校的要求を必要最小限満たすため、異文化適応の企てを成功させなければならなかったので、過去にいやおうなしにより大きな度合の選別をこうむってきた[4]」。「寄宿舎では、農村部出身の子どもたちは、有無をいわさぬ文化触変と、隠れた内からの反‐文化触変とを同時に経験していて、自己分裂か、排除の甘受かという選択にさらされるほかはない[5]」。

ここで強調されているのは、第一に、新たな文化への適応は、当人が過去に習得または体得してきた文化との関連いかんで激しい軋轢、困難を伴うという点であり、第二は、その適応の成功のいかんが選別か排除を決定するが、仮にこれをパスしたとしてもアイデンティティ危機や自己分裂の懊悩はまぬがれない、という点である。ブルデュー自身はこれを、独特な仕方ではあるが、植民地支配の侵入にさらされたアルジェリアの現地民の「根こぎ」（déracinement）経験として、適応のための異常な骨折り努力として記述している[6]。たとえば近代的所有権の観念や、資本主義的な信用貸の観念をもたない人びとが、植民地支配の下に突然編入されるとき、一部の住民はそれまでの集合所有の土地の使用権を失い、貧困化し、また、貨幣・信用経済が個人主義的な行動様式の採用をよぎなくし、社会的絆は急速に弱まってしまう。「資本主義的ハビトゥス」と在来の共同体の「相互性（互酬性）」や「名誉」のハビトゥスとの角逐であり、前者の勝利なのである。

こうした異文化適応に伴う緊張、危機（「根こぎにされる」「引き裂かれる」という経験）そして排除の脅威の経験はブルデューの注目点のひとつであるが、これを向仏および在仏のマグレブ移民の世界の考察に適用したのが、アルジェリア時代からブルデューの協力者だったA・サイアッドである。先進国の「文化市場」のなかに投げこまれた移民たちにおいて、かれらの在来のハビトゥスが出会う否認、そこでの適応の努力が生む文化変容が逆に引き起こすかれらのコミュニティからの疎外、そして多面的に経験されるアイデンティティ危機、が分析されている。それを通して「移民」とは何かが問われている。その代表作といってよい「非正統の子どもたち」(Les enfants illégitimes)は、在仏アルジェリア移民労働者の二世で、大学に進学するという稀な地位と経験のなかにある一人の娘ザウアの独白の形で、生きられた不連続な価値世界を描いたもので、複数の、論理を異にする「文化市場」のなかに生きなければならない二世の経験を浮き彫りにしている。(7)

社会化の型と文化資本

文化資本の観点の適用は、再生産論の視点からのエスニシティ研究における最大の寄与であろう。だが、実際には、この文化資本をどのような側面において捉え、その配分を問題にするか。

そのひとつの領域は、社会化の型の違いとエスニック・グループの文化の関係、さらには学業達成との関係であろう。これはまさにコールマン報告が将来の必要な研究の方向として指し示したもののひとつといえるだろうが、実際には、厳密な経験的研究は容易ではない。当該民族集団がたとえば、「まなぶこと」、「教育を受けること」に比較的重きをおく文化のなかで子どもとして育てられるかどうかは、注目すべき点だろう。このことが「まなぶ態度」という、文化資本のひとつの構成要素をなすハビトゥスの形成に影響を与えるであろうことはまちがいない。

今日、アメリカにおけるマイノリティのなかで最重要集団となりつつあるヒスパニック(なお、これを地位、文化、出自などで均質な集団とみてはならないが）の場合、まず、その定義上からも、伝達される言語資本が言語市場（英語世界）との関連で問題があることはいうまでもない。だが、この点はもう立ち入らないとして、今述べた教育文化的背景、あるいは教育にむけての社会化の問題も少なくない。現在の在米ヒスパニック移民にそのままあてはめるべきではないが、かつてO・ルイスの『貧困の文化』や『サンチェスの子どもたち』の描いたような社会化と価値形成のパターンがその文化にいくらか尾をひいていないとはいえない。ほんの数年間の就学の後、早くも働きに出ることが当然視され、肉体的な男らしさを誇り、女性ならば我慢づよく男に従い、これに尽くすといった非学校的、マチスモ的文化がそれである。じっさい、メキシコ系も含めて今日のアメリカにおけるヒスパニック人口はかなり階層分化も進み、一部エリート層も現われていて、文化変容も進んではいる。しかし、農業労働などに従事する下層メキシコ移民とともに現地庶民文化がアメリカにもち来たされていることも、これまた事実である。それにたいする価値判断はともかく、今日のアメリカの支配的な学校文化との関連ではこうした文化が異質かつ不適合とみなされているという事実がある。

他方、文化背景上そのひとつの対極にあるとされるのはユダヤ系移民の場合であり、かつてグレイザーとモイニハンは「大学教育を受けることに置かれる強勢は、あらゆるユダヤ系児童に関係する。圧力が極めて大きいので、大学へ行く知的能力のない人々をどうするかということは、彼らやその家族にとって深刻な社会的・感情的問題となった(8)」と書いた。

こうした文化の違いは、文化資本の優劣へと転じ、かれらをそれぞれの社会的地位へと配分していく。

一方、一般的な社会化の型として、「規律中心型」―「自立型」の二分法がよく使われ、S・ボールズのようにこれを、労働者家庭―中産階級家庭の社会化のパターン、さらに学校の教育のパターンへと関連づけ、再生産メカニズムの説明をみちびくことも行なわれた[9]。これは、エスニシティの再生産の研究にもある程度適用可能な説明パターンかもしれない。たとえば、西欧のイスラム移民の家庭における家父長制とその下での社会と、子どもたちの学校適応のむずかしさとはあながち無関係ではないと思われる。しかし、もともとエスニック・マイノリティの多くは社会職業的には労働者階層に属しているということから、社会化のパターンという点ではかなり似通った面をもってくる。それだけに、この二分法はあまり弁別力をもたないのであり、より弁別力をもった社会化パターンの設定、またはいくつかの指標を組み合わせてのパターンの識別が必要になってくる。

とはいえ、実際の経験的研究でみると、社会化のあり方と子どもたちの行動（特に学業達成）の間の関係は、もっと総合的にとらえなければならないように思われる。辻山ゆき子も紹介しているフランスにおけるマグレブ移民家庭の家族的バックグラウンドと子どもの学業達成の関係を扱った研究によれば、アルジェリア移民のうち、農民出身ではなく、故国で都市的な職業（教師、役人、警官、商人など）に就いていた者の家庭では、その子ども（二世）はフランスの学校でも比較的よく適応し、よい成績をあげるケースが多く、また、「家庭内のアノミー」（家父長制的態度の親と自由を求める子どもとの深刻な葛藤）も比較的まぬがれているとされる[10]。こうした家庭では、しばしば親の世代で断念しなければならなかった上昇移動の希望が、形を変えて、子どもの教育への投資という対応をうながしている。そしてこの場合、興味ぶかいのは、文化資本の内容として、必ずしもフランス語能力やフランス文化への知識ではなく、都市的な勤労態度とか、教育への投資的な態度といった、いわば合理的なハビトゥスの作用が示唆されていることである。移民をひとしなみに異文化出身の低階層とみなして、適応の困難を一般化するような見方にたいし、再考をせまる要素といえよう。

社会関係資本としてのネットワーク

エスニック・マイノリティにとって、利用可能な資源として民族ネットワークをもつことが重要な意味をもつことは論をまたない。おなじ民族としてのコミュニティ、さらには同郷の絆が適応援助、就職あっせん、生業資金の貸付などの相互扶助のそれとして機能する例がいろいろと知られている。往々にして言語能力や先進国での生活のノウハウという資本を欠いているマイノリティにとって、これを補う資源として重要な意味をもつ。先進国の、特に大都市ではその社会成員を単なる「個人」へと解体し去る社会的、道徳的な圧力が大きいだけに、社会的ネットワークの保持は重要なのである。ブルデューの用いる「社会資本」ないしは「社会関係資本」(capital social) のコンセプトを思いだしておこう。

しかし、あらためて問うならば、なぜ同じ民族ネットワークなのか。言語、宗教、習慣その他の自然の文化的結びつきの濃さが重要であることは疑いをいれない。ただ、この議論には少し前提を置く必要があると思われる。一般には近代社会においては人びとの交際や相互交渉は職業生活を媒介にし、同じ階級または階層の範囲内でより頻繁に行なわれるものと理念型的には考えられる。労働者の場合では「階級的連帯」の優越がさまざまなかたちで語られてきた。

しかし、アメリカ社会についてM・ヘクターらが実証してきたように、ある民族の成員が社会的インタラクションをもとうとするとき、属している同じ職場、階級の仲間の間でエスニシティにかかわりなくインタラクションが行なわれる可能性は、白人グループ(英語系、アイリッシュ、東欧、スカンディナビア等)にはあるとしても、黒人、アジア系、ヒスパニックでは低く、同じエスニシティの内部でのインタラクションが優越する。(11) この意味では、たとえばアジア系が同じアジア系の自民族のネットワークにもっぱら頼るとすれば、それらはかれらの選好の結果ばかりでなく、それ以外のネットワークからの排除の結果でもある。たとえばメキシコ人やベトナム人の工場労働者は同じ労働者仲間のヨーロッパ系の者からは疎まれ、結果的に職場外の同民族の者とはるかに強い人的結びつきをもつことになる。資本としてのネットワークがつねに肯定的に選択されるとは限らないことも知っておくべきだろう。

同民族との結びつきが特に決定的な役割を果たしているケースもある。先進国のなかに形成されている中国・華僑系マイノリティの相互扶助組織がそれで、幇《ぱん》（同郷人の組織であるが、もともと同業組合的な性格もあった）の果たしている役割はよく知られている。一方、西欧のイスラム系の移民においては、たとえばアルジェリア人の、同郷の村を基礎とした一種の講の組織に似た相互扶助、とくに異郷に死んだ者の遺体の輸送の費用負担のための互助ネットワークが機能していた。[12]「連鎖移民」という言葉があるが、移民の場合にはしばしば同郷者が先住者を頼って次々とやってくるケースが多いから、新参者の迎え入れと、適応の援助において、同郷者ネットワークは欠かせない。たとえば、ベルリン市内に住むトルコ人の労働者とその家族には、トルコ中央部の東部のひとつの村だけから約五五〇人も移り住んでいるケースもある。[13]

その機能からみて民族ネットワークが無視できないのは、職業あっせんであろう。じっさい、エスニックな分業ともいうべく、特定の職業への特定の民族グループの集中という事実はよくみられる。ヘクターはこれを「文化的分業」(cultural division of labor) と呼んでいる。[14] そのため、アメリカで、いくつかのステレオタイプ・イメージができあがっているくらいである（中国系―飲食店経営、ユダヤ系―医師・法律家、イタリア系―飲食店、床屋経営、アイルランド人―警察官、等）。ただし、こうした「分業」を、ナイーヴに民族性といったものに結びつけるのではなく、文化資本（教育レベル、言語能力など）および社会関係資本（同じ民族ネットワーク）を通しての再生産という角度から捉えるという視点が重要だろう。また、社会関係資本の維持は、その民族グループに向けられる排除や差別の結果でもあるということを忘れてはならない。

しかし、すでに明らかなように、同じ民族、さらには同郷・同族のネットワークはしばしば伝統的なものであって、その機能からいえば、人びとをある特定された職業なり共同生活なりに参加させつつ、隔離してしまう傾向ももっていて、必ずしもより大きな社会空間のなかに参加させる手段とはなりえない。社会関係資本の機能としては、その集団の既存の規模や行動様式の単純再生産、場合によっては縮小再生産をすら結果しかねない。むしろ反対に、当の集団の外部にどれだけの知己や仲間をもっているか、どれだけ参加可能な人間関係をもっているかということが、かれらのより広い範囲の社会参加の可能性を左右することになり、より重要である場合もある。この場合、社会関係資本とは、むしろエスニック・グループの内と外を結ぶ媒介的な役割において重要となる。

そうした関係の形成は、今日の西欧では特に移民の二世たちによって追求されており、そこでは、ネットワークの観念もそれにかけられている期待もちがう。たとえばパリ郊外で移民二世たちがつくりあげている文化活動のネットワークは、エスニックな出自をこえてさまざまなグループに（当然フランス人青年にも）開かれる傾向にあり、狭い移民の生活圏を脱するのを可能とするように、進学の援助、他の社会文化活動の仲介、事業の起こし方や公的扶助の受け方を教えることなどにも機能を広げている。(15) その機能は、たんなるエスニックな社会文化的存在の同型的再生産のそれではありえなくなっている。

エスニシティの変容における文化資本

第7章においても、著者の見地として強調しているように、文化資本は、不変の固定された蓄積物のようなイメージでとらえるべきではなく、行為者によって動員され、変換され、かれの行動のための有効な資源にもなりうるものとしてもとらえる必要がある。この見方に立つとき、文化資本論に拠りつつ、エスニシティの変容の問題へと接近することも可能となる。

アメリカにおけるイタリア系市民の価値観について、かつて「プロテスタントやアングロ‐サクソン文化と同一視され、成功の規準が抽象的かつ個人的であるような個性と野心の形成は、アメリカのイタリア系の間では稀である」[16]と書かれた時期がある。このイタリア系のきわめて多くが、遡れば、南イタリアの農民的背景をもっていること、その文化的伝統として強い家族主義、具体的人間関係志向、教育価値の軽視などがあること、また、同質的なエスニック居住区からなかなか離れようとしないことがこの文化伝統の保持に拍車をかけていること、などが観察者によって指摘されてきた。個人主義的業績主義に反する伝統的ハビトゥスと、学歴資本の相対的な貧しさゆえに、アメリカ社会のなかでは低位のホワイト・エスニシティとして位置づけられてきたのである。しかし、そのイタリア系市民の文化変容、地位上昇、脱イタリア化に目を向ける研究も今では少なくない。

D・ファンデッティとD・ゲルファントは、アメリカ東部のある郊外住宅地域に住むイタリア系住民男子にたいし、その民族的特性（といわれてきたもの）の変容を問う調査を行なった。[17]それによれば、エスニック居住地区から抜け出して、ミドルクラス世界に移行しているこのイタリア系男性たちは、イタリアの言語、文化、歴史などを保持し、これらを子どもに教えることの重要性は肯定するが、「同じイタリア人だから」という理由での結婚や投票とか、イタリア人司祭の教会への固執といったことには、むしろかなり否定的である。イタリア的なものは抽象化、象徴化されて把持されているといえよう。また、育児や教育の価値観としては「男らしさ」「礼儀正しさ」といった価値よりも、「よいセンスと健全な判断」「他人への配慮」「責任ある行動」「他の仲間と協調する」「成功をめざす」など、前述の意味でいえば反イタリア的な、個人主義と社会的センスの価値により強くコミットしている。こうした文化変容は何を通して起こったか。居住地、職業、あるいはかれらの四分の三が非イタリア系女性と結婚しているといった事実はいずれも、その文化に影響を与える客観的条件であるが、また、前世代によって一部用意され、当人たちがさらに努力を加えて達成した業績で、いわば獲得した新しい資本（成功、責任、他人への配慮を重視する態度性向）もこれを促進したことであろう。イタリア的世界をあえて離脱した者たちは、文化的所与条件を一部保存しながら、他ではむしろ努めてアメリカ的価値に同一化し、それら全体を次世代に伝えていく。イタリア的価値については一定の選択による伝達が行なわれてきたようである。

それゆえ、文化資本の伝達は、この場合、世代から世代へと直線的に進むのではなく、新たな離脱と参入をくりかえしつつ、かなりフィルターをかけながら行なわれているとみられる。「白人エスニクスは、かれらの誇る民族的遺産を子どもたちに伝えていく強い願望を維持しているだろうが、『成功』にとって偏狭すぎる、または邪魔になるとか考える価値を伝えようとは思わないのだ[18]」。しかし、ここで見方を変えれば、イタリアの伝統的な価値の否定とは、この東部の中間層の場合、いわばアングローサクソン的価値の採り入れという文脈のなかで進行してきたともいえる。とすれば、この文化変容も、アングロセントリズムの受容、さらにはこれへの従属としてとらえなければならない。マイノリティの社会文化的適応の成功には、一般に多少ともそのような性格が伴う。

それよりも排除と差別がより直接に及んでいる現代ヨーロッパのイスラム移民等においては、エスニシティの変容は、制度的な適応に伴って生じるばかりでなく、より意志的に、または心理的な葛藤をともなってより動的に生じることもある。その場合、文化資本的なものはどうかかわるか。少数ながら注目されるのは、若い女性たちの態度と行動である。

親から伝達される文化資本という点では、先進国の文化市場のなかで彼女たちははっきり劣位に立つ。前述した『非正統の子どもたち』の主人公ザウアも、著者がかつて言及したアルジェリア人女性弁護士のサミアも[19]、ともに父親は移民労働者で、サミアの場合、母親は字も読めない「文盲」であった。しかし、一定の機縁こそ必要だが、「まなぶ」ことへのモチベーションの高さ、フランス人生徒をはるかに凌駕する努力、勉強ぶりが彼女たちの武器となった。これは、学校的成功をかちとり、親の支配から脱して、(多くのフランス女性のように)自立した女性になりたいというその願望のたまものである。この点を一般化して、D・ラペイロニーは次のように書いている。「移民の若い娘たちはより高い成績を収めるが、それが往々にして、娘の行動を厳しく統制しつづけようとする家族との葛藤をみちびく。就学の過程では性別および社会的地位のほうが、もともとの民族文化よりも決定的であるようにみえる。……若いフランス人よりもマグレブ人の若者のほうが学校により強く打ち込んでいることが分かる。かれらは全体としてフランス人よりも学校にたいしてより肯定的な価値判断をもっていて、より完全な職業教育を得ようとする。就学とは、この若者たちにとっては、とりわけ娘たちにとっては、ある移動を達成し、移民の境遇から離脱するための手段なのだ[20]」。

つまり、女性であり、それゆえ従属性を感じていることが、所与としての文化資本のハンディを乗り越えさせるほどの強いバネとなりうる、というのがラペイロニーの観察である。これには、反論もありうるだろう[21]。しかし、所与としての文化資本の決定論を大きくくつがえすような若者たちの行動があり、しかも女性にそれがよくみられるのも事実であって、これを説明しようとすれば、それ以外の解釈はとりようがない。自由な自立した西欧女性という準拠集団への包絡、および、まじめさ、勤勉さという自らが発達させ、動員していくハビトゥスの駆動力、これが彼女たちの武器となっている。所与の文化資本の不利を補い、予想される抑圧的な未来を避けようとする、ハビトゥスのダイナミックな戦略的な発現の姿をここに見てもよいだろう。著者が第7章で試みた文化資本論の動的再構成にもっとも有力な素材を提供してくれるのは、こうした行動パターンの例である。

日本におけるマイノリティの理解の今日的視点

ひるがえって、今日の日本のいくつかの問題状況を思うとき、それに即しても文化資本論からのアプローチの意義も再発見されてよいように思う。

今日の日本においてエスニック・マイノリティとは何かを論じるのにどんな基準を立てるかという問題は脇に置き、属性的なものを区別立て基準として事実上差別され、周辺化されている者に着目するなら、在日韓国・朝鮮人や被差別部落民から、近年増大しているアジア、中南米出身の外国人労働者とその家族まで、さまざまな集団が想起されてくる。被差別部落民についていえば、最近では先進国のマイノリティ研究者が“invisible race”の名の下に注目するところとなり、“*Burakumin*”という呼称がそのままで通用するようになっている[22]。今日の諸外国、とりわけ先進国の目でみると、この部落民も、「エスニック」の形容を付けるかどうかは別としても、差別されるマイノリティにほかならない。そういう比較と国際的視野のなかで問題を捉えることが今や必要になっている。

こうした歴史的な日本のマイノリティの問題把握の視点をふりかえると、貧しさと排除（あるいは偏見と差別）

を重視する視点が多かれ少なかれ支配的だった。その状況は根本的に変わっていないという見方もあるかもしれない。しかし過去数十年の社会変動を踏まえるならば、次の見方もこれに加えられなければならないだろう。それは、まず、物質的状況の相対的な改善のなかで絶対的な文化剥奪（識字の機会ももてないような貧しさと混乱のなかでの不就学、長期欠席、学業中断）はもはや主要問題ではなく、就学が一般化し当然視されてきていることである。大阪同和地区等の就学率調査がこれを語っているし、在日韓国・朝鮮人においても、高齢者に見られるような高い割合の不就学は、今の世代の問題ではない。次に、自営業から被雇用労働へ、さらに高技術に適応する専門・技術労働へと職業形態が変わるにつれ、好むと好まざるとにかかわらず学歴資格の取得が要件とされるにいたっている。そのなかで高校進学が困難、あるいは大学進学が至難といった進学問題が浮かび上がってきている。いわゆる「学力問題」である。

同和教育の問題にたずさわる研究者が、こうした「学力」問題、さらには「文化」の問題へと議論を進めるようになったのは、この事情を反映している[23]。そこでいわれる「悪環境」とは、親の世代の不就学、家庭における文字文化の欠如、家族・親族における中・高等教育経験者の不在とそのための情報の欠如、等々は、就学する子どもにとっては文化剥奪的な環境をなしており、くわえて子どもたちの経験する世界も比較的狭く、知識の自然な習得も困難であり、進学の困難とそれに就職差別が重なって、低階層から抜け出すことを依然むずかしくしている、というものだろう。気づかれるように、このサイクルは、まさしく文化的再生産の悪循環のそれを大きな部分として含むようになっている。今や、子どもたちのおかれている文化的環境とかれらの習得する価値や態度・行動性向（ハビトゥス）を客観的に分析し、その変換過程を問うことなしには、問題の所在も十分つかめないまでになっている。親の識字学習の実践は、当の親たちの文化獲得であるとともに、子どもの教育環境の改善という意味ももつことは、文化的再生産論の観点に立つならば明瞭である。こうした一連の視点の展開は、貧困と差別中心の考察から新たなパラダイムへの移行とみなしてもさしつかえない。

しかし、この子どもたちは将来にむけ、どんな文化を獲得すべきなのか。今日の支配的な文化の場のなかでのよりよき適応なのか、それとも選別システムからカリキュラムにまでわたる文化の型を変える運動こそが重要なのか。もちろん、研究者も実践運動も文化の変革（「解放の学力」）を語っているが、その方向は未だ明示化されているとはいえない。

在日韓国・朝鮮人の文化的位置は、別の意味で注目すべきものを含んでいる。すでに述べたように、親または祖父母の世代（現在ほぼ七十代）で不就学率四〇％という数字がありながら、現在の若者が日本人とほとんど肩をならべる高学歴レベルにあるということには、驚かざるをえない[24]。ここにも今からしばらく前までは、貧困や不安定な生活、そして文字文化の貧しさという問題はあった。しかし、これだけの進学と高学歴が急速に進んだのである。

これについては、「学校に行けなかったくやしさや不利」が「子や孫の世代を学校にやるバネ」となってきたのであろうと解釈されているが[25]、他の類似の植民地現地民マイノリティのケースである英国のアイルランド人移民、フランスにおけるマグレブ移民をみても、これだけの進学率を達成している例はない。とすれば、ユダヤ系市民がアメリカで示してきたようなものと等価であるような朝鮮民族の特有文化(学ぶことに関わるハビトゥス)が、この高進学率に寄与してきたのかもしれない。動的な文化資本の機能がここにも看取されてよいだろう。それでいながら、日本では、こうした学業達成をとげた韓国・朝鮮人の青年にたいし、企業はしばしば就職差別をもって報いているのが現状である。ここにマイノリティの社会的統合を困難にしている日本的な自―他民族の区別の論理があって、これはそれ自体で解明を必要としている。

と同時に、在日韓国・朝鮮人は、自らの母語や母文化が「文化市場」においておとしめられていることをつねに意識させされ、したがって異文化適応に徹底的に自己を従属させなければならなかった人びとである。これも、先進国の移民集団の間にはあまり例がない。そのことの代償として、自分たちの民族語を失わなければならなかった人びとが多い。わが国の同化主義的な文化の体質が問われなければならない。

結びにかえて――〝ニューカマー〟外国人の文化の問題に寄せて

最後に、今日増大しつつある〝ニューカマー〟外国人労働者とその家族たちについてはどのような研究視点がなりたつか。

まず、この在日の外国人たちは、均質的なグループをなしてはいない。在留資格もさまざまで、それは日本に滞在する際の地位の安定度の違いや権利上の差異をつくりだしている。これを社会・経済的な有利さという面から考察するとき、ひとつの見方として、たとえば日本社会を多少とも統一された文化市場と仮定して、これとかれらの文化資本との関連を問うことができよう。その場合、漢字文化圏の出身の人びととそれ以外の人びととの有利―不利の差は大きいといえよう。

現に、日本語の読み書きの能力によってニューカマー外国人の諸グループはかなり明瞭に選別され、序列づけられていて、(26)現状ではともかく、今後、就労可能な職種、地位、所得、子どもの学歴達成、地域社会への参加度などに格差が顕在化する可能性は高い。否、これはすでに可視的なものとなりつつある。対人のサービスや専門的職業および資格取得を要する熟練的労働においては、漢字文化圏出身者の有利さは否定できない。ただし、英語がひとつの武器となるある種の職業（情報関連、ホワイトカラーなど）では、アジアの高学歴外国人も進出する可能性がある。そのいずれの言語資本にもめぐまれない人びとは、低熟練生産労働、単純労働、さらには下級サービス労働へと配置される傾向にある。この点からみると、在留資格上、より安定した地位にある日系ブラジル人、ペルー人たちも、日本語能力ではしばしば劣位にあり、現にかれらのほとんどが就いている半熟練、不熟練の組立労働にしばりつけられるおそれがある。

もちろん、こうした所与の文化資本の配分の差は、研修、訓練、その他の教育などを通じて緩和されることは可能だろう。たとえば内部労働市場に受入れられた者などには、そうした可能性はある。しかし、そこでも、その入口での選別によって拒まれる者がいる。右にのべた日系中南米人労働者などは、ほとんど派遣労働という間接雇用の下にあり、内部労働市場に迎えられる可能性は乏しい。

子どもについてはどうか。こうした外国人労働者の子どもの就学もかなりの地域でみられるようになっているが、非漢字文化圏出身の児童・生徒においては、言語のハンディキャップはかなり深刻であり、現状のままに推移すれば、二世における低学歴→低熟練労働市場という〈再生産サイクル〉が生まれかねない。なお、日本的学校の要求するさまざまな学習ハビトゥスとこれらの子どもたちのそれの親和性の如何という問題もあるはずで、教育現場でもいろいろな課題が提起されている。

ただし、日本語能力やハビトゥスなどを含めた文化資本の観点からの考察が、現在の日本の在来の文化の無意識の肯定に立つなら、それは単に諸外国人グループの文化的有利―不利、さらにははなはだしくは優-劣のヒエラルヒーを確認するだけにとどまってしまう。むしろ、文化資本論の観点は、ある人びとの集団の文化的不利、ひいては社会的不利の背景を客観的に分析することにより、日本の文化市場のあり方そのものを相対化する方向に向かわなければならないだろう。たとえばブラジル人やペルー人の子どもも在学するようになった学校で、既存の「日本人のための」カリキュラムや受験システムを適用すれば、これが選別と排除の装置となることは目にみえており、文化的再生産論はそうした〝文化による選別〟にたいしもっとも鋭い批判的認識を可能にしてくれる。いま、その観点からの、日本文化再考論も当然でてきてよい。

注

（1）Coleman, J. et al., *Equality of Educational Opportunity*, 1966.

（2）コールマン報告のその後の教育学者の評価としては、J・カラベル、A・H・ハルゼー「教育社会学のパラダイム展開」（一九七七）同編『教育と社会変動』（上）潮木守一訳編、東京大学出版会、一九八〇年、二四頁以下を参照。

（3）ただし、一点だけ付記するならば、この区別、さらには差別の理由とされるものは現実に根拠づけられるか否かを問わない。ステレオタイプや想像上の理由が適用されるケースはきわめて多い。

（4）P・ブルデュー、J-C・パスロン『再生産』（一九七〇）宮島喬訳、藤原書店、一九九一年、一〇五頁。

（5）同右、一五一頁。

（6）Bourdieu, P. & Sayad, A., *Le déracinement*, Ed. de Minuit, 1964. 同じくP・ブルデュー『資本主義のハビトゥス』（一九七七）原山哲訳、藤原書店、一九九三年、も参照。

（7）Sayad, A., "Les enfants illégitimes", *ARSS*, No. 26-27, 1979.

（8）N・グレイザー、N・D・モイニハン『人種のるつぼを越えて』（一九六三）阿部・飯野訳、南雲堂、一九八六年、二〇〇頁。

（9）S・ボールズ「教育の不平等と社会的分業の再生産」（一九七一）カラベル、ハルゼー編、上、前掲。

（10）Zeroulou, Z., "Projets migratoires et réussite scolaire des enfants des familles immigrées", *Migrants-Formation*, No. 62, 1985.

(11) Hechter, M., "Group Formation and the Cultural Division of Labor", *AJS*, Vol. 84, No. 2, 1978.

(12) 宮治美江子「パリのアルジェリア人移住労働者家族の適応とネットワーク」『民族学研究』四八巻三号、一九八三年。

(13) Rex, J. et al., *Immigrant Associations in Europe*, Gower, 1987, p. 95.

(14) Hechter, *Op. cit.*

(15) 辻山ゆき子「フランスにおけるイスラム移民二世の排除と統合」宮島喬・梶田孝道編『統合と分化のなかのヨーロッパ』有信堂高文社、一九九一年、一一八頁。

(16) グレイザー、モイニハン、前掲、二四四頁。

(17) Fandetti, D. & D. Gelfand, "Middle class White Ethnics in Suburbia: a Study of Italian Americans," in Mccready, W. (ed.), *Culture, Ethnicity and identity*, 1983.

(18) *Ibid.*, p. 125.

(19) 宮島喬「統合と反目——移民労働者問題の現在」同他『先進社会のジレンマ——現代フランス社会の実像をもとめて』有斐閣、一九八五年、一七四〜七五頁。

(20) Lapeyronnie, D., "Assimilation, mobilisation et action collective chez les jeunes de la seconde génération de l'immigration maghrébine", *RFS*, No. 28, 1987, pp. 294-95.

(21) 移民児童の進級の遅れやかれらの中等教育への進学の困難を実証する調査データも少なくないからである。

(22) Stone, J., *Racial Conflict in Contemporary Society*, Harvard Univ. Press, 1985, p. 36.

(23) たとえば以下のようなものがある。元木健「同和教育と啓発の理論と実践」磯村英一他編『講座・差別と人権2・部落II』雄山閣、一九八五年。池田寛「被差別部落における教育と文化」『大阪大学人間科学部紀要』十一巻、一九八五年。同「日本社会のマイノリティと教育の不平等」『教育社会学研究』四二集、一九八七年。

(24) 一九八四年に神奈川県で実施された韓国・朝鮮人、中国人の実態調査では、この定住外国人人口における高等教育修了者の割合は、二一・八%であり、これは当時の神奈川県の平均は下回ったが、日本全国の平均を上回っていた。金原左門他『日本のなかの韓国・朝鮮人、中国人』明石書店、一九八六年、一二四頁。

(25) 同右、一二五〜二六頁。

(26) 東京首都圏のある大都市に居住する外国人（十八歳以上）の日本語読み書き能力をたずねた設問に「不自由し

ない」と答えた者と「まあまあできる」と答えた者の合計をみると、国籍別に次のような大きな差が出ている。来日後十年未満の韓国・朝鮮人九〇・〇%、中国人七六・六%、フィリピン人五七・七%、その他アジア四九・二%、欧米・オセアニア系四九・四%、ブラジル人四五・四%（川崎市『川崎市外国籍市民意識実態調査報告書』一九九三年）。なお、「不自由しない」とするブラジル人、フィリピン人は二%以下だった。なお、これは外国人登録をしている合法的滞在者の対象の調査である。

〔補　論〕

移民（immigrants）の第一世代、第二世代が併存するかたちで、通称ニューカマーのエスニック・マイノリティ諸集団が形成されているのが、日本の現状である。四半世紀の時間のなかで生じた大きな変化であり、この間、オールドタイマーともいうべき在日韓国人・朝鮮人の人口規模は縮小し、外国人人口約二三〇万人（二〇一六年）中の約二〇%となっている。欧米諸国のように移民人口（外国生まれ人口 foreign born population）や帰化人口が公表されない日本では、もっぱら外国人人口を手がかりに考察を進めなければならないが、仮に日本国籍の移民および第二世代人口の推定値も加えれば、総数は三〇〇万人に近付こう。

国籍別の登録外国人数は、二〇一四年現在、中国（台湾含む）約七二万人、韓国・朝鮮約四八万人、フィリピン約二三万人、ブラジル約一七万人、ベトナム約一七万人、ネパール六万人、アメリカ約五万人、等々となっている。今世紀に入りニューカマー外国人の長期滞在化の傾向が強まり、「永住者」、「定住者」、「日本人の配偶者等」の資格にある者がしだいに増加し、今や半数近くが事実上定住化している。人口規模は小さくとも、フランス、ドイツ、ベルギー等の西欧諸国の状況と共通する「移民国」的な特質を示すようになっている。ただ、それら西欧諸国とちがい、滞在の制度的保障としての、滞在権的なものの承認や、二世の子どもの将来的地位を保証する生地主義（*jus soli*）の導入、国籍アクセスを容易にする権利帰化、などは実現されていない。

また二〇年以上の制度歴をもつ外国人技能実習生制度は、三年という期限付きの、職業移動の自由のない、低賃金労働者の受入れ制度として、特殊な位置にある。中国人、ベトナム人、インドネシア人など約一七万人(二〇一四年)がこの制度下にあり、同制度に対しては国内外から批判が寄せられている。

では、現在の日本におけるニューカマー外国人の社会経済的条件、文化的位置、アイデンティティなどについてはどのような問題があるか。

まず文化資本の問題から入らなければならないのは日本の特殊性かもしれない。漢字文化圏出身者といえる中国人と、それ以外のニューカマーとでは日本語習得に相当の条件の相違がある。言語も労働能力の一要素であるから、そのことは就労形態の差となって現れる。日本語使用能力の限られているブラジル人、ペルー人らが就くのは、典型的には単能工としての組立ラインの労働であり、非正規の間接雇用である。彼らの多くは「日系」であり、九〇年代までは二世がかなりの比率を占めたが、来日するのが主に三世になるにつれ日本語という言語資本のポテンシャルをもつ者は急減した。

いま一つの文化資本上の問題として、社会発展の格差ゆえに親子間の資本の継受がなされがたい場合がある。親がアジアの発展途上または低開発の国・地域文化の出身で、母国での前職が教員や官吏であっても、ホスト国日本の制度、制度文化、テクノロジーとの懸隔の大きさゆえに子どもへのよき教育者、価値伝達者になりえない場合がみられる。インドシナ系難民や中国帰国者などにみられ、これに対する国による言語支援、教育支援は十分ではなかった。

国籍、出身地域に限らず一般的に、第一世代(親)の日本語習得は容易には進まず、就学する第二世代(子ども)が読み、書きを含め日本語獲得では先行し、世代間コミュニケーションが困難になり、実生活では親が日本語能力の高い子どもに依存するなど、A・ポルテスのいう「不協和的文化変容」にいたることもある。ここには、文化資本の伝達を妨げる日本語のむずかしさという問題もある。

アジアからの来日者には留学という形でその機会をつかむ者も多く、そのマジョリティは中国人だが、次いでベトナム人も増加し、日本語習得、高学歴・高技能獲得を果たし、「技術」「人文知識・国際業務」などの在留資格での就労を目指し、ブラジル人、ペルー人とは好対照をなした。しかし近年では、中国人、ベトナム人にも留学型ではない非エリート層の来日者が増えるにつれ、系統だった日本語、文化の習得にいたらず、子どもも日本語習得に困難を感じ、学校教育に参入できないでいるケースも生まれる(高校中退など)。

それでも、子どもの教育達成に目を転じると、ブラジル、ペルー、フィリピン等の非漢字文化圏出身の子どものアチーブメントは差が大きい。いわゆる学習言語の習得の困難があり、実際、教科の言語も(数学、理科においても)多くが漢語からなっており、それを容易には同化できないからである。高校進学において外国人受験者のために優遇措置(三科目受験など)を設け、「来日三年以内の者」といった受験資格を定めている県があるが、これによって受験、合格する者はブラジル人やペルー人の生徒にはきわめて少ないことも判明している。言語資本の不利を短時日にリカバーすることはできないからである。

J・カミンズらの指摘した、学習思考言語の習得には日常言語のそれの数倍の時間を要するという事実は考慮されるべきであろう。非漢字文化圏出身者にはこれがさらに倍加していよう。こうした不利は、個人的な学習努力によって容易に補えない以上、強力な日本語支援の態勢が準備されるか、日本語一言語主義という学校文化、入試制度を再考することが求められようが、日本の学校はいずれにも応じえていないのが現状である。

ただ、日本語の習得の可否のみに問題を単純化はできない。定住外国人が自らの生き方やアイデンティティをどう設計するかは、個人、家族、コミュニティの選択の問題でもある。子どもにバイリンガル的可能性がある以上、母語（継承語・文化）の学習の機会をもたせるという考え方がある。親が自国、自民族のアイデンティティを伝達し保持させたいとする場合もある。韓国・朝鮮や中国の子どもには、民族学校で継続的にか、一定期間か学ぶことが行われ、バイリンガル、バイカルチュラルな教育を受けられる可能性がある。しかし、そうした教育の場をもたない国籍グループのほうが多い。そして問題は、民族学校（外国人学校）をもつことができても、日本の学校体系のなかでは周辺的位置に置かれ、各種学校に認可されるにとどまり、公的補助金も少なく、高額の授業料を保護者に課すことになる点にある。

言語・文化資本において劣位にある外国人が、労働市場において不利な扱いを受け、不安定な位置に置かれることは、二〇〇八年のリーマンショックの際、「日本語を使えない者」から雇用を失っていき、再雇用もむずかしく帰国を迫られたという事実があったことからもうかがえる。「日本語能力」が人員整理の口実にされたという面もあるにせよ、ともかく、そこに問題、課題があることは否定できない。

第二世代になれば学校教育を受け、「獲得的資本」（capital acquis）として日本語能力を獲得し、これを克服していけることができれば望ましいが、たとえば外国人の高校進学率は四〇%台にとどまっていることからも、楽観はできない。以上から予想される再生産構図は何か。このまま事態が推移すれば、ニューカマー外国人の相当割合が日本の最低学歴層に属するようになり、非正規の不安定な雇用を転々とするような職業的底辺層に位置していくのではないかということである。

9　日本における文化的再生産過程のいくつかの側面
――経験的アプローチから――

不可視なものの可視化――問題接近の意義

「流動的社会」か

「日本は階級社会ではなく、流動性の高い社会だから、文化的再生産理論はあてはまらない」。これは、折にふれてよく言われてきたことである。バーンスティンやブルデュー＝パスロンの仕事がわが国に紹介されはじめた一九七〇～八〇年代、多くの研究者はそんな見地になんとなく固執し、これらをもっぱらヨーロッパ社会の問題とその分析として、距離をおいて捉えていたように思う。

しかし、それはいくつかの重要な点を見落とした議論だったのではないか。

まず、ブルデュー＝パスロンの『再生産』からして、その序で言っているのは、未曾有の経済成長と技術進歩がみられ、可視的な階級支配が姿を消したかにみえ、まさに「歴史の道徳化」の楽観的信仰が強まっているこの時期に、再生産の過程が厳として進行していることに目を向けなければならない、ということである。ヨーロッパでも、「経済成長」、「脱工業化」、「旧い階級社会」から「中間層社会」へ、「メリトクラシー化」などが喧伝されはじめていた時期である。とすれば、「日本は流動社会だから……」として、こうした理論構成を頭から退けることは、認識努力の放棄という知的怠惰のそしりをまぬがれまい。「おおい隠されたものについてしか科学は成り立たない」という『再生産』の著者たちの掲げる言葉[1]は、日本の社会学者や教育学者にも真実でなければならなかったはずである。

それればかりでない。日本が実際に「流動的社会」なのかどうか、これも自明視されてよいか。一九五五年の第一回SSM調査（社会成層と社会移動全国調査）の結果の報告は、日本における移動《モビリティ》は「フランスと同程度であり、移動の少ないように思われるイギリスがかえって日本より大きな移動を示している」[2]と結論していた。このことを森嶋通夫『イギリスと日本』（岩波新書）が改めて思いださせてくれた。森嶋がこのSSMデータとイギリスのデータを比較したところでも、日本での階級間移動率は、特に労働者階級からの上昇移動に焦点を合わせると、日本のほうが低いという結果が示された[3]。常識的な社会像というものが意外に頼りにならないことを物語る例である。

教育水準上昇と構造的二分化

これは高度経済成長が起こる以前の結果だから、あるいはその後の変化の趨勢とはちがうといわれるかもしれない。たしかにこの高度成長期の六〇年代には、日本では高校進学率が九〇％へ、とめざましい学歴ボトムアップが起こる。「流動的社会」のイメージを支持してくれる可視的な動きといえる。しかし今日、六〜七〇年代の趨勢をふりかえる階層研究者からは、次のような総括が聞かれる。「中等教育在学率を押し上げたのは、主としてブルーカラーと農林的職業であり、それが中等教育機会の父職業別格差の縮小をもたらしている。ところが、高等教育在学率を押し上げたのは、主として専門的管理的職業とホワイトカラーである。このことは、全体としての高学歴化にもかかわらず、不平等の構造自体が維持されていることを示している」。(4) "総高校進学化" という全体の底上げのなかで、しかしあるラインより上の階層では、再生産が進行していて、構造的な二分化がみられるというわけである。正確な目配りのきいた指摘といえよう。

こうした状況が、不可視なものの可視化への試みを要求している、とわれわれは感じた。これが、ブルデュー＝パスロンの「学生と教育言語」「学生と文化」などの経験的調査をモデルとしながらわが国での調査を行なう必要を感じるにいたった経緯である。

著者らは手初めに、一九八四年、文化的再生産モデルを一部の仮説に組込んだささやかな共同調査を行なった。(5) 不慣れで不十分な企てではあったが、父親の職業階層と子弟（ここでは女子高校生）の進学志向との相関、進学志向と文化資本（文化ストック、文化的活動）とのいくつかの相関、そして性別役割観の世代間伝達の傾向などについて一定の知見を得ることができた。しかし、もっと体系的で本格的な調査を行ないたいという思いがのこり、これは一九八七年の藤田英典らとの大学生対象の共同調査によって実現した。さらにこれをフォローする同規模の調査を同じく藤田らとともに九一年〜九二年に行なった。以下に分析、紹介しているのは、この二調査で明らかにすることのできた若干の側面である。

調査の問題意識

調査の問題意識とそれにもとづく仮説は、八七年調査についていえば、ほぼ次の通りであり、これは九一〜九二年調査にもある程度引き継がれている。

第一に、階層関係のあり方や人員の配置の原理は、それを許容し、それに従う人びとの価値、態度、行動に媒介されて成立していて、この意味で「文化」が階層構造の正当化、再生産にかかわっているのではないか。

第二に、世代的再生産の側面に焦点を合わせるなら、特に学歴資格の獲得に向けての選別においてなんらかの形で「文化資本」(言語能力、教養、文化的趣味、「まなぶ」ことに関わるハビトゥスなど)が、わが国でも関与しているであろう。その際、文化的二分状況(日本の伝統文化と外来文化、とりわけ西欧起源文化のそれ)のある日本で、クルーシアルな文化資本は、いずれの要素に傾斜して成り立っているのか。

第三に、階層関係とある程度クロスした、不平等関係を内包する男女の性別(ジェンダー)の関係についても、文化を通じての再生産が行なわれているのではないか。だが、ジェンダーと文化の結びつきは、階層のそれとは異なった独特のロジックをもっているはずで、再生産という過程の意味するものも同一ではないだろう。それはどのような点にあるのか。

こうした問題意識のもとに、われわれは一九八七年五月~六月に首都圏の四年制の一七大学の学生(対象は主に三年生)にたいし、第一回の調査「大学生の文化的活動と進路意識に関する調査」(「調査1」とよぶ)を行なった。第二回の調査は九一年十二月~九二年二月にかけて、全国の二四の四年制大学の学生(同じく三年生中心)を対象に、「学生の生活と文化的関心に関する調査」(「調査2」とよぶ)と題して行なわれた。有効回収票は調査1で一、三六七、調査2で一、一一八であった。対象とした学生は全員文科系(法、経済、経営、文、教育、外国語等の学部)である。

表9–1 対象者学生の父親の職業と全国45-54歳男子の職業の比較*

職業階層	調査1の対象者の父親	1985年国勢調査における45-54歳男子
経営者・専門職	33.5%	11.5%
中下級管理・事務職	42.2	19.7
自営業主	13.6	15.8
労働者・農民	10.7	52.6

＊4つの職業階層の構成のための手続きについては宮島・藤田編『文化と社会』有信堂高文社、1991年、155頁を参照。本表の計算は共同調査者の橋本健二による。

なお、調査対象者の属性についてはくわしく述べるのははぶくが、本章の問題設定との関連で重要だと思われる次の点のみに一言しておく。調査対象の大学の選定にあたっては、なるべく日本の大学の〝縮図〟となるように国公立、私立、いわゆる「偏差値」からみたさまざまなレベルの大学を含めており、全体としてかなり平均的な学生像を得るように努力した。それでも、その学生たちの出身階層に注目してみると、全体として中から上層にかけて分布するという傾向がかなり明瞭に現われている（表9—1を参照。ただし調査1に関するもの）。すでにみたように、わが国の高等教育の進学率を伸ばしてきたのは主に専門・管理とホワイトカラー層だといわれるが、われわれの調査の捉えた学生たちのおよそ四分の三も、こうした階層に属していることがわかった。全国四五〜五四歳男子（大学生子弟をもっている確率の高い年齢層）の職業構成と比較してみると明瞭である。再生産の傾向が、この対象者の出身のなかにもすでにみてとれるのである。

「学ぶこと」への態度とその構造

まじめさ、勤勉さ

文化的再生産のメカニズムを追究するという視角にとって、生徒や学生の内に形成されているハビトゥス的なものは、「学ぶこと」への態度にかかわるものとして重要である。ハビトゥスの概念にたいする議論は今は立ち入らず、ここではこれに注目することの意義を二点にわたり、指摘しておきたい。ひとつは、それが人びとの成長してきた社会文化的環境のなかでの社会化の所産であって、とりわけ階級、階層的な相違をおびて表われるという点、他は、それがいったん形成されると、現実への適応のかまえとして機能するようになって、この場合でいえば、いわゆる「学校文化」への適応の仕方あるいは成否を規定する態度的要因となると考えられるという点にある。本調査では、ブルデュー＝パスロンの『遺産相続者たち』の示唆のもとに、「学ぶこと」にかかわると予想される一連の態度群を設定したが、以下では、調査1について、次の五つにしぼって結果をみていきたい。

（1）大学の講義への出席率
（2）高校入学時の本人および両親の進学への志向
（3）大学の講義への集中度
（4）講義のノートをつねにとるか否か
（5）〝ひねった〟質問などへの解答の要領、こつ（ノウハウ）の獲得の有無

質問文は以下の通りである（選択肢は省略する）。
（1）「あなたの大学での授業の出席率はどれくらいですか。この一年をふりかえって該当するものを選んでください」
（2）「高校に入ったころ、あなたとご両親はあなたの大学進学についてどのように思っていましたか。一番近いものひとつに○をつけてください」
（3）「あなたは講義を集中して聴くほうですか。あてはまるものをひとつ選んでください」

（4）「あなたは授業中ノートをとっていますか」
（5）「あなたの高校時代のことを思い出して答えてください。『二重否定の否定は否定である。』では、『三重否定の肯定は肯定か否定か?』といった類の質問を授業中にされたとき、あなたはどのように対応することが多かったですか」

このうち、（ブルデューにならっていえば）授業への出席やノートをとることは、「学ぶ」態度における「きちょうめん」とか「まじめ」（être sérieux）という側面を表わすもので、「学校文化」への行動面での適応を表示してはいるが、実際にはしばしば両義的である。また、本人と親の大学進学へのかまえについていうと、進学を「当然」と考えてきたか否かは、それぞれに出身の階層や家庭の進学観の影響を反映していると考えられる。進学を「当然」とみなす者は、大学に関する情報においても、進学への心理的な備えにおいてもより有利な条件にあった者と予想される。他方、学校的な課題の解決のノウハウは、もっとも捉えがたい微妙な態度側面といえるが、場合によっては、学校への適応の決定的要因となろう。本調査では、この設問化に必ずしも成功したといえないが、意図したことは、いわゆるポテンシャル的な能力ではなく、ハビトゥスとして獲得された問題解決のこつに類するものを捉えることをめざしている。

調査結果を通してうかがえるのは、こうした仮説ないし予想のある程度の妥当性であるが、また厳密な検証の困難さも示されている。

まず、次頁の**表9—2**は、「授業出席率」、「講義集中度」、「ノートをとることの有無」を、対象者の諸属性とクロスさせてみたものである。

表9–2　授業への諸態度と学生の属性

(%)

		授業出席率					講義への集中度			ノートをとるか		
		ほとんど休まぬ	70〜80%	50〜70%	30〜50%	30%未満	集中できる	面白い講義のみ	集中できぬ	よくとる	一部の講義のみ	とらない
性　別	1. 男	29.3	25.4	18.2	15.9	11.2	19.9	72.0	8.0	40.4	46.6	13.0
	2. 女	30.8	36.6	21.4	9.8	1.4	24.7	73.2	2.1	55.2	42.3	2.4
職業階層	1. 経営者・専門職	25.4	30.3	21.8	15.9	6.6	20.9	71.5	7.6	43.4	47.6	9.0
	2. 中下級管理職	30.7	32.6	18.3	11.5	7.0	23.0	73.6	3.4	50.1	41.4	8.5
	3. 自営業者	34.5	26.9	19.9	12.9	5.8	21.1	73.7	5.3	46.8	48.0	5.3
	4. 労働者・農民	37.3	23.9	21.6	9.8	8.2	23.0	69.6	7.4	45.2	45.9	8.9
父親学歴*	1. 低	36.4	26.3	14.9	15.8	7.0	20.2	73.7	6.1	50.9	43.0	6.1
	2. 高	28.5	32.5	19.8	12.6	6.6	23.1	72.0	4.9	48.4	44.3	7.3
母親学歴*	1. 低	31.0	25.1	21.4	13.9	8.5	21.4	76.5	2.1	46.5	49.7	3.7
	2. 高	27.2	37.2	17.9	12.2	5.4	23.0	72.1	4.9	49.3	43.9	6.8
出身地	1. 大都市	33.5	30.7	18.5	11.5	5.9	22.7	72.0	5.3	48.2	44.3	7.6
	2. 地　方	24.4	28.4	21.7	16.9	8.6	19.2	76.0	4.8	43.6	47.6	8.8
全　体		30.1	30.0	19.5	13.4	7.0	22.0	72.4	5.6	46.6	44.9	8.5

＊学歴における「中」のカテゴリーは省略してある。以下の表でも同じ。

「授業に休まず出席する」という勤勉さの意味するところは、興味ぶかい。大都市出身者のパーセンテージも高いが、より注目されるのは、労働者・農民と自営業者出身学生の示している「勤勉さ」である。経営者・専門職子弟にはむしろほどほどに出席する者が多いようで、「ほとんど休まず出席する」という回答にかんしては、労働者・農民子弟との間に有意差が認められる。この傾向は、低学歴の父親をもつ学生の「勤勉さ」によっても追証されているので、ある程度一般化されてよいと思われる。

ノートをよくとるかどうかもこれと似た指標とみえるが、いま少し授業への参加（授業にたいする興味や理解という要素）の度合とかかわりをもっていそうである。先のような明瞭な差はみられなくなるが、しかしそれでも中下級管理職と自営業者の子弟がやや高い数字を示し、同じく低学歴の父親をもつ学生が高い率を記録している。なお、ブルデューたちは、授業に勤勉に出席し、きちょうめんにノートをとるといった行動が、文化的条件にさほどめぐまれていない中間階級子弟の示すひとつの特徴だとみなしている(6)。

これにたいし、講義に集中するかどうかという態度は、**表9―2**でみるかぎりやや性質を異にする。右にみたような出身階層差は必ずしもみられない。高学歴の父親をもつ者、高ランクの大学に属する者にわずかながらより高い傾向があらわれている点からみると、出席やノートの「勤勉さ」とちがい、文化的環境条件の有利さにより強く結びついているように思われる。

性別をコントロールして出席率にみられる傾向を再確認してみよう。一般に女子は出席率が高く、階層による差もやや小さい（その理由は追究に値する興味ぶかい主題をなすが、後にふれてみたい）。男子のみを取り出してみると、階層による差がもっとはっきりとあらわれる。各回答カテゴリーのパーセンテージに次のようにウエイトづけをし、階層ごとの総計を算出してみよう。「休まず出席」×5、「七〇〜八〇％出席」×4、「五〇〜七〇％出席」×3、「三〇〜五〇％出席」×2、「三〇％未満」×1。それによると、経営者・専門職子弟……三二八・七、中下級管理職子弟……三五〇・三、自営業者子弟……三五四・八、労働者・農民子弟……三六五・一となる。

以上から推論してみると、同じ大学進学者であっても、中下層階層出身者はきちょうめんに授業に出席し、よくノートをとるといった行動を通じて、所与の当初の文化環境における不利を補っているといえるのではなかろうか。もっとも、それは意識的な企てとしてよりも、進学以前から形成されてきた無意識にちかい行動傾向によるのであろうが。そして、「休まず出席する」者の文化的行動の特徴をみてみると、映画、マージャン、スポーツ新聞などにあまり親しまず、「手芸、木工」などにやや関心をむけ、本の内容をカードにとるなどのきちょうめんさはあるが、他の学部や大学にまで講義をききに行くといった広い知的関心は必ずしももっていないといったイメージが浮かびあがってくる。ブルデューらの指摘する、まじめで努力家タイプの、しかし知的関心ではハンディキャップを負っている中下層出身学生の特徴の一端があらわれているといえないだろうか。

なお、授業に三〇％未満しか出席しない学生について、問題回答のノウハウとのクロス集計をみてみると、その五〇・五％が、「質問のねらいを素早く察知し、答えをだす方だった」と答えていて、「休まず出席する」学生の同じ項の回答三一・九％をはるかに引き離している（表9—3）。前者の実数が少ないため比較に難はあるが、注目されてよい結果であり、先述の推論にひとつの傍証を提供してくれるものとなっている。

表9–3　授業出席率と問題解答ノウハウ

（%）

	1. 素早く察知し、答えをだす	2. 考えてしまい時間がかかる	3. 意味がわからず、立往生	
1. 休まず出席	31.9	57.8	10.3	（N ＝408）
2. 70 〜 80%	31.7	55.3	13.0	（407）
3. 50 〜 70%	35.2	52.7	12.1	（264）
4. 30 〜 50%	42.0	50.3	7.7	（181）
5. 30%未満	50.5	34.7	14.7	（95）
全　　体	35.1	53.4	14.7	（1355）

進学へのかまえの形成とその要因

次に、「学ぶこと」に関連する別の態度の次元、すなわち進学へのかまえの早期的形成の有無に目を転じよう。全体では、八五・一％がすでに高校入学時に親子とも「大学進学は当然」と考えていたわけであるが、これは対象者すべてが大学入学者であることを考えれば、当然ともいえる。しかし、表9—4のように、層別の差には注目に値するものがある。

事実、「親子とも進学は当然と考えていた」という回答については、経営者・専門職の親子と労働者・農民親子のあいだに有意差が認められる。進学にむけての社会化にはやはり遅速の差があるわけである。同じく明瞭な差は父親の学歴の高低の間にもあり、高学歴の父親をもつ家庭ほど、親子とも早くから進学

表9–4　高校入学時に大学進学をどう考えていたか

(%)

	自分も親も進学を当然だと考えた	親はそうではなかった	自分はそうではなかった	自分も親も考えなかった
男	83.1	5.7	7.8	3.4
女	87.1	7.2	3.3	2.4
経営者・専門職	90.5	3.3	5.0	1.2
中下級管理職	87.0	5.8	5.7	1.5
自営業者	74.1	10.6	7.1	8.2
労働者・農民	70.4	11.9	10.4	7.4
父親学歴　低	68.4	14.0	6.1	11.4
高	89.3	4.5	5.1	0.8
母親学歴　低	73.1	11.8	7.5	7.5
高	94.6	1.6	3.8	0.0
大都市出身	85.6	6.1	5.1	3.2
地方出身	83.5	6.5	7.7	2.3
全　体	85.1	6.1	6.0	2.7

を「当然」と考えていたことがわかる。そして、母親が高学歴であると、この傾向はいっそう強められるようである。父母の職業や学歴を一応文化的環境の有利―不利を表示する指標とみなしてよいならば、この進学への態度形成と出身家庭の文化環鏡の有利―不利はかなり相関していると考えることができる。低学歴の父親をもつ学生のばあい、かれらの高校入学時にその四分の一は進学を予想も期待もしていなかったことになる。そういう環境の下で子どもは進学の準備をすすめなければならなかったわけで、与えられる情報や刺激にもハンディキャップがあったのではないかと推測される。

ブルデューたちは書いている。「二人に一人以上が大学に行き、その周囲や家族のなかにも高等教育を当たり前の普通のコースとしてみいだしている上級カードルの子弟と、進学率が一〇〇人に二人以下で、人づてに、また媒介的世界をへだてて勉学と大学生のことを知るにすぎない労働者の子弟とでは、将来の勉学が同じように経験されるわけがない(7)」。ここで強調されていることは、周囲の人間関係のなかにどれほど大学生活経験者がいて、情報をもたらし大学をなじみのある世界としてくれるかが、生徒の進学への態度形成を左右する、という社会学的知見である。この点を本調査でも確かめてみたいと考え、別の設問で、本人に大学出のおじさん、おばさんがいるかどうかをたずねる問いを配している。これとのクロス集計をみてみると、「大学、短大を出たおじさん、おばさんがいる」と答えた者の内、大学進学を「当然」と親子で考えているケースは八七・五%、「いない」と答えた者の内、進学を「当然」と親子で考えていたケースは七七・八%となっている。有意差までは認められないが、一応予想に沿った結果ではあった。

学校的ノウハウの体得

最後の設問は、すでにのべたように、学校の場での問題解答を可能にしているにちがいない独特の技術、こつの習得の有無を問おうとしたもので、ブルデューたちのいう「学校的課題に直接に役立つ」、「学校的収益性の高い」知（savoir）ないしそのこつ（savoir-faire）をなんとか設問のなかに定式化しようとしたものである(8)。こうした問題解答のノウハウをもつことがしばしば「能力」の有無と置き換えられるところに、学校文化のある技術性、恣意性が隠されていることは、われわれも知るところである。しかし、調査の結果からみて、この設問化は成功したとはいえない。学生本人に自分の評価をたずねるという形式をとったこと、あげた例がたぶんあまり適切でなかったことなどが関係していよう。**表9—5**は、その結果の一部を示したものである。

この表中からなんらかのコンシステントな傾向を読み取ることはむずかしい。「質問のねらいを素早く察知した」と答える者は、相対的に男子、地方出身者に多く、予想に反し、出身階層や父親の学歴との関連はみられない。しいていえば、「質問の意味が分からず、立往生した」と答える者が、労働者・農民の子弟で一五%に達していることくらいが注目される。

これら属性別の結果とはべつに、この設問と「講義への集中度」とのクロス集計をみてみた。それによると、「集中できない」と答える者の二七%が、本設問で「立往生した」を選択している（平均の二倍以上）。「集中できる」とした者でこれを選択したのは、六%にすぎない。「質問のねらいを素早く察知」という回答については有意な差があるとはいえないが、学校的な知のノウハウが獲得されていないことと講義への非集中とはなんらかの関連がありそうである。以上との対照で、すでに挙げ、言及した**表9—3**の結果をふりかえっておこう。講義への集中‐非集中とちがって、授業への出席のいかんと質問（5）との関係は単純ではない。授業の出席率の極度に低い者のなかに「素早く察知し答えをだす」者が五〇%もふくまれ、「休まず出席」の者のなかにこれが占める割合よりもかなり高くなっている。ここにも、「勤勉さ」と学校文化への適応力とが当然のものとして重なってはいないことが示されている。

この節で確認されたことを不十分ながら以下にまとめておく。

（1）よく授業に出席するという「勤勉さ」は、中下層の出身学生によくみられ、文化的環境における不利を補うための努力の表われではないかと推測される。

（2）反対に、授業出席率が極度に低い者のなかには、問題解答ノウハウを身につけた者がかなりいて、この点では「勤勉」な学生よりも優位にあることとさえ考えられる。

表9–5　問題解答のノウハウと学生の諸属性

(%)

	男	女	経営者・専門職	中下級管理職	自営業者	農民・労働者	父親学歴		母親学歴		大都市出身	地方出身	全体
							低	高	低	高			
1. 素早く察知し答をだす	28.2	31.1	33.5	37.2	29.8	34.6	32.1	34.7	34.2	36.6	33.1	39.3	35.2
2. 考えてしまい時間がかかる	49.2	58.8	54.9	52.5	60.1	50.4	55.4	53.5	53.8	52.6	55.5	49.3	53.3
3. 意味がわからず立往生	12.5	10.2	11.6	10.4	10.1	15.0	12.5	11.7	12.0	10.8	11.4	11.4	11.5

（3）大学進学を「当然」視する態度は、経営者・専門職の家庭で相対的に早期に形成され、ここには父母の高学歴、大学出のおじ、おばの存在など、多くの有利な文化的条件が相乗的にはたらいているとみられる。

（4）学校的な問題解答のノウハウと文化的環境との関係は積極的には証明されなかったが、このノウハウを欠く者が労働者・農民子弟に相対的に多く、文化的なハンディを示す属性と結びついていることが推測される。

ジェンダーの再生産

「女らしい」専攻のイメージ

ジェンダー、すなわち社会的・文化的に形成された男女の差異については、文化的再生産の視角からの把握は当然なりたつ。事実、ブルデューとパスロンも随所で、女子学生にたいしてはたらくあるパターンをもった選別に注目していて、学生生活および職業生活における彼女たちの従属的地位の再生産がありうることを暗示している。大学進学にさいし、女性の多くが文学部に登録するという傾向を示し、またその背景としては、「女らしい」専攻や職業という社会的につくられたイメージがあって、それは性別分業の「伝統的モデル」の再現という性質をおびている、と。[9] ちなみに、わが国でも、女性が大学で進学する専攻分野は文学部（人文学部）と教育学部で五〇％以上が占められている。これが現状で、女性の担っている性別役割や「女らしい」という通念が関連しているとの指摘も少なくない。[10]

ところでジェンダーの文化的再生産を多少とも経験的に論じようとすると、ただちに問題となるのは、再生産されうるものとしてどのような要素に注目するかである。そうした要素としては、「男らしさ」「女らしさ」の観念、男女で分化する就学コース、就業における差異、家庭内外の性別分業、そしてそれらの全体的な連関システムなどが考えられる。ただし経験的研究の現状では、特定要素に限定して考察をすすめるほかないし、われわれの調査（調査1）でも――ジェンダー問題にとくに明確な仮説を立てなかったためもあり――利用可能な調査結果はきわめて限られている。この点を断っておきたい。

またここで、文化的再生産の観点から問題把握が拠るべき枠組をあらためて確認しておくと、「男らしさ」「女らしさ」についての観点と、それに対応する一連の好みと行動様式が生みだされ（いうなれば第一次的文化的構成物）、次いでそれらが一定の基準からみた「能力」（第二次的文化的構成物）へと置き換えられ、サンクションを付されていくわけで、そこでは、たとえば言語能力のような普遍的・中立的な装いをおびた基準が適用されることになる。この二次的な過程をへて男女のそれぞれに振りあてられていく役割や地位、それがまさに再生産への傾向をみてとるうえでの指標となるといえる。

文化の好み、活動、評価にみるジェンダー

いうまでもなく文化的好みは、社会化の結果として獲得されてきたものである。そして、この社会化のはたらきがきわめて早い時期から、男性にたいし、女性にたいし、かなりの差異をもっておよぼされることはすでに知られている。大学生（四年制）のレベルでとりあげると、おそらく文化的好みの差はあまり顕在化しないかもしれないが、それでもある差は認められる。

まず、どんな文化的活動を行なっているかであるが、これにはかなりの男女差が現われている。**表9―6**からもあきらかなように[12]、音楽会、美術展、手芸・木工では、女性の活動は男性のほぼ二倍に達しており、その他の

楽器演奏などでも女性の活動度は高い。男性のほうが高いのは、総合雑誌、スポーツ新聞、パチンコ・マージャンの三つに限られる。これをわかりやすくまとめた表現でいうと、「芸術的」活動では女性が、「大衆娯楽的」活動では男性がそれぞれ有意的に高く、「教養的」活動では男女はほぼ拮抗しているのである。一般男女ではなく四年制大学にまなぶ男女である以上、もう少しその行動に共通傾向がみられるだろうと考えていたわれわれの予想は、ここでは的中しなかった。

表9–6　性別の文化的活動度

文化的活動項目	男	女
音楽会	22.4%	46.6%
美術展	45.8	82.8
楽器演奏	40.5	66.7
美術・歴史書	66.0	74.7
総合雑誌	39.8	34.3
手芸・木工	27.5	62.9
映画	85.9	96.5
スポーツ新聞	71.3	35.7
パチンコ・マージャン	54.1	14.3
芸術的活動	22.0	51.4
教養的活動	41.9	37.9
大衆娯楽的活動	54.7	12.9

では、かれらおよび彼女らは、これらの文化的活動をどのように評価しているだろうか。「上品か否か」という問い方にはやや問題があったが、一応図9—1に示されたその結果を手がかりとすることにしよう。

このなかには、いくつかの注目すべき傾向がみてとれる。女性の評価はやはり楽器演奏、美術展など「芸術的」、「高級」とみられるものにたいしてより肯定的で、短歌・俳句など、いわゆる文学的趣味にむけられている。パチンコ・マージャン、スポーツ新聞などいわゆる「大衆娯楽的」とみられるものへの否定的評価も明瞭である。以上からすると、女性の場合には、実際に日常行なっている文化的活動と、「上品」と評価する活動とがほぼ重なっていて、対応度が高い。それにひきかえ、男性の場合、かれらが有意的により高い頻度で行なっている「大衆娯楽的」活動を、かれら自身「上品」であるとはみなしていな

図9–1　文化活動の「上品さ」への評価（男女別）

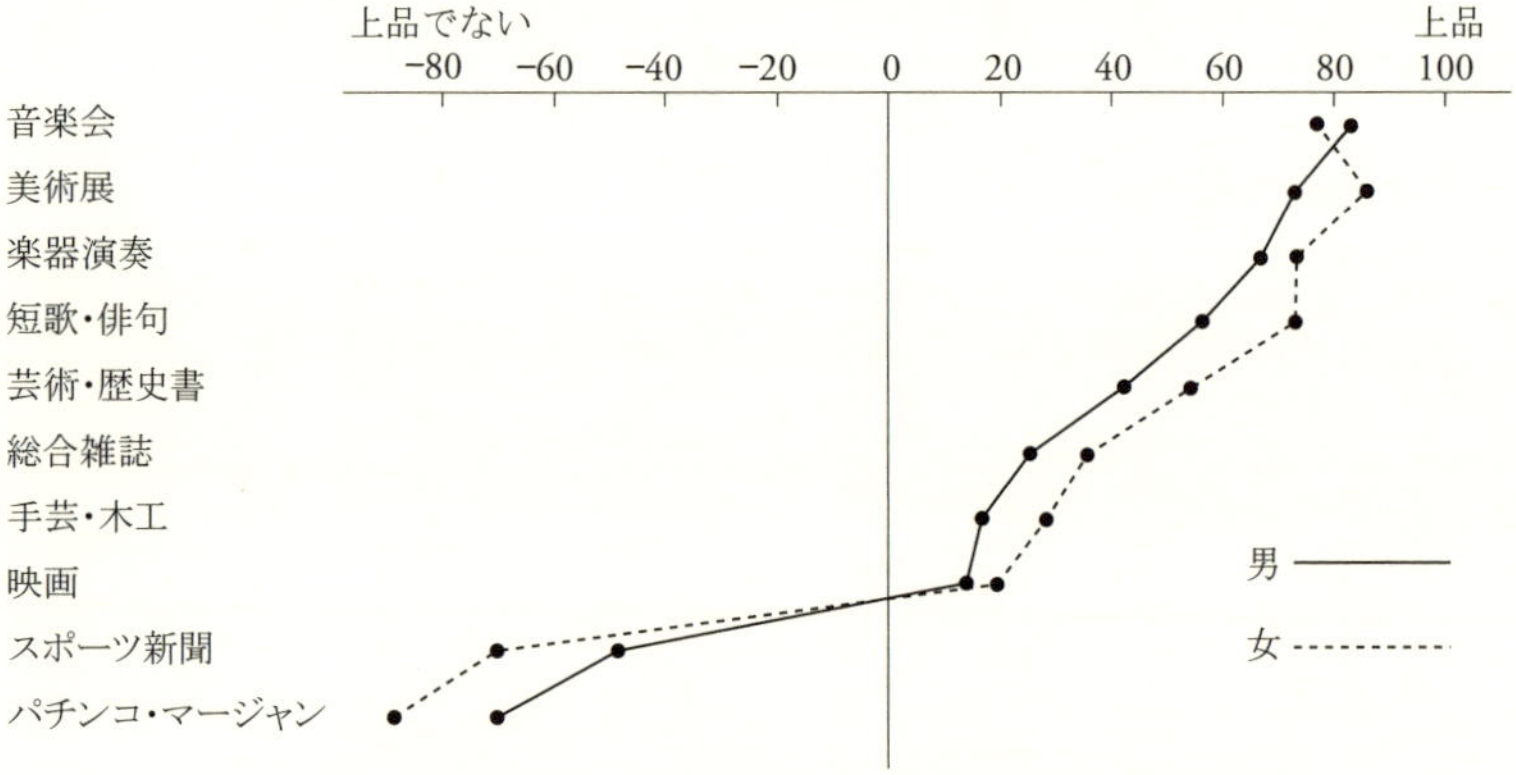

（注）数字は、「上品」「やや上品」の合計のパーセンテージから「上品でない」「あまり上品でない」のパーセンテージを引いたもの。

いのである。そして、「上品」という評価は、女性の場合とあまり変わらず、「芸術的」活動にたいしてむけられている。このことは男性の文化的活動のある部分が、かならずしも正統性ヒエラルヒー上で上位にあるわけではないことを物語っており、男性自身の評価もこれを裏書している。

他方、女性の側にも、「総合雑誌を読む」のような一見硬派の文化にたいしてもむしろ男性以上に、「上品」という評価を示すという注目すべき結果がみられる。女性で「総合雑誌を読む」とする者がそれをやや下回っていること（**表9—6**）から考えると、興味ぶかい結果といえよう。このことはある程度まで、大学進学者という、いくつもの選別のバリアーをへてきた女性たちであることによるのだろう。と同時に、この社会化の過程で、適応の無意識のノウハウとして、正統とされる「文化的恣意」[11]の価値を内面化した結果であるとも考えられる。総合雑誌を実際に読むかどうかは別として、「総合雑誌を読む人は尊敬されるべきだ」という観念が内にとり入れられたということであろう。

一般に文化の価値序列への評価の機能は、おおむね当の社会のなかで正統化されている文化の補強にあるといえるが、その評価がジェンダーとかかわっている下位文化——たとえば女性における芸術的・文学的趣味——については、これが正統的文化にたいする補完なのか、それとも対抗なのか。その機能は一義的には論じられない。ただし、彼女たちの場合、「男性的」とみられる正統的文化への同一化への傾向はみられるわけで、全体としては女性の文化への好み、評価はこの点で両義性をおびているともいえよう。

なお、**図9—1**のグラフからもわかるように、各文化の「上品さ」への評価において一般に女性のほうがやや振幅が大きい。このことは文化の序列評価に女性のほうがより敏感であることを物語る。興味ぶかい主題であるが、ここでは立ち入って論じない。

言語能力とジェンダー

ところで、学校文化はその内に範型化された規範文化とでもいうべきものをふくんでいて、それを容易に習得しうるか否かが、「学校的成功」を左右し、ひいては選別へとつながる。言語行動やハビトゥス的ないくつかの態度がこの観点から注目されるのであるが、男女によるその習得にどういう差があり、それがどういう意味をもつか。

われわれの調査では、まず言語能力について、ある語をあげ、その同義語を探させるという設問をもうけたが、その結果（正答率）を男女別に示すと上の**表9—7**のようになる（六つの語について、各五つの語から同義語ひとつを選ばせたもの）。

これでみて、まずわかるのは、全体の平均のみならず、すべての項目について女

表9–7　性別正答率

	男子	女子
なりわい	39.6%	46.8%
ばくろう	21.8	25.9
端役	58.0	76.4
不惑	51.2	52.5
矜恃	9.2	10.3
数寄屋	21.5	31.8

子の正答率が男子よりも高いことである。もちろん、ここには、ブルデュー式にいって四年制大学に進学してくる女子の選別度が男子のそれよりも高いという事実がはたらいていることはまちがいない。また、わが国の場合、中等教育の段階から「国語」はしばしば「女らしい」能力にマッチした科目とみられ、事実、「国語が好き」「国語が得意」という女子生徒は少なくないといわれる。女子の関心をこのように言語や文学へと方向づける隠された社会化があるといえよう。

しかし、この回答結果からは、男子と女子の傾向のちがいもおぼろげながら読みとれる。比較的日常的なことば（たとえば「なりわい」）や芸術・芸能に関係することば（「数寄屋」、「端役」）では女子の正答率が有意的に高いが、やや抽象的な漢語的熟語（「不惑」、「矜持」）になると、男子との差はほぼ消滅する。言い換えると、女子の優位はなくなるのである。限られたデータからの推測には慎重でなければならないが、ここからは男子と女子が傾向づけられている言語能力にちがいがあることがよみとれる。じっさい、抽象的な漢語的熟語では男子が優位にあるとみてよければ、これが選別に少なからぬつながりをもってくることも推測される。ちなみにブルデューたちも、学校文化のなかで優位にたつ言語能力として「抽象語」、「理念語」の理解と操作の能力をあげている。

いまひとつの言語能力にかんする設問では、四つの文章を呈示し、いくつかの語が当該の文脈のなかで適切に使われているか否かをたずねている。ここでも、平均して女子学生の正答率が高いのであるが、抽象的な論題をとりあげた文章や経済的タームをもりこんだ文章になると差がなくなるか、男子のほうがやや高くなっている。なお、女子の正答率がきわだって高いものに、「拝啓……敬具」でむすばれる手紙文のなかでの適切なことばづかいの設問がある。女性がこのような敬語や丁寧なことばづかいの問題に反応するその敏感さは、いうまでもな

表9–8　授業への諸態度

(%)

	授業出席率					講義への集中度			ノートをとるか		
	ほとんど休まぬ	70〜80%	50〜70%	30〜50%	30%未満	集中できる	面白い講義のみ	集中できない	よくとる	一部の講義のみ	とらない
1. 男子学生	29.3	25.4	18.2	15.9	11.2	19.9	72.0	8.0	40.4	46.6	13.0
2. 女子学生	30.8	36.6	21.4	9.8	1.4	24.7	73.2	2.1	55.2	42.3	2.4

く、その一連の社会化に負っているといえよう。言語能力のうちでも、とくにジェンダーとのつながりの深い能力（ハビトゥス）とみてまちがいない。

このように性別によって微妙に差をはらんでいる言語能力が、では、高等教育の学校文化のなかでどのように評価されるか。単純化をおそれずにいえば、ここでの規範化された言語はやはり、抽象的、論理的な言語であろうし、それを適切に操るという力であろう。この基準からみた場合、女子の示す、ある面で男子を凌駕する言語能力がどのように評価されるかが問題である。そうした面での能力にもかかわらず、女性が不利な位置に立たされ、選別の対象とされるという可能性も予想されるのである。

選別と対抗

しかし、女子学生はただたんに受動的にこうした被選別可能性のなかに身をおいているわけではない。大学の勉学のなかで彼女たちの示す勤勉さ、きちょうめんさは、男子以上の積極性を感じさせる。われわれの調査では、「学ぶことへの態度」をいくつかの設問でとらえているが、授業への出席やノートをとるという行動の面だけでなく、講義への集中度においても男子学生を上回るという結果を示している（表9—8）。しかもこの勤勉さでは親階層による差もほとんどみられないのである。

ただし、こうした態度については、二様の解釈が可能ではなかろうか。女子学生の示す「まじめさ」は、社会化の所産で、無意識のうちにではあれ、「女らしい」とされるイメージへの適応の結果であるかもしれない。選別における不利をおぎなうという役割を客観的に果たしているとしても。この場合、「まじめさ」それ自体は再生産の環から抜け出す積極的なモメントとはなりえないだろう。

しかし、この態度を、他律的につくられた、無意識的な構えとみるのも一面的見方であろう。少なくとも、たとえば講義への集中度の高い四分の一ほどの女子学生が、この態度をある程度主体化し、意欲的に勉学への態度を設計しているという可能性は考えられる。こうした女子学生が、その後のコースにおいて男子と同等の社会的評価をえ、地位達成をなしとげるということができないとすれば、それは、自己選別あるいはハビトゥスによる淘汰の結果というよりは、むしろかなり可視的な制度的差別による再生産の結果とみるべきではないだろうか。

残された課題

われわれの調査では、扱うことのできなかった要因連関であるが、ジェンダー（とくに「女性的なもの」）の文化的再生産において家庭のなかの親の態度が有意的に作用していることはすでに確認される。とくに娘が、四年制大学以上の高等教育への進学の志向を示すことと、母親の職業や家事にたいする態度の非伝統性（固定的性役割からの離脱）とのあいだにかなりの相関がみられるのである。[12] 逆にいうと、伝統的な性役割観をもっている母親のもとでは、おそらくはその影響ゆえに、高卒あるいは短大までに自らのアスピレーションを限定してしまうケースが少なくないということである。以上は高校生を対象とした調査のなかで確認されたことであるが、ジェンダーの再生産における文化的要因については、こうしたいっそう分節化したとらえ方が必要であることが示唆されている。

そしていまひとつの重要な考察の課題は、学校の内部過程――教師‐生徒間、生徒‐生徒間などの相互作用――における「かくれたカリキュラム」をとおしての性的分化、選別のはたらきである。[13] この方向への研究の進展こそが、微視と巨視をむすぶ再生産過程に光をあててくれるであろうが、これも将来の課題として指摘するにとどめなければならない。

文化資本における日本的なものと西欧的なもの

二重文化・二重教養

なにが今日の日本の教育、社会における有力な文化資本をなしているかを問うとき、日本の文化状況の複雑さが問題となる。それは近代以降のわが国の文化が、西欧化のインパクトを絶えずこうむり、西欧起源の知識、教養、行動傾向（たとえば合理主義）を規範文化の位置に導入しつつ、同時に古来の日本的文化と漢語漢字文化にも大きな位置を与えてきたことにある。「英書を読み、漢詩を愛でる」という二重教養、あるいは「オペラと歌舞伎」を楽しみ、「ピアノと琴」の稽古に励む、といった取り合わせが日本の文化ではほとんど常態をなしてきた。学校教育のカリキュラムもこうした二重性をいたる所に刻印されている。では、実際に有効な文化資本として、それらはどう関わっているのだろうか。

とはいえ、二重性という語でもって曖昧にしてはならない事実もある。明治期以来の日本の教育がそのカリキュラムにおいて日本的なものを採ったか、西欧的なものを採ったかは、教科によってずいぶん違い、一様ではない。外国語として中国語ではなく英語が導入される。音楽教育をとってみると、西洋音楽が体系的に採り入れられて、雅楽も含めた邦楽はほとんどカリキュラムの外に置かれ、民間での継承と習得にゆだねられてきた。琴、三味線

表9–9　父の職業、学歴別の文化活動

	経・専	中下管	自営	労働	大	短・専	高	義務教育
クラシックコンサートに行く	46.8	45.8	31.5	38.0	53.6	36.0	33.9	31.3
日本の伝統芸能（歌舞伎、能）をみる	17.9	17.6	23.0	23.0	22.9	16.0	14.1	21.2

数字は、「かなりある」のパーセンテージ×2＋「少しある」のパーセンテージ。

なども、ふつうの学校生徒にはあまりなじみがなかったというのも事実であろう。この点は心にとめておこう。

調査2では、この点の検討もひとつの課題とし、文化的活動、言語能力、文化的趣味にかかわる設問に、それぞれ日本的なもの、西欧的なものを配している。

調査2では、次の二種の設問が本節と関連する。

(1) 文化活動に関する設問

「クラシックコンサートに行く」「日本の伝統芸能（歌舞伎、能など）をみる」などの項目について頻度をたずねている。本人と両親でやや表現が異っているが、等価の設問といえる。

(2) 言語の能力、知識に関する設問

「白浪」「シテ」「デジャヴュ」「ア・プリオリ」などについて、選択肢を五つずつ設け、同義語をそのなかから選ばせた。「掛軸をかぞえる単位」については、数え方として正しいもの（一幅）を、五つの選択肢の内から選ばせた。

まず、本人の文化的活動における二つの項目について階層（父親の職業、学歴）ごとの回答傾向を表9―9にみてみる。

とりあえずここからうかがわれることは、クラシック音楽の享受がかなりの階層差を示していて、父親の職業レベルと学歴が高くなるにつれてほぼ増大することである。そしてその切れ目はだいたい、経営者・専門職＋中下級管理職／自営業＋労働者、および大卒／短大・

表9–10　文化活動（クラシックコンサートと伝統芸能）の世代間の相関

			本人の活動度			活動度の世代間相関
			よくある	ときどきある	ほとんどない	
両親の活動度	クラシックコンサートに行く	よくある　(N＝134)	37.8	17.3	6.7	0.273
		ときどきある　(N＝413)	34.1	42.8	34.8	
		ほとんどない　(N＝569)	28.0	39.9	58.5	
	伝統芸能をみる	よくある　(N＝49)	27.3	9.4	2.8	0.285
		ときどきある　(N＝216)	30.3	37.6	16.1	
		ほとんどある　(N＝846)	42.4	53.0	81.1	

専門学校以下という形で引かれているようである(14)。それに反し、日本の伝統芸能（歌舞伎、能）については、これを楽しむ者の割合がもともとかなり小さい上、階層差も有意味なものは見いだしがたい。義務教育修了のみの親と大卒の親との間で割合がほとんど拮抗しているということは、特定の階層との相関を予想させない。とすれば、歌舞伎や能は、おなじ限られた家庭で享受される文化であるとしても、クラシック音楽のような階層的な差異化、弁別の機能はもっていないとみるべきであろう。

個々の家庭で伝達される日本伝統文化

次に、上記二種の文化活動が、親—子間でそれぞれどのように継承されているかをみてみよう。

表9—10でみるかぎり、クロス表と相関係数が示すように、親と子がともにその文化的趣味を分かつという傾向は両者ともにうかがわれる。そして特に伝統芸能を楽しむ行動では、この相関が強い。ということは、とくにこの活動は家庭環境のなかで受け渡しされる「文化遺産」的な性格が強いということである。しかし、前述のデータの示すように、その繋がりは特定の階層を背景とするよりは、むしろ個々の家庭の場で成り立っているとみられる。したがって日本的伝統芸能への好みは、特定の社会集団の文化資本をなすといったかたちでは機能していないのではなかろ

表9–11　父親の職業、学歴別の言語の正答率

(%)

	経・専	中下管	自営	労働	大	短・専	高	義務教育
1. 白浪	20.2	17.5	20.0	18.1	22.0	16.0	15.0	20.6
2. シテ	19.3	17.9	13.1	17.0	20.7	16.0	15.6	14.0
3. 掛軸をかぞえる単位	21.4	25.5	17.7	25.7	27.3	26.1	18.3	29.0
4. デジャヴュ	67.6	67.4	70.0	59.0	68.7	64.0	65.8	66.2
5. ア・プリオリ	42.8	35.1	35.4	39.8	39.6	24.0	37.0	40.1

うか。この点、クラシックの方が、むしろそうした位置にあると推測されるのである。

次に、言語の意味に関する設問を手がかりとして日本的なものと西欧的なものの関係をみてみよう（**表9—11**）。ここでは、次の五つの言葉についての正答率を、父親の職業別、学歴別に示してみた。

いうまでもなく、ここでは「白浪」「シテ」「掛軸をかぞえる単位」の三つは日本的な知識・趣味に、「デジャヴュ」「ア・プリオリ」は西欧的な知識・教養に関わる言葉とみなされている。しかし、結果をみるかぎり、階層間の関係はかなり相対的で、父親の学歴の面でも一貫性という点からは解釈のむずかしいものが多い。

おそらく、西欧的な文化知識に関わる言葉は、上層にとって有利な文化資本の一部をなしていることだろう。日本文化関連では、「シテ」（能、狂言における主役）は、比較的階層と学歴において高→低へと差が出ているものといえる（父親の職業では「経・専」と「自営」の間、学歴では大卒と高卒の間にそれぞれ統計的に有意な差がある）。けれども、「掛軸」などは、そうした解釈が困難なものである。

ここで、「白浪」「シテ」「掛軸」の三つを「日本的文化知識群」と名づけ、「デジャヴュ」「ア・プリオリ」を「西欧的文化知識群」とし、それぞれの特徴と相互関係をみてみるため両群の特徴を次頁に階層（父親職業）、父親学歴、本人の学業達成度との相関係数（積率相関係数）で表わしてみた（**表9—12**）。

この相関がものがたるのは、第一に、日本的文化知識をもつことと学業達成とは一定の相関があり、文化資本的有効性がある程度あることが推測されるが、当人の出身階層、家庭の文化環境とはあまり強い相関はないとみられることであり、第二に、西欧的文化知識は、それよりも強く出身階層と結びついていて、かつ、学業達成といっそう強い相関を示していることである。このデータは両者の機能の相違を示していて興味ぶかい。

資本としての西欧文化的知識

表9–12　二つの文化知識群と階層・父学歴・学業達成の相関係数

	階　層	父学歴	本人学業達成度
日本的文化知識群	−0.015	−0.102	0.120
西欧的文化知識群	0.043	−0.053	0.214

文化資本とは、この章の最初にふれたように、学業その他の選別過程において特定の集団のもちうる文化的有利さの可能性である。とすれば、わが国では、西欧的文化知識のほうがそうした文化資本的な機能の点で、特徴的であり、かつより優越しているのではないか、との予想がなりたつ。なお、女子高校生に限定しての調査であるが、既存データにおいて、洋風の稽古事（ピアノなど）をしている者の方が和風の稽古事をしている者よりも大学進学意欲が高く、かつ洋風の稽古事の方が階層差が大きいという結果も報告されている[15]。先ほど述べたことにもどるなら、日本の近代教育は西欧の音楽、美術などをその主要カリキュラムの中に導入した。いったん学校文化の中に位置を占めるようになると、それは正統的文化としての威信を獲得する。こうして、上層、中間階層のなかにピアノ、バイオリン、古典音楽鑑賞、そして油絵の制作などの趣味が、正統なものとして定着する。西欧的文化が階層とより強く結びつく理由もその辺にもあろう。

もとより、以上は限られた設問とデータからの推測にすぎず、これだけのデータで、文化資本として日本的なものと西欧的なもののいずれが大きなウエイトを占めているか、と問うこと自体がやや乱暴な試みであったかもしれない。また、こうした検討は、学校カリキュラムの内容の具体的な検討と相伴わなければ裏付けに弱いこともいうまでもない。しかし、そうした限界はあれ、ひとつの方向の確認とはなりえているといえよう。

終わりに

以上の考察は、今日の日本の文化的再生産プロセスのほんの限られた側面の指摘にすぎない。そのなかから今日の日本社会における文化とその機能について、仮にひとつ特徴的テーマを引きだすなら、それは選別の可視性の低さではなかろうか。すなわち、選別の基準や原理が簡単にはとらえにくいという問題、そして選別の社会性が一見したところ見えにくいという点である。

たとえば、わが国の規範文化のなかには、それぞれに変容をこうむりながらも日本古来の文化（もっと古くは儒教や道教の世界にも根ざした）と西欧起源の文化の流れがあり、この点で、学校という「文化市場」における文化資本にしても、どのように捉えたらよいのか問題が残る。これは、最後にふれた問題点である。われわれがこの点にかろうじて与えた弁別の説明は一応有効だろうとは思うが、なお、カリキュラム分析等を通じての追証が必要であろう。

他方、学生の学習ハビトゥスについての分析から感じることは、文化的には不利を負っていると推測される階層の出身の学生が、「きちょうめんさ」のハビトゥスをもってかなりその不利を補う行動に出ているようにみえる点である。この点はヨーロッパ等でも指摘はされているが、われわれの調査では数量的に確かめることができた（ただし、それが学業達成に有効に結びついているかどうかは確かめられなかった）。そして、このことも選別の社会性の見えにくさをもたらしている。

わが国では、あらためていうまでもなく高等教育への進学率は先進国中一、二であり、「大学生」の数は世界有数で、その表面的傾向から判断すると、進学と社会階層の相関はあまり明瞭ではない。「大学」なるもののおびただしさとレベルの多様性も関係があろう。「短大生」という大学生の存在も、高等教育進学層と非進学層の切れ目を曖昧にしている。そして、ヨーロッパの傾向にくらべると、進学にかかわる階層の分かれ目が下がり、管理・専門職、中下級管理職から事務職までが、子どもを大学に送る階層となっている。

R・コリンズのいう「教育成層化」のタームでいえば、わが国のそれは、「隔離型」というヨーロッパ型よりは、「学歴インフレ」をともないながら就学率が押し上げられていく「競合－移動」(contest mobility) 型にどちらかといえば属するのであろう。(16)

しかし、そうした見えにくさ、曖昧さがあるにもかかわらず、社会的な選別のある過程がつらぬいていることは、以上のわれわれの調査の分析が多少とも明らかにしてきたところである。フランスでいえば「中級カードル」かそれ以下に分類され、「上級カードル」との文化の違いが強調されている一般ホワイトカラーが、わが国では文化的に上層と接近していて、それほど大きな差を示していないことが第一の特徴である。ここにわが国の「中間層化」のひとつの帰結をみることができる。しかしまた、自営業主と労働者がそこから排除されているのも事実であり、中間層化の限界もみてとることができるだろう。

いまひとつ、女子学生をめぐっての問題がある。

階層的選別という点では、四年制志望か短大志望かで分岐があるだろうということはすでに推測され、指摘されている。(17) 四年制大学における女子学生をとってみると、ある面でかなりいちような特性がみられ、サブ・グループへの分類をかなり困難にしている。たとえば、その学習のハビトゥスに「まじめさ」という共通の要素がみられ、この点では彼女たちの出身階層間の差はほとんどみられない。より最近の調査2でわれわれの知りえたところでも、「(女子学生の) 出席に関する『きちょうめんさ』は、業績志向とは必ずしも結び付いていない[18]」。この意味で、彼女たちがいちように示す「真面目さ」または「勤勉さ」は多分に、「女らしさ」に向けての性別社会化の結果と推測される。しかし反面、著者の推測として述べたように、社会的差別という不利に立ち向かうための能動的な対抗的ハビトゥスの形成の結果であるとみられないこともない。こうした両義性が解釈の上でいろいろな問題をもたらす。〈女性〉という、ある側面で共通の社会的条件の下におかれた人びとの集団を認めるべきなのか、階層ごとに分節化して捉えるべきなのか、も検討の余地は残る。

注

(1) P・ブルデュー、J-C・パスロン『再生産』〔一九七〇〕宮島喬訳、藤原書店、一九九一年、一二頁。
(2) 日本社会学会調査委員会『日本社会の階層的構造』有斐閣、一九五八年、九六頁。
(3) 森嶋通夫『イギリスと日本――その教育と経済』岩波新書、一九七七年、三三頁。
(4) 菊池城司編『現代日本の階層構造4――教育と社会移動』東京大学出版会、一九九〇年、六頁。
(5) 宮島喬・田中佑子「女子高校生の進学希望と家族的条件」『お茶の水女子大学女性文化資料館報』五号、一九八四年。
(6) Bourdieu, P. & Passeron, J.-C., *Les héritiers*, Ed. de Minuit, 1964, p. 32.
(7) *Ibid.*, p. 12.
(8) *Ibid.*, p. 30.
(9)『再生産』一一〇頁。
(10) 野口真代・木村敬子「学校教育と女性観」女性学研究会編『女のイメージ』(講座女性学1)勁草書房、一九八四年。
(11)「文化的恣意」のコンセプトについては、本書第5章を参照されたい。

(12) 宮島・田中、前掲。
(13) 天野正子『性と教育』研究の現代的課題——かくされた領域の持続」『社会学評論』一五五号、一九八八年。
(14) 階層構成の手法についてくわしくは、藤田英典・宮島喬他「文化の構造と再生産に関する実証的研究」『東京大学教育学部紀要』三二号、一九九二年、五七頁を参照されたい。
(15) 宮島・田中、前掲、五四頁。
(16) Collins, R., "Some Comparative Principles of Educational Stratification", *HER*, Vol. 47. No. 1, 1977.
(17) 同右。
(18) 宮島喬・杉原名穂子他「文化としての『ジェンダー』とその維持のメカニズム」『お茶の水女子大学女性文化研究センター年報』六号、一九九二年、六七頁。

〈付記〉 二つの調査の実施と解析において協力を得た次の方がたに感謝します。
藤田英典、秋永雄一、志水宏吉、橋本健二、加藤隆雄、吉原恵子、杉原名穂子、喜多加実代、定松文（敬称略）

10 「子どもの貧困」と貧困の再生産
――ノートとして――

子どもの貧困への視線

子ども、特にその貧困への着目は、グローバリゼーションの進む二一世紀的現実に関わる格差社会批判の視座を反映するものである。しかし、その貧困が文化的な含意をもっていることに気付いている研究者はかならずしも多くない。その先駆者としては、すでにブルデューとパスロンが「文化を前にしての当初の不平等」(inégalité initiale devant la culture) として問題視していたことが想起される。(1)

社会における不平等や貧困は、親から子へ、または子から親へという世代的時間軸で、かつ文化的なものを媒介しつつ追究すべき根の深い問題と認識されるようになって、これに光があてられるようになった。もちろん、一九九八年「子どもの権利に関する条約」が制定され、採択されことの意義は大きい。批准する国々は、「子どもの身体的、精神的、道徳的及び社会的な発達のための相当な生活水準についてのすべての子どもの権利を認める」(第一七条) とする原則に立ち、施策を講じなければならない。

日本では一九七〇年代、八〇年代には「総中流化」などという言説がもてはやされ、「貧困」という言葉自体がほとんど姿を消していた。その間、欧米でも「中規模所得の増大」などの神話の流布もないことはなかったが、貧困の再発見、その再定義というテーマは重要であり続け、「子どもの貧困」(child poverty) のタームもすでに使われていた。[2] 日本ではだいぶ遅れて、グローバリゼーションが進む一九九〇年代後半から、「中流化」の認識が退き、「格差化」の認識がとって代わるようになる。可視的な現実として、職場でパートタイマーはもとよりフルタイマーにさえ非正規が増加し、二〇〇八年三月には全雇用の三分の一が非正規雇用に占められるという事実が明らかになった(一九八四年にはこれが一五%だった)。企業は競争力維持のため人件費コスト減をめざし、それをバックアップすべく国の側からは規制緩和、とりわけ労働基準法制の緩和(労働者派遣の自由化など)が進められた。

橋本健二は二〇〇七年就業構造基本調査から、労働者階級に属する者の四〇・五%が非正規労働者だとした上で、その内の五割近くは有配偶の女性で、「その大部分は主に夫の収入によって生計を立てている」主婦パートだとみなし、そこから除外しているが、[3] 後藤道夫は、非正規雇用がもはや家計補助的に雇用に就く者の問題ではない、として次のように言っている。「正規雇用に置き換えられて急増した派遣等の非正規は、フルタイムの比率が高くその賃金は家計収入の中心であることが多い。『主婦パート』の従来のイメージとことなり、こうして『フルタイム・自立生活型』の非正規が急増して正規雇用に置き換わったのである」。[4] 今日の状況としては、夫も非正規かそれに近い状況にあり、妻が同等に家計を支えている場合もあり、非正規率のもつ意味は重みを増している。

このことと子どもの貧困はどう関係しているか。右に言う「フルタイム・自立生活型」の非正規雇用の一つの典型は、母子世帯の生活を支える女性の就労だろう。婚姻形態の多様化や離婚の増加によって、ひとり親と子どもという世帯（ほとんどが母子世帯）が増加しているが、その女親が新規に就労する時にはほとんどが非正規雇用に就いており、その平均年収は全世帯平均の四割にも満たない[5]。このため、ひとり親世帯の子どもの貧困率は五〇～六〇％の域に達するのである。

そこで、文化的再生産のプロセスに関心を抱く筆者の観点にしたがい、貧困（層）という状態が親、子にどう客観的・主観的に経験され、子どもの教育や文化経験の差違にどう転撤され、それが階層再生産にどう媒介されるか、を検討してみたい。日本のみならず、欧米の研究も視野に入れる。

制約としての貧困、生きられる貧困

貧困とはもともと多次元的なもので、関係性の貧困、時間的貧困、環境的貧困などがありうるが、金銭的貧困（monetary poverty）はその一次元で、しかし基本的指標として扱われる。研究上よく用いられるのは相対的な金銭的貧困であり、ＯＥＣＤは、一社会における世帯当り可処分所得の中央値（メディアン）の五〇％に満たない世帯の全世帯に占めるパーセンテージを、貧困率とする(算定の際、世帯員数の調整が行われる)。ただし、ＥＵ(ヨーロッパ連合）では、中間値の六〇％を貧困ラインとしていて、不平等、貧困をより強く問題視している。そして、この貧困ライン以下で暮らしている一八歳未満の者の、同年齢層の全員に占めるパーセンテージを、子どもの貧困率としている。

これは相対的貧困率であるから、貧困の国際比較などには一応有効な指標とされる。日本の貧困率は一六・一％であり[6]、比較の上で他国の例を挙げると、アメリカなど同等の高さの国もあれば、五％かそれ以下というノルウェー、デンマークなど北欧の国々もある。すなわち、比較でいうと日本は貧困率の高い国であり、子どもの貧困率もまた高い。ある国の貧困率がなぜ高いのか（低いのか）を説明するには、様々な分析が必要になってくる。また、一社会における特定の階層やグループの人々の剥奪状態を明らかにしようと思えば、個々に工夫して把握に努めねばならず、世帯の可処分所得の中間値をつかむことができ、右のようなかたちで貧困率を算出できるようなケースはむしろ少ない。

貧困を雇用上の地位から推定することがゆるされるなら、貧困とは単に現象として低所得、低生活水準だというだけでなく、非正規という地位にもとづいていることが多く、地位はさまざまな（社会的）制約とその累積結果を示すものである。それには多くの指摘があり、たとえば、出身家庭の貧しさ、父との死に別れは、大きな制約となる。女性であること、特に結婚、出産、就労中断後の再就職の状態であることは非正規雇用と結びつきやすい。また学歴は、それに劣らず一般的な制約であろう。現実に、非正規の雇用に就いている者の多くが、就学機会に恵まれない相対的低学歴であるという制約のもとにある。

二〇〇五年ＳＳＭ調査から、初職において非正規雇用に就いた者の学歴別比率を二〇〇〇年代に成人した男子についてみてみると、約四五％が高卒以下となっており、専門学校修了以下を加えると約八割となる。それに対し、高等教育修了者は二割にすぎない(7)。ということは、臨時雇用・パート・アルバイト・派遣社員、嘱託などとして働く者は、学歴上の制約を負っている者が多数を占めていて、非正規雇用に就いていることは、偶然とか本人の意思によるとはいえない。家庭の経済的事情から、または親が進学を望まず、サポートせず、早く稼働することを促したため、などの事情があるだろうし、親自体が中学卒（高校中退であることが多い）程度の低学歴であるという可能性もあろう。また、制約といえば当然、親の属する職業世界が関係してくることについて多くの

指摘がある。(8)

貧困が、ある程度親から子へ、親の与えた条件や機会が子どもをそこに巻き込み伝達されることは――科学的の検証は簡単ではないにせよ――経験的には知られている。アメリカではS・ヘイズが、何人かの貧困経験女性、〝ウェルフェア・マザー〟（生活保護受給の母親）の生活史的プロフィルを描いている。(9)その一人、シェイラは、労働者階級の出身、高校卒業時に将来を約束していた婚約者が事故死し、そのショックで、当時考えていた大学進学もやめてしまう。やがて父が家族と借金を残して出奔、母は働いていず、母子で生活の苦闘が始まり、家賃が払えずホームレスになる。それを救済してくれた男性との間に一児を設けるが、やがて男性も去っていき、シングルマザーとして一児を育てつつ、健康にすぐれぬ母親を抱える生活が続く。シェイラには両親がありながら、その家庭環境は子どもの就学を励まし、教育や職業的成功への配慮をするといったものでは全くなく、就学が中途半端になっても叱正する者とていない。彼女を自立困難と貧しさのなかに置く一つの制約だったといえる。

貧困が、その当事者にどのように生きられるか（être vécu）という問題がある。諦めのなかで無気力におちいる子どももいるだろうが、ある男性は回想して、親に先立たれた貧しい少年時代、「絵を描いているときが一番幸せだった」から「美術の高校に行きたかった」と望んだ、が、かなえられず全寮制の高校に「放り込まれ」、これになじめず中退してしまったと語る。働き始め、そのよりよい雇用を求めて求職、転職を行うが、安定した職には就けない、という。(10)また、家庭の生活に余裕がなく、進学するにも親の学費援助が期待できないと知る者は、自分が何をしたいかを考えるのをやめ、何が可能かをもっぱら考える。直ぐに確実に職に結びつくと思われるコース（専門学校など）をとる、学費を要さず奨学金も得られる学校を懸命に探す、など。

精神状態にかなり負荷を負っている者もいる。不本意な就学、不本意な就職、転職、またしても不本意な就職

表10–1　初等教育学校(公立＋私立)で落第し、準備学級に編入された者の割合(職業階層別)

(%)

	労働者	事務員	中間的職業	教員	カードル	職人・商店主	農業者
男子	28	21	11	3	8	17	17
女子	22	17	10	3	5	10	7

を何度も繰り返すうちに、うつ、あるいは神経症の症状を発したり、外出して人前に出るのに困難を感じるというケースも少なくない。少年期から二〇代前半にかけての傷つきやすい心理は、こうした結果も引き起こす。その治療に通いながら、切れ切れに通学したり、就労をしている者もいて、正規雇用に就くのは無理と半ばあきらめている。

子どものアチーブメントと階層的背景

貧困という経済的・家族的背景と、子どもの学校的成功との間には逆相関があることは多くの研究が示唆してきた。貧困を主要な変数とする論証の試みは少なく、直接にはむずかしいが、階層あるいは職業階層で代替させるアプローチはかなりある。日本では、義務教育課程では児童生徒の学校成績がつかめることは滅多にない上、学力、成績に問題があっても、進級には反映させず、卒業の認定がされることがあり、要するに成績を変数とすることはむずかしい。それに対し遅級あるいは落第の制度のある国々では、遅級の有無をもって、学校アチーブメントの十、一を推定することができる。

フランスでは、落第率(taux de redoublement)に関する国民教育省の全国的なデータがあり、初等教育段階でもつかむことができ、かつ親の職業階層とのクロスも示されている。(11) 参考にできる数少ないデータであるので、上にに示す。

親の職業においては、経済的地位と学歴の高低がほぼ対応付けられる。注目されるのは教員とカードル(管理および専門的職業)の関係である。教員(enseignant)は教育レベルではカードルとあまり遜色ないとしても、所得では低位にあると思われる。ということは、子どもの学習の能力、ハビトゥスの習得では、文化的環境（親の教育的働きかけなど）がそのものとして重みをもっていると推定できる。労働者はマニュアル職を指し、事務員はノン・マニュアル被雇用者を指すが、ともに学歴は高くなく、子どもに有利な文化環境を提供しえていないと推定される。

女子の落第率の傾向は共通する点もあるが、これと異なる。教員と中間的職業を除くと、きまって男子よりも低率となっている。これについては、能力のタームで語るよりも、どの階層の家庭でも女児の社会化において強調されるまじめさ、きちょうめんさに関係しているようで、ブルデューらは、「伝統的責務を否認すまいとする態度」「学校への従順さ」などと表現していて、パリよりも地方でこの傾向が強いとする。[12] 右でも、農業者という階層的・家庭的背景において、男女の落第率が最も大きくなっている。

なお、日本でも部分的にこれと通じる研究は行われている。子どもの算数及び数学の学力について、家族的背景（保護者の学歴＋所得）との関連の大きさを論証したもので、[13] 子ども個人の努力のたまものとされていたものを相対化する結果が出ている。

落第を一年、二年と重ねて、義務教育の年限の一六歳に達して、課程の修了をまたず学校を去ってしまう子どもたちがいる。フランスではこの「ディプロマなし」とされる男女が、二〇一〇年現在、三〇〜四九歳の年齢層に一四％を占めているという数字がある。[14] 彼らの就ける雇用は、日本の非正規雇用にあたる期限付き雇用が多い。平均月収が所定の額に満たなければ、（二五歳以上であれば）公的扶助制度（生活保護）による所得補てんを受けることになる。

家族という存在

子どもを包む、子どもに不断に関わりをもつ家族は、選択のできる対象ではないだけに、一種宿命的なものである。貧困からの脱出、あるいは逆の貧困の加重において、家族はどんな役割を演じるのだろうか。

恵まれた「中」レベル以上の収入のある家族には後に触れるとして、家族一般の行動について日本では七〇年代までは一つの神話があった。親が中等教育修了程度のつましい家庭でも、子どもの進学のためには親は犠牲を払っても学費負担、仕送りをするものである、と。戦後からのおよそ四半世紀の間に高校進学率が九〇%に、大学・短大進学率は四倍近い三〇%台後半まで上昇し、国民所得の上昇が感じられる時期で、「標準的生活様式、人並みのライフ・スタイルとしての進学」が一般化された時期といえる[15]。家族自体に子どもの学歴上昇が象徴する「中」以上階層への期待があった。

犠牲を払っても、と書いたが、親は「毎日の食事は一汁一菜にしてでも」と言われたように、生活を切り詰めてでも仕送りをする。またジェンダー差別にほかならないが、女の子には進学を諦めさせ、地元の高校卒、せいぜい短大の卒業で就職をさせるという行動もみられた。子どもの教育費の家計に占める割合は一般に日本では高く、中程度所得で二五~三〇%程度といわれたが、苦しくともこれに耐えるのは当然のこととされた。ただ、今日に比べれば、国公立大学の学費ははるかに低額で、進学塾の利用も今日のように一般化していなかったことなど、条件の違いがある。それでも、こと子ども（男子）の就学に関しては、家族とは、不可能事とみえることを可能にする一種の奇跡の装置と映るものがあった。

だが、今日、進学させようとすれば家族が負担すべき教育費（広義の）は上昇しており、他方、雇用に占める非正規雇用の割合は増加しているから、「中」レベルだった世帯は上下に分かれていくように思われる。総務省統計局発表の年間収入五分位階級（二〇一二年）でいうと、下から二番目のⅡ階級は三三五～四四五万円の範囲であり、ここにはかなり非正規雇用従事者も含まれていると思われる。夫婦ともに非正規労働に従事するか、またはそれに近い家庭では、年収四〇〇万円というケースはかなりある。生活費（消費支出）の配分はどうなり、子どもの教育費にはどの程度があてられるだろうか。

後藤道夫は一つのモデル家庭を示している。[16]年収が四四四万七千円で、夫婦に子ども二人の家族で、長子が高校生である場合、年間の消費支出で教育費はどうなるか。それは月四万一二二三円にすぎない。これは高校生二人または中学生と高校生など、二人分だから、たぶん私立学校へという選択肢はなく、二人とも公立学校に通い、必要最低限の学習用具、用品、衣服（制服、体操着など）を求め、学校納付金（ＰＴＡ会費、部活費、修学旅行積立金など）を支払えば、ほとんど残らない。中学校までならば就学援助制度に申請し、学校納入金等をカバーしてもらえるかもしれないが、高校では就学援助制度はない。

こうした家族における限界は、日々学校に通わせるだけなら何とかなるにせよ、それ以上の教育プランは描けないという点にある。将来の進学をめざして塾に通う、受験参考書を求める、夏季の特別の講習を受ける、といったことは、家庭の負担能力を超えている。

いま一つのこのモデル家庭の特徴は、教養娯楽費への支出が極端に少ない点にある。その月額一万八三五一円は、生活保護を受給する四人世帯における教養娯楽費二万二七二二円（二〇〇三・年社会保障生計費調査）に比べても切り詰められている。「教養娯楽」の意味するものは多様であり、図書、雑誌、ＣＤ・ＤＶＤの購入、映画、美術鑑賞、博物館、コンサート、スポーツ観戦等に足を向ける、旅行を楽しむ、等々を指す。学校に学ぶ生徒たちにとり一見学習と無関係にみえるこれらの行為は、実は、ほんものの文化への接触を可能にし、知への刺激を与え、感性を広げるという意義をもつ。「自由教養」（ブルデューらの言葉）は、この意味で文化資本に別の要素を付け加えるのである。たとえば、学校的教科のなかで学んできた生徒が、それを超えて「量子力学を学びたい」、「法曹専門家になりたい」、「美術史に進み、仏教美術を専攻したい」、などと大学進学の抱負を抱くのは、ある程度まで学校外で身に着ける自由教養のおかげである。教養・娯楽の支出を切り詰めざるをえない低所得家族では、自由教養へのアクセスの機会が限られ、それが気づかれぬネガティヴな影響を子どもの進学意欲等に与えている可能性がある。

なお、ヨーロッパの例では、家族タイプと貧困率の関係を問う試みがある。フランスでは、夫婦と子ども二人といった標準世帯を設定して貧困率等の議論を進めるのではなく、親が一人であるか二人であるか、子どもの数は何人かという家族タイプに関心を示し、殊に「多子家族」の貧困に焦点を当てた研究がある。[17] 子どもが四人以上いる家族が、福祉政策上の「多子家族」と呼ばれるのであるが、その貧困率は一七・一％となり、フランス全体の貧困率七・八％の二倍以上に達している。先進国中でも有数の充実した家族手当（児童手当）をもっていて、子どもが四人もいれば同手当のほか様々な加給があり、親は働く必要がない、などと言われるが、そうではないことが明かとなる。多子家族では、子どもの世話に追われて、女親が仕事をもつのがかなり困難になること、就きうる仕事も限られることが指摘される。特にひとり親であると、働かねばならないが、世帯の収入は低い水準で現れ、貧困率は高くなる。

このことは、ヨーロッパの他国にもあてはまり、概して多子家族がアフリカ、アジアなどヨーロッパ外出身の移民世帯に高い比率で認められることも関係する。出生率が比較的高く、福祉の様々な給付は受けていても、失業率は高く、就業していても低収入のため、生活に余裕がないのである。また子どもたちの教育への十分な配慮、サポートもできないため、子どもの教育達成にも困難を生じるようである。移民家族における貧困率の高さはフランスではすでに指摘済みであるが[18]、その貧困の再生産のメカニズムの一端はここにもさぐられるかもしれない。

「ペアレントクラシー」という再生産

格差化社会といわれる現実のなかで、中位以上の所得階層では、子どもはどのように現実を生きるのだろうか。親は大学卒、正規雇用に就き、それを維持し、ある年齢以上では管理的ないし専門職地位職業についているかもしれない。子どもにとり、物質的な欠乏や、「〇〇〇をしたい」という自由の抑圧を経験することは概して少ない。しかし一つ不安があるとすれば、一〇代半ば頃から、自分も果たして親と同様の、あるいは親の期待するような就学や進路のコースをたどれるかどうかと思い始めることだろう。一世代前の子どもたちは、親が高卒や専門学校修了で、自分たちは大学まで進むことで、親よりも社会的・職業的上昇を経験できたかもしれないが、この可能性は薄れている。吉川徹は、今日、世代間ではもはや学歴の構造移動は起こらず、「せめて親と同じ学歴を維持したいという、消極的動機」が人々のそれとなっていると推定する[19]。

当然のことながら、子どもは、与えられた環境《ミリュー》と親の教育によって継受されるはずの文化資本を、世間的な意味で有効に活用するとは限らず、親の予想や期待に反する就学経路をたどることもありうる。ブルデューの文化資本論もこれに注目しており、上級カードルの子弟で、定まった職業経路に入らず、ディレッタント的に好きな学問分野を猟歩する「永遠の学生」や、ボヘミアン的生き方の冒険をする者もつねにいる[20]。これは、親の目からはリスクの現実化と感じられる。

もう一つ、グローバル化が伴う後期近代では「自由」が両義的なキーワードとなっている。選択が自由であるように見えることと、保障・保護のない自己責任が原則とされがちなこと、がそれである。こうした自由は、教育の世界にも導入されるようになった。端的な例は、学区制の廃止や飛び級の承認である。誤解を恐れずにいえば、市場経済における規制緩和、競争原理の強化を反映するもので、過去に参照例をもとめれば、マーガレット・サッチャーの時代のイギリスで、経済の国有化の廃止、大幅な自由化といわば対応させて、義務教育段階から親の学校選択の自由を導入した。学区を超えて転校する自由を認める「改革」を行っており、学校による宣伝、生徒の勧誘も可とされるようになった。

こういう時代にあって子どもは、以前のように小中学校までは決められた学区の公立学校に通い、徐々に、進学の道か、職業への道かを選択していくということにならない。むしろ親が、初等教育の早い段階から子どもの将来の進路をおもんばかり、学校の選択と決定をするという傾向が強まる。「ペアレントクラシー（parentocracy）」というイギリス人社会学者P・ブラウンの唱えた新語は、そうした状況に対応しているように思われる。「ここでは、子どもの教育は次第に、生徒の能力と努力にではなく親たちの富と願望にもとづくようになっている。…かつ無視できないのは、ペアレントクラシー・イデオロギーは、マジョリティの親たちのための根本的な教育改革を求める民衆的要求の大きないうねりの結果として現れたわけではなく、学校カリキュラムに対する『親のパワー』の増大を意味していない。むしろ反対に、学校で教えられることを支配するのは親ではなく国家なのだ[21]」。個人の能力プラス努力が学校的成功を保証するシステムとされた「メリトクラシー」のもじりであることは明らかである。背景には、右に述べたサッチャー時代の教育改革がもたらしたあらたな教育情景があると推測する。公立学校の学区廃止、学校による生徒の勧誘もありの「オープン・エンロールメント」への移行がある一方、当の教育改革法（一九八八年）によりナショナル・カリキュラムの導入と義務化（三つの中核科目〔英語、数学、理科〕と七つの基礎教育科目履修の義務化）が行われ、上からの標準化の圧力は強まっていた。

それは、学歴を有し、学校についての知識をもち、有力学校を選択できるだけの資力をもつミドル＋アッパークラスの親たちの、わが子の就学の有利さを図ろうとする個人主義的な行動である。子どもの受ける教育が親の経済能力と抱負に対応するものとなるわけで、逆に低所得・低学歴の親の下では限られた選択（非選択）の負のスパイラルが待ちかまえている可能性が高い。

日本では、このことがやや特殊な文脈で解釈され、論議されている。まずそれは、ペアレンツではなく、ワン・ペアレント、つまり母親の引き受ける選択や決定の行動として論じられ、「教育ママ」というおなじみの言葉があるように、育児からそれに続く子どもの教育に関しては、入試に際し情報を集め、学習のサポートまでを行うのは母親の役割であるとする文化がある。外で働く男親が子どもの教育に十分関われないのはやむをえないとする文化であり、したがって、これも日本的な問題設定として、どのような母親がよりよく子どもの教育の関われるかという問いが発せられ、「専業主婦」が子どもの学校選びや受験のサポートを行う上に有利だという調査結果もあるとされる。(22)

ペアレントクラシーのこうした側面に関心を向けるなら、いささか矮小化された結論、つまり子どもの学校的成功を実現するには、世帯としての総所得が減少することも覚悟のうえで、母親は「専業主婦」となり、時間、労力において子どもの教育を支援できる態勢をとらなければならない、といったことになる。

だが、問題は、格差化と自己責任がその特徴となる教育の場が、下方にも（中・小学校にも）広がっていく傾向にあるとき、より低階層の子どもたちはどうなるのか、である。入試を行う私立の小中学校や、おなじく入試を行う公立中高一貫学校が増えていて、その競争に中の下、下の層の親子が参入していくのは容易ではない。非正規雇用に就き、時給、日給の世界なので半日の休暇をとって子どものために学校に面談にやってくるのも難しい親、また自身が十分な教育の機会を与えられず、義務教育以降の学校へのわが子の進学について、学校選択にも、受験にも助言一つもしてやれない親があるとき、新自由主義的な学校世界は、養育者の「自己責任」に問題を還元してしまうおそれがある。(23) 今、見えはじめている現実である。

貧困の連鎖と社会、文化

貧困の連鎖あるいは再生産に関わると思われる、社会、文化のシステムに触れなければならない。まず、人々の価値観や意識が媒介的に生み出す貧困というものもあろう。これを「貧困の文化」と仮に呼んでおこう（オスカー・ルイスの論じた「貧困の文化」とはあまり関係がない）。

二世代、三世代にわたっての就学歴、就労歴、家族の状況、所得の状況などの調査が行われるなら、貧困の連鎖とはどういうものかが明らかになろう。しかし、ある程度の規模の調査が行われ、いくつかの基礎的パターンが分類され、導かれるとしても、つねに「なぜか？」という疑問を催させるブラックボックスが残る。家計は豊かではないにせよ親は教育熱心で、進学を勧めたが本人が進学への意欲を示さなかったのはなぜか。比較的よい雇用に就いて、本人の能力ともマッチしていると思われたのに、二カ月でやめてしまったのはなぜか、等々。

ヘイズの「ウェルフェア・マザース」のプロフィルの一つ、ソニアに目を止めてみる。(24) 生活保護受給者で二児の母である二〇歳の黒人女性である彼女の許を訪ねると、アパートの中は完全に整理整頓され、チリ一つ、シミ一つなく、子どもに食事させた後は食べ屑はきれいにぬぐっていた。しかし彼女は一〇年間までの教育しか受けていず、一度雇用経験はあるが、四カ月で辞めてしまった。潔癖すぎて、一日四回シャワーを浴びなければ気が済まず、濡れた髪を乾かすのに一時間はかけねばならぬとし、そうしたことが勤めと両立しなかったのだろう。そして淡々と彼女は、幼い頃父親から性的虐待を受けたことを語った。就学を最低限で辞めてしまったことも、強迫的な清潔好きもおそらく、この子どもの頃の衝撃的な経験と無関係ではないだろう。

適切な言い方ではないかもしれないが、人々がその私的な経験と社会的な因襲とに支配されながらつくりあげ、従ってきた〝貧困の文化〟がある。ソニアの場合でいえば、父親から性的虐待を受けながら家族内のこととして耐え忍ぶというジェンダーバイアスのかかった服従の態度があろう。カウンセラーや福祉NGOが彼女に働きかけて、自分を封じ込めていた加虐への忍従の世界から解放させることが必要だろう。日本でも、ゆがんだ形の自己犠牲の文化が、貧困や破滅に瀕した一家を救うのに女性に課せられることが多かった。凶作に苦しむ農家や家業が傾き借財を負った家族で、娘が人身売買同然に奉公に出され、水商売世界に入ることがあり、それが孝行として道徳的に意味づけられていた。

よくある反応の型として、セルフヘルプを当然の行為と考え、他者や制度に援助を仰ぐことを恥とし、我慢や節約によって苦境をしのごうとする態度がある。一見、自立をよしとして他者や制度に頼らないというリスペクタブルな態度とみえながら、認められている援助の権利を行使せずに自らを危機へと追い込んでしまう。実は、セルフヘルプの国として、州の保護制度に頼ることを競争の敗者の証とみなす文化をもつのが、アメリカだった。この依存を恥とするセルフヘルプの文化は、日本では根強いものがあるが、それはアメリカのように個人主義に根ざすよりは、家族の相互扶助を前提とする恥の文化によっている。いずれにせよ、それは支援制度の発達をも遅らせてきた。

その意味では、近年、たとえば、前述した就学援助の制度を申請し、利用する児童生徒保護者が十数パーセントに達していることは、むしろ歓迎すべきだという見方もある。[25] 公的扶助（生活保護）率の上昇もまた、人々の権利の行使への意識の高まりを示すという側面からは肯定的にみるべきだろう。そして、脱貧困の制度的支援について知識をもち、それを権利として行使するような指導、教育は重要になってくる。

再分配の仕組みが作動するか

貧困の連鎖をいくらかでも食い止める方法として、さまざまな社会的・公的給付や税制による所得再分配の仕組みとその作用がある。実際、学校教育や医療その他社会保障において公的支出の割合が高ければ、それだけ再分配は強められる。この点でよく知られているのはフランスやイギリスの例であり、子どもをもつ世帯の貧困率は、再配分前世帯所得ではともに二五％であるのに対し、再分配後のそれは、おのおの七％、一五％となっている。それにひきかえ、日本では再分配前一一％、後が一三％とマイナスになるという、他に例をみない異様さを呈している（ＯＥＣＤ二〇〇五年調査）。ということは、家族・児童手当や税控除の貧困ゆえに不平等の軽減が行われず、低所得層にも斉一的にかかってくる出費の大きさ（特に教育費、住宅費）が、逆転現象を引き起こしているのであろう。

失業率が一〇％前後と高く推移してきたフランスでは、再配分前世帯所得の平均は低くなるが、それを直接に現出させせない仕組みが組み込まれている。子どもに対する諸種の手当に加えて、教育のためになされる支出の約九〇％が公財政によってまかなわれるという幼稚園から大学・グラン・デコールまでの公教育の無償が、再分配制度を支えているのである。[26] これは日本に最も欠けているシステムであって、家計の貧困（親の貧困）がほとんど緩和されることなく、子どもの生活条件や教育の機会に影響を及ぼしている。

ただし欧米といっても、ＥＵの中心をなすフランス、ドイツ、イタリアなど大陸系の国々と、英米社会では少し違う。後者では、教育学者はより新自由主義的な教育の潮流の前に立っている。彼らの批判はいう。国家はレトリックの上では教育は重要で、人的資源を高めるのだと言いつつも、大半の人々が雇用されやすい《エンプロワイヤブル》人材になろうとし、親たちもそれを支援するだろうと想定し、資本主義的不安定さにさらされる労働者たちの教育機会を保護するような出費は減らしている、と[27]。

図10–1　教育における私費負担率（2011年）

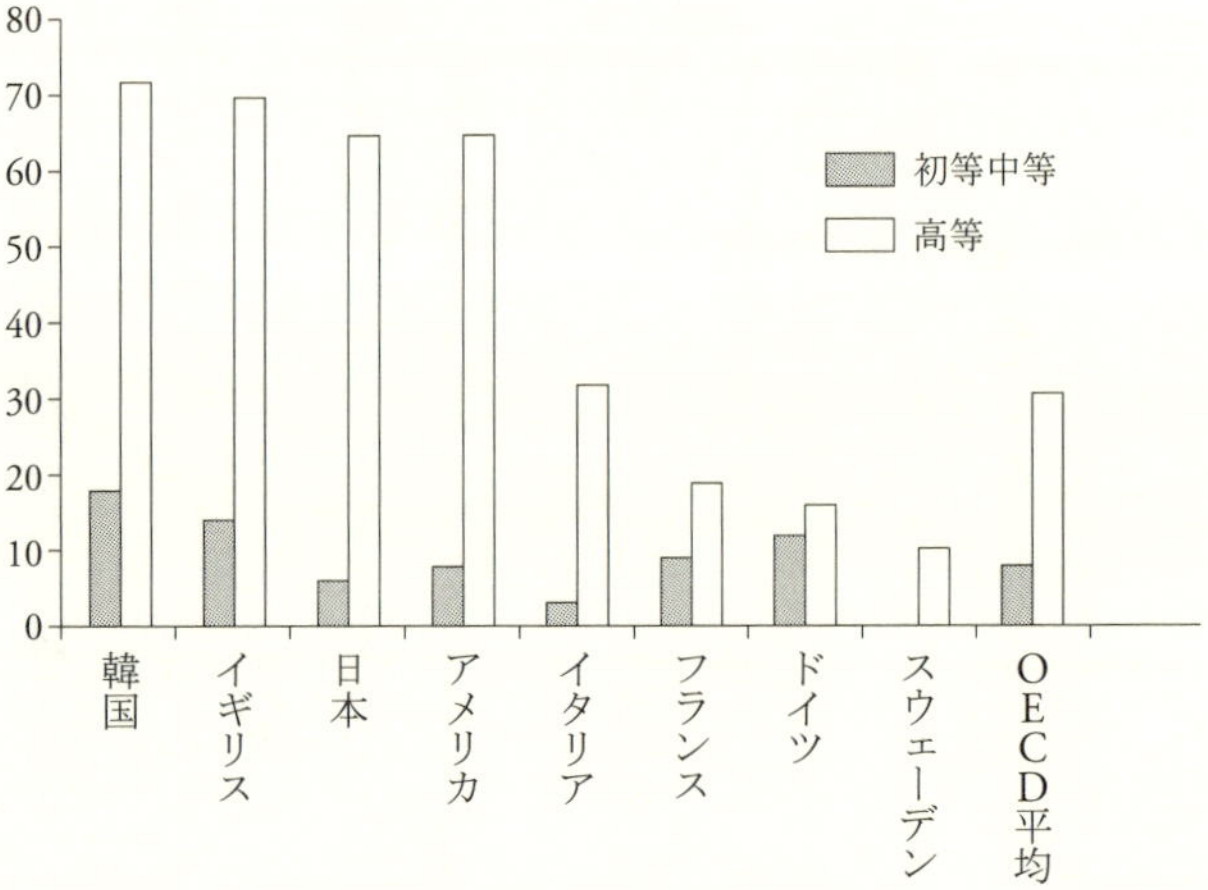

日本では、今日、高校までは授業料無償化が一応進んできたが、大学では授業料が年間国立大学が五三万円（二〇一六年）、私立大学では八〇万円以上となり、奨学金はといえば、事実上国の所管する日本学生支援機構のそれは返済型であり、低利ローンというべきもので、本来の意味での奨学金ではない。利用者負担と市場型の制度運用がこれほどはっきり表れている例は少ない。この高額授業料にせよ、奨学金の名に値しないローン制度にせよ、高等教育における私費負担率は高いものとなり、ＥＵ主要国の数倍に達している[28]。年収三〜四〇〇万円程度の家庭を背景とする子どもがその志と努力により大学進学を果たしても、アルバイト

に追われ、授業出席・単位取得がかなわず、中退に追い込まれるケースも一定数ある。中退者の就ける雇用は、非正規である率は高く、奨学金貸与を二年も受けていれば二〜三〇〇万の負債を抱えての出発となる。非正規雇用に就きながら、二〇代前半で奨学金の返済に苦しみ、自己破産の宣告をしてもらう事例が一万件に達しているという現状は、日本の高等教育制度が、貧困の解消に逆行していることを示していないか。

脱貧困とは——結語に代えて

貧困の連鎖を断つとか下降スパイラルから抜け出すというとき、脱貧困のイメージをわれわれはもてているだろうか。金銭的貧困から抜け出すという意味での所得のアップはもちろん重要であり、正規雇用に就けること、児童手当が増額されること、その他手当、控除が手厚くなることはそのことにつながる。しかし、それが即、生活の豊かさにつながると考えることはできない。

たとえば、仕事に忙しい親が食事の準備ができないからと子どもに相当の金銭を与え、コンビニエンスストアで好きなものを求めさせる。子どもは栄養バランスなどお構いなく、好きな嗜好品でお腹を膨らませるかもしれない。こうした現状をみて、子どもの福祉のために活動するＮＰＯが「子ども食堂」を開設して、リーズナブルな価格で、しかし栄養ゆたかな食事を提供しようとする。市場経済の中から子どもが選び取るものは必ずしも豊かさをもたらさない。市場の中で子どもを自由にさせないことも必要である。かと思うと、親の収入が低く高額の学費への援助が得られないため大学進学を諦める者は少なくない。

そうした社会よりも、学費は低額または無償で、希望する者はだれでも大学に進めるが、その代わり、何を、何のために専門に学ぶべく大学に行くのかが徹底的に問われ、悩む社会とどちらがよいか。おそらく後者のほうがより豊かな社会ではなかろうか。さらに働くことに関しての豊かさとは何か。常時の残業込みで長時間働いて人並み、またはそれ以上の賃金を得る者は、他方で、はなはだしい時間の貧困、家族生活・私生活の貧困を経験していないだろうか。ワーク・ライフバランスを追求するオランダモデル(29)は、日本に直ちに適用するわけにはいかないが、それでも生活水準の低下を恐れることなく「パート労働」を選べるという、その解決方法は金銭的豊かさとは異質な、脱貧困のイメージを与えるものだろう。

何が脱貧困で、目指すべき豊かさなのか、このことの議論ももっとなされねばならない。

注

(1) P・ブルデュー、J-C・パスロン『遺産相続者たち――学生と文化』石井洋二郎監訳、一九九七年、三八頁。
(2) 厚生労働省「二〇〇六年度国民生活基礎調査」による。
(3) 橋本健二「労働者階級はどこから来てどこへ行くのか」石田浩・近藤博之・中尾啓子編『現代の階層社会2 〈階層と移動の構造〉』東京大学出版会、二〇一一年、六五頁。
(4) 後藤道夫「子育て世代の労働と貧困」子どもの貧困白書編集委員会『子どもの貧困白書』明石書店、二〇〇九年、二一八頁。
(5) 阿部彩『子どもの貧困――日本の不公平を考える』岩波新書、二〇〇八年、一一〇―一一二頁。
(6) 厚生労働者「二〇一四年度国民生活基本調査」による。
(7) 同右による。
(8) 佐藤香「学校から職業への移行とライフチャンス」佐藤嘉倫・尾嶋史章編『現代階層社会1 〈格差と多様性〉』東京大学出版会、二〇一一年、六九頁。
(9) S・ヘイズ「アメリカにおける福祉改革と子どもの貧困――不可視と包摂」前原直子訳、原伸子他編『現代社会と子どもの貧困――福祉・労働の観点から』大月書店、二〇一五年、一七五―一八〇頁。
(10) 湯浅誠『反貧困――「すべり台社会」からの脱出』岩波新書、二〇〇八年、五頁。

(11) Ministère d'Education Nationale, *Repères et références statistiques sur les enseignements*, 2007, p. 91.
(12) ブルデュー、パスロン、前出、一一〇—一一一頁。
(13) 耳塚寛明「小学校学力格差に挑む——だれが学力を獲得するのか」『教育社会学研究』80集、二〇〇七年。
(14) INSEE, *Immigrés et descendants d'immigrés en France*, 2012, p. 167.
(15) 副田義也「現代日本の教育問題」蓮見音彦他編『日本の社会1——変動する日本社会』東京大学出版会、一九八七年、二〇六頁。
(16) 後藤道夫、前出、二一六頁。
(17) Conseil de l'emploi, des revenus et de la cohésion sociale, *Les enfants pauvres en France, Rapport No. 4*, La Documentation Française, 2004.
(18) 二〇〇九年の調査では、マグレブ系移民世帯で四六%、その他アフリカ系移民世帯で四二%となっている(INSEE, *op. cit.*, p. 217)。
(19) 吉川徹『学歴と格差・不平等——成熟する日本型学歴社会』東京大学出版会、二〇〇六年、五七頁。
(20) ブルデュー、パスロン、前出、第一章。
(21) Brown, P., The 'Third Wave': Education and the Ideology of Parentocracy, in *British Journal of Sociology of Education*, 11 (1), 1990.
(22) 喜多加実代「家庭教育への要請と母親の就業——母親の就業を不利とする教育のあり方をめぐって」宮島喬他編『公正な社会とは——教育、ジェンダー、エスニシティの視点から』人文書院、二〇一二年。
(23) 岩川直樹「新自由主義の言説と子どもの社会権」子どもの貧困白書編集委員会、前出、六三頁。
(24) S・ヘイズ、前出、一九四—九五頁。
(25) 阿部彩、前出、八九頁。
(26) 宮島喬「フランスにおける子どもの貧困の問題——社会背景と再分配政策」原伸子他編、前出、一一五頁。
(27) H・ローダー、P・ブラウン、J・ディラボー、A・H・ハルゼー「教育の展望——個人化・グローバル化・社会変動」同編『グローバル化、社会変動と教育——市場と労働の教育社会学1』広田・吉田・本田訳、東京大学出版会、二〇一二年、七四—七五頁。
(28) OECD, *Education at a Glance 2014*, p. 53.

(29) 水島治郎『反転する福祉国家――オランダ・モデルの光と影』岩波書店、二〇一二年、七〇頁以下。

III　ハビトゥスとしての文化

11

ハビトゥスとしての文化

——文化社会学序説

1 文化と意味

文化の無意識性

さしあたり言語をその典型として思いうかべればよいであろうが、文化現象のうちには、事実上強固な構造をもち、人びとの思考をあたかも外から枠づけるかのような作用を果たしながら、その構造、作用がほとんど意識されないものがある。われわれはサ行変格活用やカ行変格活用なるものを知らないまま、事実上それに従って発話しており、日常の会話に不自由しないし、フランス人は接続法の何であるかをほとんど意識せずに、その用法の規則に従いつつ、会話のなかで自然に使いこなしている。文法が編まれて、自言語の反省的な把握がなされるまでは、通常、言語の構造は当の話者にとってほとんど知られずにいる。

そして、この言語のように、意識をこえ、意識の彼方にあるような文化の形態は、社会生活のなかにけっこうおびただしく存在し、機能している。そのうちの若干のものは以下のなかでとくに注目し、取りあげることになろう。

さて、こうした側面からみると、文化というものは、主観的な意味の織物としてよりも、はるかに没意味的な客観的構築物のようなものとして映じるのだから、不思議である。といって、およそ意味というものを排除して文化のなんたるかを語ることができるだろうか。究極的にはもちろん否であろう。「発話行為、儀礼行為その他諸種の行為の意味の様相や側面にかんする包括的な体系がつねに存在する。この意味の体系こそが、私が文化体系という語によっていわんとしているものの焦点である」。これはタルコット・パーソンズの言葉であり、やや特殊な文脈から引いてきたものであるが、一般的には文化とは、このようなものとして種別化されてよい。

しかし、この発話行為や儀礼行為が当人あるいは人びとにとってかならずしも明瞭、かつ一義的なメッセージとして現われず、しばしばその意味はかれらの意識の彼方にあって、意識されないでいるということが付言されなければならない。文化を意味の体系として想定することは、その意味の明示性、意識性、さらには意味の解読可能性を想定することとイクォールではない。むしろ後者の想定は、現実の文化（現象）のありように反するばかりか、一元化、単純化の危険をはらむという意味で、陥穽にみちている。

以上、あたりまえの、いささか陳腐なことがらの確認から書きはじめた。だが、これにはそれなりの理由がある。

この無意識的文化というものの社会学的意味を組織的に追うことは、これまで案外なおざりにされてきたようにおもわれるからである。いま「社会学的」といったが、これまで、フロイト、さらにユング的な意味での「無意識」に社会学者も興味をひかれ、論じてこなかったわけではないが、これらの議論はおよそ意味解釈への禁欲とは無縁だった。私のいいたいのは、右のような意味明示的でない文化が現実の社会過程や政治過程のなかにどのように挿入され、事実上の作用として、ないし意図された操作の結果として、どのような機能を負うことになるのかといった問題に焦点を合わせて、ということである。

じっさい、一個の社会において選別や差別をつうじての支配、そして構造維持を可能にしている、文化のかかわる隠されたメカニズムを問い、明らかにするという観点からすると、「無意識的文化の社会的機能はなにか」という問いはもっと重いものとされなければならないと考えられる。殊に現代社会のある種の状況を思いうかべるとき、その感がふかい。追々そのことをのべていくことにしよう。

デュルケムからレヴィ＝ストロースへ

デュルケムにはじまるフランス社会学派のなかには、文化の無意識性という考え方とそれにもとづく洞察があきらかにみとめられる。

『社会学的方法の規準』の著者は「社会諸現象は、それらを表象する意識的主体（sujets conscients）から切り離して、それ自体において考察されなければならない」と書き、物議をかもした。だが、そう述べることで、研究の対象とする制度、慣習、儀礼、集合的諸観念などについて、観念的解釈や功利主義的解釈にはしることをくりかえしいましめたとき、かれは事実上文化の意味が人びとの意識の彼方にあることを強調していたのだといえる。これはすでに周知のことであり、同書から例をあげれば、枚挙にいとまがない。

歴史家シャルル・セニョーボスとの「歴史における未知のものと無意識のもの」と題する討論の席では、デュルケムは、歴史のなかでなんらかの確実性をもって到達しうるのは事件の当事者や目撃者の語る事実を通してであるとするセニョーボスにたいし、人びとの意識にのぼるのはけっきょくは皮相にとらえられた原因にすぎず、それら主観的な意識をのがれているものをこそ探りださなければならない、と応酬している。

社会的な事実や出来事の意味はそれにかかわる当事者個人の意識の彼方にあるのだという主張にかけては、ある意味で、デュルケムほど徹底的に断定的にこれを押しだした者もいない。そのかぎりでかれにおける社会的事実は、没意味的な事物《ショーズ》のおもむきをさえ呈してくるのである。

しかし、これがデュルケムのなかでは方法的に撞着をまねいていることもみとめないわけにはいかない。その名高い『自殺論』のなかで、社会集団ごとの固有の自殺率を説明するのに、意識や動機への言及をもしりぞけたが、実際には、自殺の定義やタイポロジーをうちたてるのに、行為における意味の問題を排除するわけにはいかなかった。さらに晩年には、個人の意識の彼方に追いやった社会的事実の意味を、一方では、ほとんど超越的に一義的に論定することを、この社会学者自身があえて行なっている。事実、『宗教生活の原初形態』での宗教的サンボリスムの扱いは、「宗教表象とは集合的実在を表明する集合表象である」という命題のもと、意味への留保をほとんど取り払ってしまっている。

時代はとぶが、後年、レヴィ＝ストロースが「集団現象の無意識的特質」について論じたとき、かれはデュルケムのことを意識してかしないでか、意味の問題にかなり慎重な留保を付している。『構造人類学』のなかのその名高いパッセージを要約的にしるしておこう。

歴史学は社会生活の意識的な表現との関連でデータを整序するが、民族学は無意識的諸条件との関連においてデータを整序する（——なお、レヴィ＝ストロースのこの区別は私には必ずしも妥当性をもつものとおもわれない。ことは、セニョーボスへのデュルケムの批判に関連する)。ところが、その集団的現象の無意識的な特質をなんらかの有意味的なものとしてとらえることはむずかしい。民族学者は、接触する未開人からある慣習なり制度なりの正当化や合理的説明をききだすのが至難であることを知っている。質問をうけた原住民は、「いつだってこうであったのだ」とか、「それは神々の命令あるいは祖先の教えである」とか答えるだけでよしとしてしまう。たまたま解釈らしいものにめぐりあったとしても、それは「二次的な合理化かこじつけ」である。

それゆえ、レヴィ=ストロースは、文化の二次的合理化や再解釈による方法にしがみつくのではなく、言語学とくに音韻論の方法と成果を手がかりに構造分析へと志向するわけであるが、いまさしあたりその点には立ち入らない。レヴィ=ストロースはさらにつづけて、そうした無意識的な文化は、われわれの生きているこの現代社会のうちにも確実に位置していると書いている。テーブルマナーとか衣裳についての諸規則、道徳的、政治的、宗教的態度などの多くは、その起源なり現実的機能なりを反省的な吟味の対象とすることなしにめいめいが守っているという意味で、右のような文化と基本的に変わるものではない、と。

こう述べることによって、この人類学者は社会学にたいしてある重要なメッセージを投げかけている。では、それはいったいどう受けとめられるだろうか。

「意味」の単純化の誘惑

文化の「無意識性」という言い方を、いままでことさらに説明することもなく用いてきた。厳密な規定はじつは私のなかでも熟していないのであるが、さしあたり次のような三つの意味のレベルがありうることをことわっておきたい。

第一は、ある制度なり慣行なり観念なりの起源や存在理由（「なんのために在るのか」）が明瞭に知られていないということ。

第二は、ある方式なり規則（コード）なりに、その存在をほとんど意識することなく従っているということ。

第三は、それらについて自明視されたある意味の世界を受けいれ、行動していて、しかしその意味根拠についてはほとんど反省をくわえることがないこと。

以上三つのレベルのうち、私が問題にしたいのは、第一のレベルよりも主として第二、第三のレベルである。所与の制度や慣行について起源や存在理由が明瞭に知られていないということは、あるていど普遍的な事実であって、このこと自体はあらためて問題にするまでのことはない。問題は、その存在すら意識しないようなある文化の型にわれわれが従っているということ、ないしは、かりにあるていど意識化していても自明視された意味のなかに浸っていて、「なぜに」という問いを発しないこと、のほうにこそある。文化の社会的な機能という点からすると、まさに第二、第三の意味レベルでの現象がしばしば問題となるからである。

ところで、いまふりかえってみると、人類学者のなかにも、一定の反復的な行動として現われる文化について、その「意味」をずいぶんとナイーヴに、一義的に考える人びとのいることが思いおこされる。

たとえばルース・ベネディクト。この「パターン・オブ・カルチュア」の存在の確信にみちた信奉者は、それぞれの文化はちょうど一人の個人のように「思想と行動の一貫したパターン」をなしている、とのべている（『文化の型』）。それればかりでなく、個々の文化には独自の「いくつかの目標」が立てられていて、この目標に合致するように個々人はその経験を整序していくものだ、とさえ書いている。これほど臆することなく、文化のなかに明示的な意味を読みとろうとする企ても現代にあってはめずらしい。

また当代の人類学者では、E・T・ホールなどの論じっぷりに同じくナイーヴな姿勢を感じないではいられない。かれのいう「かくれた文化」とは、たんなる比喩ではなく、なにか実体をもった意味体系として想定されているように思われるからである。

たとえば、『文化を超えて』のなかの一節に注目しよう。かれは日本に旅し、旅館に投宿し滞在していて、夕刻宿にもどってきたとき、自分の部屋が他に移されていたり、ひどいときには別の旅館に移動させられたりするという経験に出会う。その戸惑いから、日本の文化の意味コンテクストに考察をすすめ、そのかくされた意味をこう論定する。「フロントで登録をすませたときから、客はヨソ者ではなくなり、滞在中はいわば、流動的な一員となる。つまり、その宿に所属するわけである。私が部屋を移されたのは家族の一員として扱われたことの実質的な現われであった」。

こうした解釈の当否を問題にする以前に、まず問われなければならないのは、ある観察されるオヴァートな行動の傾向について、一義的に確定されうるような意味が、あたかも、そこに発見されるべく埋蔵されていて、それを掘りだすことが課題であるかのように考える見方である。こうした単純化の誘惑からまず身を遠ざけることから、無意識的文化への視点も切りひらかれてくるのではないか。

モース「身体技法論」の示唆

時期的には前後してしまうが、ここで、どうしてもマルセル・モースの「身体技法論」にふれないわけにはいかない。

一九三四年のフランス心理学会で行なわれたこの講演がどのような方法的意図にもとづいてくわだてられたのか、いまひとつよくわからないのだが、これは、私のいう無意識的な文化のある形態と論理を、性急な意味解釈を抑制して呈示した、すばらしい企てである。

その後しばらくのあいだ等閑に付されていたこのモースの仕事は、これを収めた遺作『社会学と人類学』（一九五〇年）に序文を寄せたレヴィ＝ストロースの熱烈な賛辞によって見直され、再発見され、わが国では来日したフランスの歴史家ジャック・ル＝ゴフがその講演（「歴史学と民族学の現在」『思想』六三〇号）で身体技法論の触発的意義にふれたことによって、注目を浴びるようになった。

モースは「人間はそれぞれの社会で伝統的な態様でその身体を用いる仕方」をもって、「身体技法《テクニック・デュ・コール》」と名づけている（以下、紹介は、有地亨・山口俊夫訳『社会学と人類学』Ⅱによる）。たとえば泳ぎの型やその習い方には、時期による変遷があった。かつては泳ぎをマスターした後で潜水を習ったものだが、いまでは子どもを水中で眼をひらいたままにしておくのに慣れさせることからいっさいの泳ぎの訓練がはじまる。水を呑み込んでは吐きだすという泳ぎ方がかつては教えられたものだが、いまではこれは廃れてしまった。シャベルのような道具の使い方にも、伝統的につたえられてきた型がある。第一次大戦でかれの参加したイギリス軍はフランス製のシャベルを使うことができなかったので、フランス軍と交代が行なわれる場合には、師団ごとに八千丁のシャベルを取り替えることをよぎなくされたという。

歩き方、このもっとも文化の刻印をうけることの少いとおもわれている身体運動について、モースはゆたかな機知にとんだ観察を展開してみせる。

これも第一次大戦の経験にてらしてだが、イギリス軍の歩兵隊はフランスの歩兵隊とはちがった歩調と歩幅で行進する。だから、イギリス軍のある連隊がフランス式のらっぱの鳴らし方と太鼓の打ち方をして行進をまねようとしたが、なんともちぐはぐな結果におわってしまった。モースがニューヨークで病気になったとき、付添いの看護婦がどこかでみたことのあるような歩きぶりをしていると感じたが、あとで思いだしてみてそれがアメリカ映画のなかでであるということがわかった。つまりアメリカ娘には、他と区別されるそれ独特の歩きぶりがあるというわけである。さらに次の観察は、モースの微妙をきわめた識別眼のゆえにいっそう印象的である。「歩いている間の腕の位置や手の位置は社会的な特質を形成していて、たんに純粋に個人的で、ほとんど完全に心的な、なんらかの配置や機構の所産ではない……。一例を挙げると、私は修道院で躾を受けた若い娘を見分けられる、と思っている。それらの娘たちは普通、こぶしを握りしめて歩くのである」。

そして、走り方について。これについてのモースの見方は、次の引用がすべてを語っていよう。「一八六〇年頃にジョワンヴィルを最優秀で卒業した担任の体操教師は、私にこぶしを身体につけて走るように教えてくれた、と考えていただきたい。これは走るすべての身のこなしとはまったく矛盾する動作である。私は、一八九〇年にくろうとの走者を見てはじめて、走り方を変えなければならないということが分ったのである」。

以上のモースの観察は、示唆にみちている。身体の運動という、およそ生理学や解剖学にぞくすると考えられがちな対象にまで、社会的、文化的な成形の力がつねにおよんでいることがまず指摘されていて、われわれの目をひらかせてくれるわけであるが、それだけではない。

これらの文化的所産は、それ自体「なぜ」とか「なんのために」といった問いをそもそもから拒否するような没意味性の外観をおびていて、事実、モース自身、ほとんどまったくこれらへの意味解釈をほどこしていないが、にもかかわらずそれらが一定のコードをもち、さらには規範性をおびて機能することがあることが指摘されているのである。モースは、E・ベストの著書にもとづいてこんな例をあげている。ニュージーランドのマオリ族では、女性たちのあいだに「オニオイ」とよばれる腰を大きく振ってあるく歩き方があって、これを娘たちに仕込む教育が存在する。そして母親たちは、幼い娘たちがこの歩き方の習得をいいかげんにしていると「お前はオニオイをしていないよ」と叱責をするのであった。

ということは、無意識の、それ自体意味づけのしがたい文化であっても、これが一種の規範性をあたえられ、遵守すべき範型にまでたかめられて機能することがありうる、ということである。身体の運動の型といえども、ほとんど意識の外にのがれつつ、それでも人びとの日々の生活のいとなみに一定の規制的な影響をおよぼしつづけていること、これはモースの身体技法論のみのがせないインプリケーションではなかろうか。少くとも私は、そのような角度からこの論文を読んできた。

さて、この身体技法にあててモースのもちいた言葉、それがほかでもない「ハビトゥス」(*habitus*)である。

では、モースがこれによって意味しようとしたものは、なんだったのか。

2 「型」としての文化とその規範化

「型」としての文化

「ハビトゥス」とはどういう意味でもちいられているのだろうか。

いま私は、このラテン語の語義について立ち入った議論を行なうつもりはないし、またその能力もない。古典語学者にたずねたところでは、この語は、動詞〈habeo〉（英語の have にあたる）の語義のゆたかさに対応して、「状態」、「態度」、「外観」、「服装」、「たたずまい」、「習慣」などを意味しているが、いずれにせよ、反省によってとらえられるもの（本質とか実体）と対比して、〃一見してみてとれるもの〃を含意しているとみてよい、とのことであった。ギリシア語ではこれは、アリストテレスの用いた「ヘクシス」ἕξις（hexis）にあたる。いちおう知っておいてよいことだろう。とすれば、邦訳（『人類学と社会学』）がこれを「型」ということばに移しているのは妥当であるようにおもわれる。

語義のことはそれくらいにしておくが、ラテン語の成句に次のようなものがあることはちょっと心にとめておこう。"habitus non facit monachum"（服装は僧をつくらず）／"habitus virum indicat"（服装は人を示す）。

ここではハビトゥスは「服装」と訳されるが、まさに人によっては正反対と感じられるような意味の文脈のなかで使われている。そして、少し先回りしていえば、この両義性こそが、ハビトゥスの機能を社会学的に論じるさいに、見落とせない点なのだ。

さて、このハビトゥス的な文化（ここでは身体技法）にモースのみとめている特質はどのようなものだったかに注目してみよう。

その第一は、解剖学的・生理学的なメカニズムに還元されることなく（また、もちろん精神とその反復能力などに還元されることなく）、「社会、教育、世間のしきたりや流行、威光とともに変化するという」社会文化的可変性。第二は、「教育」という事実の支配性であって、人は後天的にこの身体の用い方を習得するということ。第三は、この「教育」にはなんらかの「権威」が介在し、それによってひとつの型が「上から」あたえられるということ。モース自身少年時代、担任の体操教師から、身体にこぶしをつけて走るのがよい走り方だと教えられ、つゆ疑うことなくこれに従っていたという先述の例を想起しよう。第四に、このハビトゥスなるある歩き方なり走り方なりは、事実上の規則的な行動パターンに終始とどまっているのではなく、しばしば「美しい」、「かっこいい」、「きまっている」という価値づけをあたえられ、サンクションが明示化されないままにも規範化されていく。

しかし、これらの特徴全体につうじるひとつの特徴、そして私のとくに強調したい特徴は、このハビトゥス的文化はその意味、存在理由などがまず問われることなく、その意味で、無意識の次元にとどまるということである。文化現象のうちには道徳的格率、宗教教義、いわゆるイデオロギーなど、多少とも明示的な意味をになった観念体系として立ちあらわれるものがある。それに対比するときこの種の文化は、有意味的なメッセージとしてよりは、むしろ一定の型として現われる。それゆえ、前者、いってみれば「意味としての文化」との対照で、私は、さしあたりこれを「型としての文化」と考えておきたいとおもう。

文化の意味の恣意性

ところで、明示的な意味体系としてはとらえがたいハビトゥス的な文化現象が、にもかかわらず行為者個々人にたいし規範性をもって現われることがあることはよく知られている。そこにはどのような隠れた過程があるのだろうか。

この規範化は、以下のような意味において恣意的（arbitraire）とみなしてよいようにおもわれる。じっさい、ある一定の歩き方を「かっこいい」、「優美な」歩き方だとするとき、これを論理的にささえるだけの道徳的ないし美的な意味づけがなされることは、めったにない。すくなくともモースのえがく世界をみると、歩き方や走り方について明示的な美学がそこにあるというわけでもないようである。とすれば、こぶしを身体に付けて走ることを「よい」走り方だとすることは、その根拠を問うことがおよそ不可能であるだけに、恣意的であるといわざるをえない。

このばあい、「恣意的」とは、特定人格の専横とか気まぐれな意図といったものと関連づけていっているのではなく、むしろ、その論理的必然的な根拠が知られぬままにある意味が付与されてくる、という意味であり、観点によっては、ほぼ「偶然的」とも等価である。こうした特徴がハビトゥス的な文化にはほとんどつねにみとめられること、このことはみのがされてはならない。

だが考えてみれば、右にのべてきたような意味での「型」としての文化が、一見、没意味的な対象にもみえ、また他方でおそろしく恣意的な意味ののりものにもみえてくることは、さして不思議ではない。その型じたいあらかじめ明示的な意味の体系として現われていないのだから、これに意味を付与する側には、いわばそれだけ大きなフリーハンドがあたえられるからである。だから、それ自体の内在的性質と付与される意味との連関がほとんどだどれないような場合もでてくる。身体動作、日常の礼儀作法、テーブルマナー、ファッション等の意味づけ、価値づけのなかに多かれ少なかれみられるのが、この種の恣意性である。

たとえば、テーブルに並べてあるナイフ、フォークをなぜ外側から順に取っていかなければならないのか、食事中の談笑ではなぜ両手のこぶしを軽くにぎってテーブルの上に置かなければならないのか。それはだれもが理詰めで説明できないし、説明しようとすれば「こじつけ」ととられることを知っている。しかし、それが「よいマナーだ」という意味付与が集合的な実践をつうじて習慣化すれば、それはおのずと自明性という、恣意性の正反対ともみえる極へ移行していくことになる。

それ自体の意味を了解しているわけもない人びとがなぜ「〜風」、「〜流」といった流儀やエチケットを自ら積極的に採り入れていくか。アーヴィン・ゴフマンの次の例は、ひとつの説明だろう。「小作人出身の夫婦が島〔シェットランド島〕の観光客用のホテルを所有－経営するようになって四、五年になる。最初から、所有者夫婦は、どのように生活すべきかに関してかれらが従来所有していた考え方を棚上げして、ホテルでは中流階層風のサービスと設備を全面的に取り入れている。ところが最近、この人たちは彼らが演じているパフォーマンスに距離を置いた態度はとらなくなってきている。彼ら自身が中流階層的になり、顧客が彼らに帰属させる自己像が気に入ってきているのである」（石黒毅訳『行為と演技』）。解釈としてはやや功利主義への傾きを感じさせるが、距離消失、自明化の例を語っていて興味ぶかい。

ここで少々の寄り道をしてみたい。

モースの仕事を手がかりとしていくらか手前勝手な議論を展開してきたが、文化の意味の恣意性という問題は実はフランス社会学派のひとつのかくれたテーマをなしていたのではないか、という思いがつねに私の頭の片すみにあった。

たとえばデュルケムの宗教社会学における例の有名な聖―俗理論の含意するところがそうである。「世界を一つはあらゆる聖なるもの、他はあらゆる俗なるものを含む二領域に区別すること、これが宗教思想の著しい特徴である」としたうえで、『宗教生活の原初形態』の著者は、聖物はそれじたいの特質によって聖物とされているのではなく、聖物の範囲は「宗教によって無限に変わりうる」ものだと書いている。岩、樹木、泉、礫、木片、家……等々、どのような事物でも聖物となることができる、と。とすれば、「聖」という意味の付与は、物の内在的特質をいちいち問源とするような観点からすれば、まさに「恣意的」というほかはないことになろう。

ついでに、このデュルケムが、事物の聖化を支配者の行使する恣意とむすびつけて論じている。ふだんあまり注目されることのない箇所を紹介しておこう。タブーとは、ポリネシア語起源で、ある事物、人物、場所などに「聖」なるしるしを付与することによって、それらを神事の領域に遠ざけ一般民衆の使用や接近から隔離することをいうが、この操作はしばしば所有や用益の独占をはかるために行なわれた。ハワイでは、かつてホノルルの近くでダイアモンド鉱が発見されたとき、女王はその所有権を掌中にすべく、これにタブーを宣したのであった（『社会学講義』）。

恣意的な意味の押し付けというかたちでおよぼされる支配の問題、これについてはもっと手のこんだ現代的な形態にのちにふれるつもりであるが、デュルケムの考察でもすでにその一端が暗示されている。

言語、その無意識

少し道草をくったが、ハビトゥスとしての文化の特徴をさらに追ってみよう。これを抽象的に論じることがもはや得策でないとすれば、具体的な対象を念頭においておかねばならないが、以下ではこの種の文化の特徴を典型的にしめしているもののひとつ、言語を例にとってみたい。明敏な読者ならすでに察しているだろうが、このエッセイが次節以下、B・バーンスティン、P・ブルデュー＝J－C・パスロンらの仕事にしだいに焦点を合わせていく関係上、言語の問題が中心的な意味をおびてくることも、この選択と関連する。

言語および言語活動の社会性、このテーゼはこれまたデュルケム学派が早ばやと打ち出した主張のひとつであった。デュルケムもその著作の各所でこのことをいっているが、同学派のなかでは言語学のアントワーヌ・メイエが、『社会学年報』の一九〇五～六年号の巻頭論文「ことばはいかにその意味を変えるか」のなかで、より論証的にこの主張を展開している。人びとにある意味で共用されていた語が意味を変えていくのは、その語の内的契機によるのではなく、外的・社会的諸条件によるのである、と。

しかし、言語の社会性とともにその無意識性、さらに記号としての〝恣意性〟などの重要な特質を体系的に指摘したのは、やはりなんといってもソシュールの『一般言語学講義』(一九一六年)であろう。当面のわれわれの関心のコンテクストのなかでその議論の意味をうけとめてみよう。

「言語は話し手の機能ではない、個人が受動的に登録する所産である。それは決して熟慮を予想しない」と『講義』がのべて以来、こんにちまで、じつに多くの者が言語の(話者にとっての)所与性と無意識性について語ってきた。思いつくままに挙げても、あまたの言語学者のほかにボアズ、レヴィ=ストロース、バルト、リクール、そしてラカン、等々。

まず言語の無意識性についてだが、ここでいう無意識が、あのフロイト的な欲動、リビドーの意味するような象徴化作用を秘めた無意識とは別物であることはあらためていうまでもない。みずから意識せず、自覚されず、その意味は話者の意識の彼方にあり、それでいて容易にはゆるがない規則の体系によって骨格を維持している、そうしたたぐいの無意識である。ちょうど人間の思考にとって範疇の無意識性のもつ意味がこれとよく似ているといえよう。

そして、この無意識という特質を展開してみると、ハビトゥス的な文化のさらにいくつかの隠れた論理が浮びあがってくるようにおもわれる。

まず言語は、まぎれもなく一個の文化現象であるが、他の多くの文化現象とちがって、その起源、存在理由、意味などについて二次的な推論とか解釈をあまり生じさせないという特異な性質をもっている。というよりは、そうした解釈をほどこそうという誘惑を他の文化現象ほど生じさせない、というべきであろうか。

たとえば、われわれはなぜ lūna が女性名詞であって、sōl が男性名詞なのか、などという問いを発しないし、ことさらに語源の穿鑿に凝るような者をのぞけば、ある言語記号とその意味作用について「なぜ？」という疑問を発することもない。これらにたいして合理的な意味解釈があろうなどとは、ほとんど考えないからである。この点は、身体の用い方にある「型」が存在することについて、人が「なぜに？」という問いを発しないのとよく似ている。

また、以下のような特徴も興味ぶかい。言語におけるコードは、確率論的な意味での事実上の規則性とはもちろんちがうが、行為者が多少ともその内在的な意味（「〜のために」設けられた規則）と、それにともなうサンクションを意識しながら従う、いわゆる社会学的な意味での規範ともちがっている。「型」とよばれるにふさわしく、それはほとんど無意識のなかでまなびとられ、通常その規範性はほとんどといってよいほど意識されていない。ただ、自他のことばの用法のうちに「不自然だ」とか「おかしい」というかたちで抵抗をよびおこすものがあるとき、はじめてコードの存在がおぼろげながらも意識される。この点でも、身体技法における「型」の存在の意識化のされ方と共通するものがあろう。とはいえ、このように意識化の契機が介入する可能性がつねにあっても、コードの体系全体が反省的にかえりみられることは、ごくまれだといわねばならない。

言語記号の恣意性

次に、ふたたび「恣意性」の問題に出会う。言語との関連で問題にするわけだが、ここではソシュールの提起した有名な「言語記号の恣意性」という問題と、さらにいまひとつの問題とがある。

シニフィアンとシニフィエとをむすびつける言語記号という紐帯は「恣意的」(arbitraire) である、とするソシュールの議論は、次のような例をもとに展開されている。「妹」という観念は、そのシニフィアンにあたる一連の音 s-ö-r (sœur) とはどのような内的関係によってもむすばれていない。また、シニフィエ「牡牛」は、国境のこちら側ではシニフィアン b-ö-f (bœuf) をもち、あちら側ではまったく異なるシニフィアン o-k-s をもっている、と。といって、むろん話者がシニフィアンを勝手に選択できるというわけではない。が、すくなくとも「妹」あるいは「牡牛」という対象が複数の (論理的には無限の) 異なった一連の音とむすびつきうるという点に、言語記号の恣意性がみとめられることはたしかであろう。(もっとも、これについては周知のように、擬音語のばあいもそういえるか、表意文字でしめされる書きことばについてはどうか、といった疑問が寄せられるが)。

では、記号としての言語のこの恣意性は、話者にたいしてどういう問題を提起するか。私は、このことがすくなくとも、言語をまなぶという営為に無視しがたいあるかかわりをもっていると考えている。それが恣意的であるために、言語記号をまなぶ者にとっては、理屈づくではなく、習慣のなかでいわば理屈ぬきで身につけていくことがどうしても必要となる。そしてそのためには、くりかえしみずから語り、また他から語りかけられるという環境があたえられていることが、いうまでもなく有利な条件となる。こうした環境を日常的にもつことのできない者は、本質的に恣意的である言語記号のシニフィアン―シニフィエ連関を体得するのに苦労する。われわれが日常的に話す条件をまったくあたえられていない外国語をまなぶとき、その単語やイディオムをおぼえようとするさいに出会う困難はこのことに関係していよう。

ひるがえって考えてみると、これは、個人にとって所与である会話世界のあり方と言語習得の仕方の関係という、かなり経験的、社会学的な問題につながっていく。事実、ある種のことばを身につけ、使いこなすことに、所与の環境のおかげでほとんど苦労しなくてすむ者と、逆にそのような環境の欠如のために習得に異常な労苦をしいられる者との分化という、実際的問題が多くの論者によって指摘されている。バーンスティンやブルデューがとりあげたこうした事実にも、言語記号の恣意性という問題があるていどかかわっているのではないか、ということである。

「美しさ」、「正しさ」への規範化

ところで、言語にかかわる恣意性について語る以上、いまひとつのレベルの恣意性にもふれなければならない。

右にのべたのが言語（という記号）に内在する恣意性であるならば、第二のそれはいわば言語にとっては外在的な意味づけにかかわる恣意性である。しかし、第一の恣意性があればこそ、第二の恣意性がまさに恣意的として問題とされてくるという不可分の関係が両者のあいだにはあることは押さえておきたい。たとえば中空にあって熱く輝いている物体は、s-u-n という音とも、あるいは s-o-l-e-i-l,s-o-h-n,s-o-l などという一連の音ともむすびつけられることができ、いずれともむろん必然的な内的連関はもっていない。それでいて、ある者は、「s-o-l-e-i-l ということばは、s-o-h-n ということばよりも美しい」という。またある者は「s-o-l-e-i-l

は s-u-n よりも優美なひびきをもっている」という。まさにここに、言語というものは恣意的記号であるにもかかわらず、それじたい価値実体であるかのごとくある意味をおびて現われるという、別の意味での恣意性がはたらいていることになる。

ことは単語だけの問題でもなければ、異言語間の比較だけの問題でもむろんない。「国語」とか「標準語」(ばあいによっては「学校語」)が確立されている所ではほとんどどこでも、あることばづかいは美しく、あることばづかいは汚い、といった区分けが行なわれていることは周知の通りである。多くの言語学者や意味論学者がくりかえしこもごもに、言語の用い方はなにかの必然性などによるのではなく、習慣の問題だ、ということを強調してきたにもかかわらず……。

そしてあることばなり表現の仕方を「美しい」とみなすことは、すでに多かれ少なかれ、社会的な規範化への道に踏み入っていることになる。やがてそれは「正しさ」に変換されて、しだいにそれに従属することになる。

では、このように言語に恣意的に価値づけをあたえ、その特定のものを規範化するような作用はいったいなんに由来するのか。これは、言語の内在的論理の問題でないとすれば、おそらく社会言語学の解くべき課題であろう。私自身、これを正面から論じる用意はまったくないが、ミシェル・ド・セルトーたちの『ひとつの言語政策――フランス革命と俚言』などを読んできて、かねがね印象づけられているのは、言語外的な、あえていえば、集団的優劣関係をも内にふくんだ関係がそのまま言語間の優劣、美醜の関係に変換されていくプロセスがあるのではないか、ということである。支配階級、支配的民族グループ、あるいは地理的にいえば（周辺《ペリフェリー》にたいする）中心《センター》などが、事実上このプロセスを支配し、みずからの言語を規範的な位置に押しあげていくのが一般的ケースではなかろうか。

もっとも、あることばにいったん規範性があたえられると——言語にかぎらず、およそハビトゥス的文化の特徴なのだが——しらずしらずのうちにそれは「正しいもの」、「美しいもの」として耳にひびくようになるという傾向があるだけに、右のような支配関係は往々にして人びとの意識にのぼらない。それが、言語のこうした価値づけの恣意的な性格を覆い隠し、言語間の優劣があたかもそれらの内在的特質にもとづくかのように思わせることにもなるのであろう。

3　社会集団と言語ハビトゥス

言語の規範化と周辺化

竹内芳郎氏のつぎのことばを手がかりとしよう。

「……文化とは、本質的に社会的な規範であり、社会制度だということになる。……にもかかわらず、文化とは種〔species〕そのものではなくあくまで擬＝種つまり種の擬制（fiction）だとするならば、文化の規範とは、したがって社会的規範や社会制度とは、その内容がどんなに自然必然的にみえようとも、本質的にはつねにかならず擬制であり、想像力の所産でしかないということになる」（『文化の理論のために』）。

たとえば、ある言語が他のある言語より「美しい」とか「知的だ」などと価値づけられるとき、これをどんなに自然性、必然性に帰するための理屈がこねられようとも、それは本質的に（これまで述べてきたような意味での）恣意的な意味付与によっている。しかしまた、想像力が文化、すなわち擬＝種を生みだすためには社会制度化という契機が決定的に必要だ、ということも右の竹内氏のことばには含意されている。そのことからは、制度化を首尾よくかちとった意味体系はそのことによって、擬制を自然、必然であるかのように押しだしていく想像力をふるう権能を獲得してしまう、ということがいえるのだろうか。そして、社会学的観点から付言すれば、文化の社会制度化とは、サンクションという一定の力の操作の可能性を留保しながら、「美しさ」とか「のぞましさ」とか「正しさ」の基準を設定し、これを対象評価に押しおよぼしていくことであるといえる。

こうした前提に立ってみてみると、一国民社会のテリトリーのなかに複数の異なった言語・文化が並存し、実践されているようなばあい、一定の力を背景として制度化を獲得した言語、文化が、それじたいの基準をあてがって他の言語・文化を周辺化《マルジナリゼ》していくという過程がそれなりに理解されてこよう。

たとえばフランスはその典型的な例を提供する、革命期に中央に定位した権力は、フランス語を「国語《ラング・ナシオナル》」として制度化し、対照的に、ブルトン語やオクシタン語やバスク語を、「パトゥワ」（田舎ことば）、「イディオム」（方言）、「ジャルゴン」（なまりことば）などという貶価的なカテゴリーに押しこめていった。いわゆるマイノリティ言語がつくられたわけである。そして、それはかならずしも力による強制を切札にしたのではなく、弘布しようとするフランス語にふんだんに肯定的な意味づけをあたえ、規範の言語に仕立てあげていった。革命議会における当時のフランス語化政策の確信にみちたイデオローグであるグレゴワールやバレールのことばが、なによりも雄弁にこれをものがたっている。いわく「自由の言語《ラング・ド・ラ・リベルテ》」（M・ド・セルトー『ひとつの言語政策――フランス革命と俚言』）。

ただし、特定の言語が規範化され、その他の言語がこれとの関連で周辺化されたとしても、その優劣関係はマイノリティ住民につねに抵抗なくすんなり受け入れられるとはかぎらない。マイノリティ言語を母語として生まれ、成長してきた個人が、ある時点で、狂暴な力で押しつけられてくる異質な支配的言語と遭遇し、それを契機に、かえって自分の言語を自覚的に再発見するということもありうる。このようなばあい、通常はほとんど意識されることなく、ハビトゥス的なものにとどまっている言語が、アイデンティティの源泉ともなって明瞭に対象化されてくることも可能である。支配的言語の存在が、自言語の発見の触媒となるようなケースといってよい。

南仏のあるオクシタン語圏出身の知識人は、少年時代を回想して、こんなふうに書いている。

「五歳のとき、私は突然に、フランス共和国のひとつの学校に移植されたのだ。そこでは自分の母語（そのころ自分の使っていた唯一のことば）が話されていないのみか、禁止までされていた。学校が退けると、あいかわらず私は例の〝コレーズ方言〟というのをしゃべっていたが、これが実は〝オック語〟といわれるものだった、といま私の口からきくと、多くの者はおもしろがる」（イヴォン・ブールデ『俚言への賛歌——あるオクシタンのたどった道』）。

社会集団の言語ハビトゥス——慣用

いままで論じてきたのは、ひとつの社会のなかに複数の民族・文化グループがあって、それに対応して異質な言語が並存しているような状況の下での、言語文化のありようであった。しかし、少し視点を変え、というよりは視点を限定し、同じひとつの言語《ラング》の体系にカバーされている一社会の内部で、その言語および言語行動が集団ごとに分節化されたパターンを形成しているというような事実に目を向けてみたい。

つまり、集団ごとに成立している言語文化のハビトゥスを問題にするわけであるが、こうしたものの存在を実はわれわれは経験的によく知っている。一言語の地域的ヴァリエーションとしての「方言」がそうだろうし、「ブルジョアことば」、「労働者ことば」あるいは「学生ことば」などといわれるものもあって、これらに応じた言語の分化はかなり微妙な点にまでわたっている。語彙もちがえば、ときにシンタックスまではっきりと異なってくる。

ちなみに、こうした集団の言語パターンは、ソシュールのあの言語《ラング》―言《パロール》の二概念のなかではどう位置づけられるのだろうか。かれのテクストはそれについてほとんど手がかりをあたえてくれない。J・B・ファージュなどは、これを「ソシュールが予見しなかった第三の要素」とよび、「慣用」(usage)という語をそれにあてている(『構造主義入門』)。ファージュの比喩によれば、たとえばラグビーをハンドボールやサッカーと区別する規則の総体が「言語《ラング》」であるならば、「言《パロール》」は、ある特定の試合の運び方、すなわち緩慢なとか、スピーディーな試合運びにあたり、それに対し「慣用」は、あるチームの戦法とスタイルといったものに相当し、オープン攻撃を好むか、ラインプレーを好むかといったちがいを指すものであるという。強調したいのは、これが集団共有的なもので、反復的に用いられるパターンであるという点である。比喩にたよることは、かならずしも的確な理解にいたる道といえないが、これによって一応のイメージを頭のなかにたたんでおくことはできるだろう。

では、言語および言語プラティックを「慣用」というかたちで分化させ、あるていど固定化させていく社会集団のうちでは、いったいなにが重要な位置を占めているだろうか。かりに日本の現状のなかでこういう問いを発すれば、大いに当惑をよびおこすだろうが、西欧諸社会では、そもそもが言語文化を異にする民族諸集団をいま脇におけば、多くの論者の一致するところ、それはやはり社会階級であろう。少なくとも、これまではそうだったといってよい。また、それだけに社会階級ごとの言語世界については、一定の研究の蓄積もみられるのである。

階級の言語世界

社会階級ごとに成立しているハビトゥスとしての言語のパターンは、しばしば、現在という時間のなかでは合理的に説明できないような伝統性をおびている。ハビトゥス化された文化の変わりにくさというものを実際にうかがうのに、階級ごとの固有のことばが恰好の例を提供してくれる。

たとえばフィリップ・アリエスの挙げる例に耳を傾けてみよう。かれによれば、フランスでは十八世紀まで「愛」（amour）ということばは感情と生理（性的欲望）とをともに指すことばとして使われていたが、その後、この二つの意味のあいだに分化がおこった。しかしその実際はどうだったか。

「それ以後は、人は性と愛とを区別している。だが奇妙なことに、民衆語、少なくともフランスの民衆語は、性 sexe の類縁語を大いに取りこみながらも、その言葉が知的な語感を残しているために気安くとびつくこともできず、そのために愛という言葉には依然として旧来の両義性がたもたれてきているのである。学生なら《セクシー》と形容するであろう女を、労働者たちは今でも《あの女は情事 amour 向きの女だ》という」（林・芳賀訳「避妊の心性史」『学校のない社会　学校のある社会』）。

労働者はいわばその民衆的な本能から、「性」ということばが別の世界のことば、すなわち自分たちの日常的感覚になじまないことばであると感じとる。これをしりぞけて、伝統的なことば「愛《アムール》」を、旧来の意味をこめながら踏襲しつづけるのである。学問語あるいは抽象的な知的用語のにおいを感じさせるものや、間接的なもってまわった言いまわしにたいする労働者の拒否反応は、じっさい、かなり普遍的な現象である。日本でも、これにあたる例はかなりある。

そして、いうまでもないことだが、この伝統的慣用表現に固執しつづける傾向や、知的・間接的表現の代りに直接的・具体的表現にうったえる傾向にたいしては、外の世界からは決してポジティヴとはいえない評価がくだされることになる。「直接的すぎる」、「野卑」、「想像力の欠如」、等々。ただし、こうした評価のレッテルの問題については、もう少しのちにふれることにしよう。

ところで、この階級の言語世界の固有性といった問題をいま論じることにたいしては、たぶん次のような反論がありうるだろう。

すなわち、教育が普及し、マスメディアのおどろくべき発達がみられ、パースナルな会話世界とくらべ、より等質的な言語コミュニケーションの場がかつてなく拡がっている今日、階級ごとに多少とも明確な輪郭をたもっていた言語行動のパターンの差異は、低減しつつあるのではないか、と。これはある程度あたっていないわけではない。たとえば語彙の問題であるが、マスコミを通して「標準語」とよばれるものが流通圏をいちじるしくひろげたり、流行語や外来語が広く撒布され、かえってミドルクラスよりも民衆の側に急速に取り入れられていくといった例もみられる。民衆へのマスメディアの影響が日本のように直接的でも圧倒的でもないヨーロッパ社会でも、これは否定できない傾向である。

しかし、少し考えてみれば分ることだが、語彙の変化といったレベルのみに目を向けて社会階級の言語行動の差異の消滅を論じることは一面的であり、あきらかに言語文化というものを単純化し去るものだろう。では、表層の変わりやすい傾向に目をうばわれることなく、より基本的な言語の組み立ての枠組に即して言語行動のパターンをとらえるには、どんな要素に着目したらよいか。

ここで注目されてくるのが、「コード」論である。といっても、そのような「理論」がなにか普通名詞的なものとして存在するわけではない。これはいまのところあくまで、ベジル・バーンスティンという固有名詞から切り離しえない考察視角としてあたえられている。

この現代のイギリスの教育社会学者が、かつて青年時代、ロンドンのステプニーの労働者街に住みこみ、セツルメント活動に打ち込んだ経歴をもっていることは頭の片すみに置いておいてよいだろう。かれの課題設定は、圧縮していえば、社会諸階級（具体的にはミドルクラスと労働者階級）による言語行動およびその背後にある態度、思考の基本的様式の差異を明らかにすることにおかれてきたといってよい。

精密コード、限定コード

ともあれ、バーンスティンの挙げている、よく知られている二つの文例をまずかかげよう（以下、引用は萩原元昭編訳『言語社会化論』による）。

I'd rather you made less noise, darling.　（「あまり騒がないでくれるといいんだけど、お前」）

Shut up!　（「だまりなさい」）

この会話場面としては、部屋のなかでキャッキャッと大声をあげて騒いでいる子どもにたいし、親が静かにしてほしい、と語りかける状況を思い浮かべればよいのである。そうしてこの場合、いうまでもなく"I'd rather"ではじまる言い方はミドルクラス家庭内の、"Shut up!"という言い方は、労働者階級家庭内の伝達のパターンとして対応づけられている。

以上については、こう敷衍、説明されている。少し長いが引用しておく。

「この文の中で効果的にはたらいていることばは、すなわち中産階級の子どもが反応していることばは、『いいんだけど（rather）』と『あまり（less）』である。中産階級の子どもはこうした形式の文、及びこの種の会話の世界で成り立ちうる数多くの文を感知できるよう学習してきている。だから、いまのような状況下で『いいんだけど』『あまり』といったことばが用いられると、中産階級の子どもは、それを、ただちに反応を起こすべき直接翻案可能な手がかりとして受けとめるのである。それに対し不熟練労働者階級の子どもの場合、たとえ同じいい方がなされたとしても、彼はそれを、中産階級の子どもの場合と同一の、反応の手がかりを含むものとしては受けとめないであろう。むしろ『だまりなさい（Shut up!）』といったいい方のほうが、彼にとってより適切な手がかりをふくんでいるように思われる」。

なお、これにすぐつづけて著者は、"Shut up!"という言い方は、ミドルクラスの子どもにもむろん十分に有意味《ミーニングフル》なメッセージなのであって、要するにこの階級の子どもたちは右のいずれの言い方にも適切に反応できるように学習をしてきているのだ、と付言している。

いうまでもなくバーンスティンは学習あるいは社会化の観点を重視しているわけで、その議論のなかではつねに、一定の言語プラティックを習得させる、特定社会階級およびそこにおける家庭の固有の会話世界が暗示的に言及されている。まさにハビトゥス的に身につけられる能力としての考察である。じっさい、われわれが少々想像力をはたらかせれば、ニュアンスにとみ、気の利いた、人の心を傷つけないように配慮されているが多少もったいぶったミドルクラスの会話世界が思い浮かべられようし、他方には、疲れて仕事から帰ってきた父親が不きげんに、ぶっきらぼうに妻や子どもとみじかい言葉のやりとりをする、あのアラン・シリトーの短編が得意としてえがくような労働者家庭の情景が眼前にほうふつとしてこよう。

さて、それはそれとして、バーンスティンは、前者のようなミドルクラス的な言葉の形式を整序していると想定される原理に「精密コード」(elaborated code)、“shut up!”のような後者の言葉の形式にかかわるそれに「限定コード」(restricted code) というタームをあてている。では、この二つはどう定義されるのだろうか。その箇所を引用してみることとするが、かならずしもわかりやすくはない。

「言語学のレベルでは、二つのコードは意味を構成するためにどの統語要素を使用するかを話し手が予測する確率の点から定義されうる。精密コードの場合、話し手は比較的広い選択性の範囲から統語要素の選択を行なう。それゆえ意味を構成する要素のパターンを予測する確率はかなり低くなる。一方、限定コードの場合、この選択性はかなり制約されることが多く、そのパターンを予測する確率はきわめて高くなる。心理学的レベルでは、ことばに明示した形で意思を象徴する志向性を助長するか（精密コード）、それともそれを抑制するか（限定コード）の程度によって、二つのコードを区別することができる」。

その含意

このいかにも独特な、とくに言語学的レベルでの多分に操作的な定義の仕方からすると、限定コードというのは、予測可能性が高いのだから、いわば紋切型の、型にはまった表現に関係するものということになろう。ある状況が設定され、そのなかで人がどう状況に反応し、発話するかが見通せるような場合であり、その個人の独自の自己表現といったものは問題にならない。

それにひきかえ、精密コードのほうは、話者個人がどのように反応し発話するかが型どおりのものとしては予測できない場合に関係する。それは、自分の独自の意識を表わそうとし、語りかける対象を識別、想定し、それに合わせてことばをえらび、表現をつくりあげていくことを可能にする。したがって、この二つは、語彙および統語法と統語要素にかんして選択の幅の大きい場合と小さい場合、というように定義されてもよいというわけである。

とすれば、この二つのコードの含意について、若干の誤解はとりのぞかれよう。すなわち精密コードと限定コードは、なにも特定の階級の言語行動とむすびつけてのみ論じられるべきものではなく、人びとの発話のなかで、あるていど場に応じ、必要に応じて使い分けられているものであることがわかるからである。

端的にいえば、限定コードは、人と出会ったときのあいさつ、天候に関する会話、パーティの開会のスピーチなど、儀礼的コミュニケーションのさいに事実上これを支配しているものである。じじつ、バーンスティンも、こんな例を挙げている。一人の男性があるパーティで、初対面のある女性に近より、話しかけるとする。最初に用いられるのは限定コードであり、これによって二人のあいだに一応の社会関係の基盤が用意される。男性は次いで精密コードに移行し、二人のあいだの独特な意識をことばのうえで推敲する手段をもとうとする……云々。

もっとも、以上のように説明されても、バーンスティンの用いるコードの概念は、私にはなお曖昧に思える。予測可能性というういわば操作的な押さえ方がされているだけに、その実質的なインプリケーションがいまひとつはっきりしないし、統語法上の特質というようなかたちできっちりと定式化されてもいないからである。それにくわえて、バーンスティンが行なった経験的な調査の結果と、そのきわめて確信的な、明快な二つの階級の言語行動の類型化とのあいだに、ある克服されていない距離があるという印象もぬぐいきれない。

しかし、にもかかわらず、かれの行なった仕事は、階級社会のなかでの言語文化のありようと、それが支配や不平等の維持メカニズムにおいてはたす役割に、ある照明をあてている点でみのがせないものがある。この点をもう少しつっこんでみてみなければならない。

4　ハビトゥスと学校的規範

二つのコード、二つの経験の世界

バーンスティンが少年たちを被験者とした実際の調査のなかで両者の言語行動の差異の検証を試みている、その調査手続きを窺ってみよう。かれのある調査は、実験室に集めた少年たちに一定時間内の討論をさせ、そこで話された単語や連続体（'I think' とか 'ain't it' などのまとまりをもった語句）を分析し、従属関係、受動態、あまり使われない形容詞、ＳＣ連続体、特定の人称代名詞、……等々の要素の使用頻度を階級別に算出している。これらをくわしく対照してみれば、二つのコードの違いをより分析的に論じることがおそらく可能となろう。だが、ここではその方向には立ち入らない。

むしろハビトゥスの社会学にとってより興味深いのは、曖昧さをのこしているとはいえ、コードを異にする二種の言語プラティックの型が存在するとして、ではこの二つが、それぞれに話者のものごとの考え方、経験の仕方のどのような違いを翻訳しているのかという点である。言語の問題を扱う以上、この問いは完全に正当化されよう。なぜなら、言語の形式というのはまさにそれ自体、感得の形式、推論の形式、思考の形式にほかならないからである。そしてこの角度からみていくなら、ハビトゥスには、オヴァートないわゆる行動の型の次元とともに、カヴァートな心的習慣の次元、つまりものの感じ方、見方、推論の仕方などからなる次元もあることになろう。

バーンスティンによれば、意味表現のうえで、限定コードは「個別主義的」(particularistic)で、精密コードはそれに反し「普遍主義的」(universalistic)であるという。個別主義的な意味とは、話者のおかれている状況に密接にむすびつき、拘束されているもので、状況内に居あわせる者どうしのあいだで共有されうるような暗黙性を特徴としている。これに反し、普遍主義的な意味とは、そうした状況から比較的自由であって、状況外にいる者たちにも理解されうるような明示性を特徴とする。

といってもややわかりにくいだろうが、バーンスティンの紹介している同僚P・ハウキンスの行なった実験のなかのミドルクラスと労働者階級の五歳児の次の二つの話しことばを比較してみれば、右の違いはうなずけよう。ここでは、四枚続きの絵をみせ、それについてのひとつのストーリーを話すように子どもたちに指示がされている。

「三人の男の子がフットボールをしています。ひとりの男の子がボールを蹴り、それが窓へとびこみ、ボールが窓ガラスを割ります。男の子たちはそれを見ています。……」

「彼らはフットボールをしています。彼がそれを蹴り、それがそこにとびこみ、それが窓ガラスを割ります。彼らはそれを見ています。……」

（『言語社会化論』より）

直接の世界、媒介された世界

例として適切かどうかはわからないが、手がかりとはなるだろう。じっさい、後者（労働者の子ども）の個別主義的な言語表現行動は、ひとくちでいって直接的《イミーディエイト》で、暗黙的《インプリシット》である。おそらくそれは、その場で生きられた直接的な経験をおもんじ、それ以上のものへの媒介をあえて追求しようとしない態度、そして、ことさら記号化を図らなくともコミュニケーションのなしうるようなある種の表象共有のできあがっている世界に対応していよう。話者たちは暗黙的に共有しあえる世界にいわば自足していて、あえて部外者にむけて自らの表現を客観化する必要を感じていないともいえる。ここでは生きられた世界と、伝達していくべき世界との分化は起こっていない。

それにひきかえ、前者（ミドルクラスの子ども）の普遍主義的な言語表現がそこに翻訳しているのは、直接的経験を客観的に対象化しようとする態度、外にむけて記号化し媒介しようとする態度といってよいであろうが、ここには当人が意識せずともなんらかの目的性の契機が介入しているとみられる。他者《ひと》にわからせるため、理解してもらうため、訴えるため等々。だから、いまここにある自分とその経験世界のなかに自足するよりは、状況をこえてひろがる場にむしろ有意味的なつながりをもとうとするものといってよい。バーンスティン自身、「中産階級とそれに準ずるレベルの主たる特徴は、社会関係や客体に対して手段的《インストルメンタル》な態度をとることであり、他方、労働者階級にあってはそうした態度が非手段的《ノンインストルメンタル》なのである」と書いている。
とすれば、この二つの意味体系の相違は、話者たちのソシアビリテ（交渉や結合の形式）の相違をもあるかたちで表現しているのではないか。個別主義的な意味表現が、より水平的な無媒介的な仲間結合と関係していて、記号化前的な直接性に支えられていると思われるのにたいし、普遍主義的な意味表現は、あるていどの距離をもった自他関係のなかに芽生え、いくぶんとも人格的独立性を意識しつつ、ないし手段的に互いを位置づけつつ、他を遇し合うような関係を促進すると考えられるからである。直接的な関係の世界、媒介された関係の世界とでもいうべきであろうか。じっさい、この二つのイメージは、労働者の伝統的世界とそこにおけるソシアビリテについてこれまでいわれてきたこと、およびそれと対照づけられてきたミドルクラスの生活世界の姿ともかなり符合するように思われる。

なお、ここまで述べてきたついでに、ひとつの蛇足を付けくわえさせてもらうと、経済成長のなかでのイギリスの労働者階級の生活意識の変化を扱った有名なジョン・H・ゴールドソープらの『階級構造におけるゆたかな労働者』（一九六九年）は、かれら労働者の日常のソシアビリテにもかなりの変化が生じていることに注目している。「妻と子ども」中心のマイホームにより心をかたむけ、家では子どもにお話を読んできかせ、育児や教育にもなにくれとなく配慮をしめすような新しいパパ像も描かれていて、ミドルクラスのライフスタイルとの接近が強調されている。もしかしたら、バーンスティンが労働者階級家庭の限定コードによる会話例として挙げた「だまりなさい」（shut up!）式のコミュニケーションも、徐々に、よりニュアンスにとんだ、推敲された表現によるそれにとって代わられているかもしれない。これはこれとして興味深い問題である。

学校的規範と優―劣の裁定

少々自由な想像力をはばたかせて、言語行動―心的態度―ソシアビリテというふうに、ハビトゥスの議論をふくらませてきたが、要は、二種の言語行動に対応して二つの経験世界があるのではないかと考えられることである。

ところが、問題はこの二つにたいし「優-劣」の価値づけが外からあたえられることにある。とりわけ、明白な規範をもってこれに裁定を下しているのが学校である。教育学者バーンスティンの関心のいまひとつの焦点も、むろんこの点にある。かれによれば、学校は、ことばの意味が状況から自由であって、状況外のすべての者にも理解できるような普遍主義的な意味体系の言語表現をよしとする。状況内に居あわせる者どうしの暗黙的な発話にしめされるような個別主義的な表現は「よくない話し方」としてしりぞけられる。とすれば、精密コードによる言語プラティックによくなじんでいるミドルクラスの子どもは、当然この規範に適応しやすい。ということは、学校教育が二つの言語コードのあいだに明瞭な優劣の線を引き、子どもたちのあいだにいわば適者としからざる者とをつくりだしているわけである。

さきほどの例にもどってみよう。フットボールに興じる少年たちの絵をみせられて、「彼らはフットボールをしています。彼がそれを蹴り、それがそこにとびこみ……」とやってしまった労働者の子どもは、学校的規範に照らせば落第である。教師から矢継早やに詰問されることだろう。「〝彼ら〟とはだれ?」、「〝それ〟

とはなに?」、「〝そこに〟とはどこのこと?」……等々。この子の話し方は、曖昧で、暗黙的で、その状況に居あわせでもしないかぎり理解できないような不明瞭さをふくんでいる、と。

だからバーンスティンは書いている。「結局、学校は、中産階級の子どもが自尊心を高めるための重要な手段を提供しているのであって、労働者階級の子どもにとってはそのための手段となっていない、といってよいだろう。事実、学校では、労働者階級の子どもの自尊心が傷つけられることの方がよほど多いのである。労働者階級の子どもは自尊心を、かれの階級の象徴を心して守っているどこか他の場所で獲得しているのである」。だが、むろんことは自尊心の問題だけにとどまらない。学校的規範にかない、自尊心を充たすことのできる子とそうでない子のあいだには、選別の冷厳な一線が引かれてしまうからである。

ところで、バーンスティンの議論の世界にややとどまりすぎたが、およそ学校言語の規範化とそれによる諸言語プラティックの優劣の価値づけにかけては、フランスのほうがより典型的だともいわれる。たとえば、学校批判としてこれまた有名なクリスティアン・ボードゥロとロジェ・エスタブレの『フランスにおける資本主義的学校』(一九七一年)のなかの記述が思い起こされる。学校、とくに小学校で高度に規範化されている「よきフランス語《ボン・フランセ》」なるものは、徹底的に「書きことば」の世界を再現したものである、と。この「書きことば」は、コードの議論に引きつければほぼバーンスティンのいう精密コードに関連づけられると私は思うが、ここでは立ち入らない。いずれにせよ、これは民衆の日常語からは隔てられた語彙やシンタックスからつくられたことばであり、ブルジョア階級の環境世界のなかで成長した者には接近しやすいが、労働者階級の子弟にとっては、「人工語」も同然である、と著者たちはいう。労働者の子どもたちが日常のなかで自発的にくりひろげている活き活きとした話しことばの世界は、校門をくぐることが許されない。それだけに、かれらは教室のなかではいわばことばを奪われ、沈黙の時を強いられるのである。

フランスにおける「学校文化」、「学校言語」の問題にはまたあらためてふれる。ここではとりあえず、同型的な事態がフランスの学校論のなかでもしきりに取り上げられ、論じられていることを確認するにとどめよう。

学校的な課題への敏感さ

ところで、議論を先にすすめる前に少しこだわっておいてよい問題がある。

これまで社会階級と関連させていくつかの言語行動パターンの存在を論じてきたが、いったいそこで問題となっていたのは言語能力なのだろうか。これはかなり厄介な問題である。ブルデュー＝パスロンの議論などでも、「言語能力」(compétence linguistique) という言い方が用いられていて、いささかまぎらわしい。しかし、この章の初めのほうで「ハビトゥス」をもって、あたえられた環境世界のなかでの習得の所産であるとしたとき、これが個人の本然的なポテンシャルとして想定されるような能力とはちがうということを私は強調したつもりである。この点があらためて重要に思えてくる。

「能力」ということばは実に多義的であるが、仮にこれを、ある課題の遂行なり達成なりにおいて、当の行為者にたいし指示、助言、暗示などの外的条件をあるていど操作し、時間的観察の一定の幅を置いてみてみても、なお達成ないし未達成が固定化しているような場合に用いうるもの、としたならば、言語ハビトゥスは果たしてこのような「能力」にあたるだろうか。能力とは即習慣形成であり、習慣の固定したものだ、という議論のあることは承知の上でなお、私はこの点にこだわりたい。

じっさい、たとえば子どもたちが普遍主義的な意味体系による言語表現をなしうるか否かは、シチュエーションへの反応の容易さ、むずかしさの問題ではあっても、右のような意味で能力の問題であるとは考えられない。むしろ肝腎なのは、教室で教師からあてられたとき、明示的な表現がもとめられているのだとただちに課題の意味を受けとめ、反応するようなかまえがどれだけ用意されているか、ではなかろうか。つまり、学校的に自分を語らなければならない、という暗黙の要求にどれだけ敏であるか、ということである。

考えてもみれば、日本でも思いうかぶ光景だが、ミドルクラスの教育的な父親あるいは母親たちは家庭のなかで新聞を読み、テレビをみながらも絶えず子どもたちに「このことばの意味はなあに?」とか「~について知ってる?」といった教育的な問いかけを発している。つまり、学校的な課題にフィットした反応をつちかうのに好都合な刺激が、ミドルクラス家庭にはよりふんだんに存在すると考えられるのである。もしこのように、ことが条件づけられた反応の問題であって、固有の意味での能力の有無の問題でないとしたら、次のようなことも当然考えられよう。くだんの課題について仮に教師がわざわざ「その場にいない人にもわかるように起こったことを話しなさい」と指示をあたえれば、労働者の子どもでも、代名詞の多用や主語省略をできるだけひかえて、より明示的なことばで語るのではなかろうか、と。

教師の暗黙の課題付与にたいして適切に反応しうるような学校的ハビトゥスの体得の如何、これが実にしばしば能力の有無とイコールとされ、成績の「良し」「悪し」へとむすびつけられていると考えられる。

レイベリング（烙印）をめぐって

ここまで論じてきて、またまた循環的にいつもとおなじ問題に立ちもどってしまう。ある言語なり、そのある表現様式なり、ある知の形態なりを「正しい」とか「美しい」とか「すぐれている」とみなし、範型化し、それをもってさまざまなハビトゥス的文化のあいだに優劣のヒエラルヒーを打ち立てていく力、これはいったい何なのか。ブルデュー式の言い方では「恣意的権力」（pouvoir arbitraire）とよばれるこの力およびその源泉は何なのか。これにはつねに暫定的にしか答えることができないが、これが集団間の力の優劣関係に根ざすものであろうということをすでに書いた。だが、このような抽象的な言い方ですませてしまうと、具体的に、日常的に経験されているハビトゥスへの恣意的な価値づけの個々の過程が不問に付されかねない。たとえば、第一線で子どもにフェース・トゥー・フェースで触れている文化伝達のエイジェントたる教師が、ここで果たす役割の問題など。

じっさい、教場の支配者である教師がいわゆる「できる子」と「できない子」を創りだしている、という批判がかねてからあり、最近のレイベリング（烙印、あるいは、レッテル貼り）の社会理論なども教育研究に適用されて、このような知見をみちびいている。教室の中で教師の眼からみて「できる子」と「できない子」の判定がいったん下されると、この区分けが固定化され、いわゆる「自己成就予言」的にそうした子どもたちが創られていくというわけである。

たしかにこれは問題のある側面を衝いている。

R・C・リストは、ある黒人小学校で長期の参与観察を行なって、こんなことを確認している。まず幼稚園で最初の八日間がすぎたとき、教師は、子どもたちの知能を、客観的に評価するというよりは主観的に判断して、座席を決めた。これには教室でのそれまでの活動、社会経済的基準などが反映されるかたちとなり、ひとつのテーブルは全員公的扶助を受けている貧しい家庭の子ども、もうひとつは労働者階級の子ども、三番目のテーブルはミドルクラスの子どもと、階級ごとに席が割り振られる結果となった。教師の指導時間の配分の仕方、賞賛と統制の用い方、教室内で子どもたちに認める自律性の程度などをみても、三つのグループへの教師の期待のありようが具体的にみてとれた。

おなじ子どもたちを小学校二年まで観察したところ、幼稚園教師によって最初に定められたパターンが年々維持されていって、別の教師によってあたえられたレッテルも明瞭に三つのグループがこれまで学校で経験してきた現実を反映したものであった。リストはこう結論している。「学校で子供たちが最初に設定された区分に基づいて扱われているうちに、教師の主観的評価とレイベリングとして始まったものが次第に客観的なものになってきた」、と(R・C・リスト「学校教育におけるレイベリング理論」カラベル、ハルゼー編『教育と社会変動』上)。

ハビトゥス的文化の社会学的考察は、おそらくある面でレイベリング理論に負うところがあるだろう。しかし、教師個人の主観的な態度という平面でこの議論をすすめるのは問題の矮小化であり、もしも教師個人の態度のありようを論じるならば、他方に、偏見のない柔軟な眼をもって多面的に子どもをみようと意識的につとめている教師がいることも認めなければなるまい。教育のエイジェントとしての教師の人格やエートスが相対的な自律性をもっていることは否定すべくもないからである。

そこで問題はやはり、教師など文化伝達のエイジェントが個人的にある主観にコミットしたり、また逆に恣意を抑制しようとつとめることとは別に、当の社会のなかに諸ハビトゥスに価値づけを行なうある規範化の力がはたらいているという事実に還ってくる。では、この問題およびそれに関連する一連のハビトゥスの社会学の主題は、さらにどう深められなければならないか。

5　文化的支配と象徴的な力

統制された意味体系

個人的レイベリングの恣意性とはやや別の意味で、よりインパーソナルに権威づけられた文化伝達の過程ではたらく恣意性というものがある。ほんらい多義的で曖昧で、一義的な正－邪、真－偽、美－醜などの評価基準の適用しがたいような文化現象にたいし、一義化された意味の押しつけを行なう支配的なある裁定力であるといっておこう。

かつてこの権力を独占していたものとしては、教会、異端審問所のような具体的な権威をあげることができたが、今日ではこれがはるかにアノニムなものとなっていることは否定できない。3節、4節ではこの力が集団間の力の優劣関係に根ざすものであろうと書き、いちおう支配的集団、すなわち支配階級の権能であろうとしておいた。じっさいこの点では、マルクスのいう、その社会の支配的な思想は支配階級の思想にほかならない、という命題は依然として妥当性をもっているといわなければならない。しかし、ここでは、〝だれが〟という〈存在〉にかかわる主題よりも、むしろ〝いかに〟という〈機能〉にかかわる主題を優先させ、その側面から議論をすすめていきたい。

先にブルデューとパスロンの「恣意的権力」という言葉をいちおう紹介しておいたが、かれらにとって学校文化、とりわけ中等教有までのそれは、選ばれ、加工され、統制された意味体系の世界とみられている。『遺産相続者たち』（一九六四年）のなかの記述には、中等教育における古典（哲学やラテン語）の授業は、「王太子向きの」(*ad usum delphini*) のそれというべく、二流の意味をはこんでくれるものにすぎない、とある（本書六四頁も参照）。教育用に編まれたこうしたテクストは、原典のふくんでいる危険な毒も、心を揺りうごかすような規格外の感動もともに削り落とした平板な二次的な意味ののりものにすぎないということであろう。

学校文化と学校外文化を分けることに、このばあい本質的な意味があるわけではない。前者が統制された意味の世界、後者が本来的な真正な意味の世界といった単純な区分けがされているわけではないし、私もそんなつもりでここでの主題を展開しているのではない。ただ、学校文化は他に別して「絶対的真理」とか「正しい知」という表現が生きている世界であるだけに、このなかでくわえられている知への加工、統制の恣意性が〝恣意性〟として意識されることが少なく、その意味でまさに問題なのだ、というのがブルデューたちの考えではなかろうか。

かれらはこんなことも書いている。演劇、戯曲についてのサンプルの大学生（「学生と勉学」のタイトルの下にかれらの行なった調査による）の知識の分布をみてみると、古典劇の知識では農民や労働者の子弟も、カードル、自由業、専門職の子弟とほとんど遜色のない結果をしめしている。ところが前衛演劇や軽演劇（ブールヴァール劇）となると、ぐっと差がひらいて、その知識はもっぱら上層階級の独占物となってしまう。このことは農民や労働者の子弟にとってほとんど唯一の文化へのアクセスの道である学校というものが、古典的文化に限定づけられた（かつ、おそらくは「王太子向き」に意味的に標準化された）教材と教授の支配している場であることをうかがわせる。またその逆に、古典のジャンルからはみだす諸々の文化は学校で教えられる意味体系のなかに位置を占めないため、中下層の子弟の生徒たちには縁遠い存在となって、上層の子弟ないしはパリの生徒たちのための特権的文化となっている。

じっさい、二十数年前、留学のさいに私の識ったフランスの学生たちを思いだすと、こつこつと勉強して古典の堅実な知識をたくわえている学生と、たとえばジョルジュ・ヨネスコの『禿の女歌手』のロングランをやっているパリ、セーヌ左岸のユシェット座のことを話題にしうる前衛文化通の学生のあいだには、ずいぶん肌合いの違いのあることが印象にのこっている。こうした事実のうちにブルデュー、パスロンのみている更なるインプリケーションはここでの文脈から多少ずれるので、機会をあらためてふれることにしよう。

多様なヴァージョンからの選択

意味を選び、加工し、これを被伝達者に課するという営みは、文化伝達にとって多かれ少なかれ不可避的なものであるが、そこでの「恣意性」にもいくつかの異なった質があるように思われる。あらっぽい分類でいえば、意図的、イデオロギー的なそれと、伝達者自らにとってもほとんど意識されないような暗黙の規範にしたがったそれが少なくとも区別されるのではなかろうか。

教育学者中内敏夫氏の「教材『桃太郎』話の心性史」(『学校のない社会　学校のある社会』)は、この両側面を照らしだすかたちとなっていて、私にはたいへん面白かった。

「桃太郎」話にいくつかの異文があることは知られているが、より古いほうの異文は、桃太郎は、回春剤である桃をたべて一挙に若返った夫婦から生まれる、というストーリーから成っている。それが次第に、「桃から生まれた桃太郎」といういまひとつのストーリーにとって代わられる。これは、この物語の読み手であり聞き手である子どもというものにたいする大人たちの態度(心性《マンタリテ》)が変化し、子どもを「大人の性から隔離せねばならない」とする見方がより強まったことに照応しているという。

ところが、それが明治以降に学校教材化されるとき、いまひとつの意味の転換が生じる。果生型のストーリーが維持されつづけるのはもちろんであるが、民衆の心性のあり方とのかかわりは断たれ、たとえば桃太郎の資質は倫理的に美徳化され、さらには「天子様」に忠義を尽くしたくて鬼をこらしめに行く、といった動機論さえ付けくわえられる。それ自体多様なヴァージョンをもち、曖昧さをのこし、多くの想像や読みとりの余地をもっている説話を、しだいに一義化された型のなかに流しこみ、それ以外の解釈の可能性を排除してしまうような力がはたらいてきたわけである。

ことに、教育の「方法的社会化」(デュルケム)という性格がよりつよまる公教育にあっては、作為性の契機はよりつよまり、文化の意味内容はより全面的にコントロールされるようになる。赤本の『桃太郎一代記』では鬼ガ島の遊里の見物におもむくことになっている〝軟派〟の桃太郎も、とうぜんそこでは姿を消さなければならない。日本近代の特殊性の下では、「忠君」の倫理とイデオロギーに相反するなら、ディテールのエピソードまですべて注意ぶかく刈り取られなければならなかった。このみごとに統制され管理された修身用教材「桃太郎」の姿は、そのオリジナルな説話の曖昧な多様さからみれば、まさに意図的に選択され、配された構図にほかならない。

以上との関連で考えれば、ブルデューたちが教育的働きかけ《アクシオン・ペダゴジック》のなかにみている「恣意的権力」とは、たんなる〝気まぐれ〟とは同義ではない、文化伝達の社会過程の固有のメカニズムに関係することがわかる。だが、それにしても「すべての教育的働きかけは、恣意的権力による文化的恣意性の押しつけとして、客観的には、象徴的暴力（violence symbolique）である」といった『再生産』中のかれらのいかにも刺激的な用語法による命題に取り付くのは、まだなかなかたいへんである。

文化的支配とは？

ここで、いわば「中間考察」風にさしはさんでおきたいひとつの議論がある。政治的支配、経済的支配ということばがあるならば、「文化的支配」ということばも成りたつだろうか。私にもよくわからないが、文化をめぐる議論のある特殊性をよく頭においておくためにも、こうした言葉を意識的に措いてみることは無意味でないように思われる。

文化にかんして「支配」や「被支配」という事態を語るとき、われわれのなかにはつねにある単純化への傾きがみられるように思う。たとえば、母語Aとその文化のなかに生み落とされ成長した者に、突然異言語Bが学校語や公用語として強制されるといった状況が、よく文化的支配の典型的ケースとして思いうかべられる。要するに、異文化の押しつけ、強制である。さしずめ、今世紀初めまでフランス各地でみられたフランス語化のひきおこした言語的軋轢がその絵に画いたような例であって、たとえば南フランスのオック語育ちの子どもたちは、小学校入学式のあと、その母語で大声でわめいて教師から叱られ、初めて異文化支配を経験する（クロード・ドゥヌトンの『百姓訛り』を紹介した篠田浩一郎氏の『文明と形象』のなかにその記述がある）。現在に例をもとめれば、「フランコフォニー」と名称される西アフリカの国々でそれぞれの母語のなかで育ってきた少年たちが、学校にあがって有無をいわさずフランス語を課され、あまつさえ、かれらの生活とまったく縁のない、ルイ十四世の所業だとかノルマンディ地方の地誌だとかをまなばさせられ、暗記させられるようなときに感じる抑圧の体験がそれにあたるだろう。しかし、文化的支配とはそのようなものに尽きるだろうか。

ブルデューとパスロンが「象徴的暴力」論のなかで中心的に問いかけているのも、いってみれば、この支配の特徴をなすものはなにか、ということであるが、かれらは、マルクス、デュルケム、ウェーバー、三人の先人の業績に言及しつつ、なかでもウェーバーを高く評価している（私はこの評価に異論はないが、その箇所でのデュルケムの扱いにはかなり承服しがたい点がある）。そこで、多少の社会学の復習をしておきたい。

ウェーバーの有名な「支配《ヘルシャフト》」の定義は、これを「或る内容の命令を下した場合、特定の人々の服従が得られる可能性」（清水幾太郎訳『社会学の根本概念』）といっている。いうまでもないが、この定義は二つの要件を重視したもので、たんにある命令が課されるだけでなく、人びとがこれを受け入れることによって命令どおりに動くチャンスが生まれること、までをふくんでいる。ただし、この服従がどのような動機からなされるかはさしあたり問題ではなく、信服、情緒的好み、利害の計算、たんなる慣れなどがその動機となりうるとみられている。ベドゥィンの酋長が、自分の砦の前を通過する隊商に財貨の貢物を要求し、隊商の側もおおむね恒常的にこの要求に応じているものとする。この場合「支配」の関係は成立しているわけで、その動機はどうであれ、命令にたいする服従は行なわれている。

支配とは服従の得られるチャンスである、というこのポイントをはずしてはならない。ある文化が押しつけられるという事実は、それだけではまだ支配という関係をなさないのであって、当の押しつけにたいし同調的に反応する一定量の行動がつくりだされることをもってはじめてその要件がみたされる。くだんのアフリカの子どもたちが、教室のなかで母語でおしゃべりしたいという衝動を抑えて、ともかくもA《アー》、B《ベー》、C《セー》の習得にとりかかる、ということがなければ、フランス語の支配もなにもあったものではない。だが、これだけの「支配」の概念では、文化的支配というもののある本質的要素がまだ欠落していることを明敏な読者なら気づいているにちがいない。

意味の押しつけ、意味の受容

支配を客観的関係性としてとらえる観点は、じっさい、このばあい限界がある。こと文化現象が関係するばあい、必然的に〝意味〟の問題がともなうし、たとえ明示的にそうでなくとも暗黙の準意味的な反応（ハビトゥス的な反応といってもよい）がともない、そこからおのずと支配の側、被支配の側のあいだにデリケートな「相互性」の関係が生じてくるからである。

敷衍して述べてみよう。特定の意味体系やハビトゥスが人びとに課され、かつそれが多少とも「正統」だという感情、表象をともないつつ受け入れられるとき、そこにこの種の固有の支配が成りたつといえる。ローマ教皇と異端審問所から断罪をうけ、「それでも地球は動く」とつぶやきつつ地動説を誓絶させられたと伝説されるガリレオ・ガリレイのばあいはどうか。かれはたしかに服従をした。しかしいうまでもなく教皇庁当局の課する意味体系（天動説）を「正しい」としたわけではないから、その服従はいわばネイキッドな力にたいする譲歩にすぎない。けっきょく、課される意味体系が、有意味的なものとして受け入れられず、「押しつけ」として人びとに意識されているかぎり、文化的な支配が成就されたとはいえず、そこでなお服従を得るには、非象徴的な力の行使による補完がどうしても必要となる。破門の脅迫、物質的なサクション、ばあいによってはマテリアルな暴力の行使、等々。だが、そうなると支配はもはや文化的ではない。

そこで、文化的支配の成否は、課される意味体系やハビトゥスが、それ自体において正統として受け入れられるかどうかにかかってくる。「教皇は無謬である」とか「天体は地球を中心に回転している」といったメッセージを、人びとが真に受けて、その通りに信じこんでいるかぎりこの支配は達せられているわけで、象徴的な力以外の力の援けを借りる必要はない。そこでは支配する側と支配される側のあいだに一種の相互性がなりたっているといえるが、この相互性とは、支配する側の課する意味にたいして支配される側が有意味的に反応し、一定の意味の共有が行なわれるということである。そのばあい、支配される側からの意味共有が、幻想、錯覚、願望的思考、投射などにもとづいていることも大いにありうることである。ちなみに、ロシアのツァーリの専制支配が、絞首台と銃剣のみではなく、貧農層にまで浸透していたいわゆる皇帝崇拝によっても支えられていたことは知られている。

もっとも、そういう仰々しい例を思いうかべなくとも、こうした支配は、あらためてふりかえってみると、われわれの日常的な経験世界をも構成していることがわかる。たとえば、マスメディアの提供してくれる擬似環境のほとんど無意識の取り込みなどがそれである。

このタームの創始者ウォルター・リップマンの語っている古典的なほほえましい例をあげよう。第一次世界大戦のニュースを遠いアメリカできいていたひとりの女性は、このフランスで荒れ狂っている戦争のことを一所懸命想像しようとつとめる。彼女はフランスにいたことはないし、むろん前線の様子を確かめようもない。フランスとドイツの兵士の写真を見たことはあったが、三百万の兵士など想像することもできない。専門家ならそれを二百個師団として考える。しかし彼女は戦闘地図の見方もわからなかったので、けっきょく、戦争をドイツ皇帝とフランスのジョッフル元帥に結びつけ、ちょうど二人が個人的決闘を戦っているかのように思いえがいたのであった（『世論』）。

これは多分に、マスメディアが大西洋の彼方から送り付けてくるある種の戦争イメージの焼き直しであるが、同時にそれには、この女性の所有している想像力が協力してもいる。この相互性のなかではじめて、マスメディアのイメージ支配が有効に成立することになるのだろう。このばあい、イメージの送り手の側にそのような組織的意図があったかどうかは別としても。

「固有の象徴的な力」の支配

とすれば、固有の意味での文化的支配とは、押しつける意味あるいは意味体系が人びとにとって「正統なもの」、あるいは「当然なもの」、「自然なもの」と感じられるようになればなるほど、いいかえればポジティヴに反応する感性やハビトゥスをかれらのなかにつくりあげるのに成功すればするほど、完璧に成就することになる。まさしくブルデューとパスロンが、「象徴的暴力」における、力の関係に担保されてはいるものの、それには決して還元できない、「固有の象徴的な力」(force proprement symbolique)と名づけているものの機能の成就であるといってよい。このことを、例の言語における支配というテーマにふたたび即していえば、どうなるか。ブルターニュや南フランスにあってフランス語の押しつけを文字どおり「押しつけ」と感じ、これに抵抗もした祖父母の時代には、まだ支配は外的なものにとどまっていて、内面にはいりこむにはいたらない。それから時の経過をへて、父母や本人の世代がオック語やブルトン語を話すことを「恥ずかしい」と感じ、南仏アクセントを田夫野人のしるしと自らみなすようになるとき、フランス語の支配は固有の内化された支配の実質を獲得する。フランス語を「美しい言葉」、オック語やブルトン語を「粗野ないなか言葉」と感じる感性が、かれら自身のなかにもひそかにつくりだされているわけである。

それだけ、文化的支配というものは両義的で、また逆説的であるといわなければならない。ある意味の押しつけを「支配」だと感じて抵抗感をいだく者は、まだ支配のなかに内的に組みこまれていない者であり、逆にその支配を完璧にこうむっている者は、支配を意識することのむしろ少ない者であるといえるからである。

しかし、といったからとて、私の議論の意図を誤解しないでいただきたい。文化的支配というものはけっきょくは、支配する側と支配される側との境界を取り去って意味の共有世界をつくりだすのだから、当初摩擦や軋轢をともなう押しつけのかたちで作用せざるをえなかった支配という事実も、そのなかでは消し去られていくのだ、という議論に私は与するわけでは決してない。こうした立論こそは、先進国や先進地域の文化的支配のイデオロギーがこのんで行なってきたものではなかったか。たとえば、いう。多少手荒い手段をもちいてのフランス語普及政策であったとしても、長い目でみれば、ブルトンやアフリカ原住民にとって感謝されるべき「文明世界」への導入の恩恵をなしたのだから、いまさら「言語帝国主義」などと、悪しざまにいわれるゆえんはない、と。

むしろ私がいいたいことは、文化的支配というものはその性質上押しつけや強制のなまの体験を生じさせにくいだけに、それだけなおさら、押しつけられるものと、それをこうむる側の当初の文化とのあいだの不連続にわれわれが敏感でなければならないということである。たとえばブルターニュや南仏オクシタニーの住民がいま獲得しつつあるアイデンティティが、そうした不連続をみずから実証してくれているのであるが。

「中間考察」的議論が思いがけずふくらんでしまった。「文化的支配」というこなれのわるい言葉を使いながら私がこの問題にあえてこだわった理由は、すでに説明の要もないだろう。それは、こうした支配が、ハビトゥスの形成を不可欠の過程として成りたっているからであり、それ自体が当のハビトゥスを介しての意味体系の押しつけとしても考察されうるからである。そこで、以上の関連を踏まえ、ハビトゥス的な文化現象の現実の相をいますこし別の角度からうかがってみよう。

6　選別と再生産――教育への視角

「支配的ハビトゥス」とサブカルチュアのハビトゥス

さて、以下では、いままで随所で、しかしどちらかといえば断片的に論じるにとどまっていたピエール・ブルデュー＝ジャン＝クロード・パスロンのハビトゥス論、教育論について、やや中心的にふれてみることにしたい。

前節からの連続線上で、いささか独断的な用語法かもしれないが、かりに「支配的ハビトゥス」ということばを使ってみたい。言語行動であれ、知覚であれ、推論であれ、あるいは身体技法であれ、一社会のなかで正統性をもって相当範囲に受け入れられている型があるとき、これにポジティヴに反応していく傾向、感性、態度などとして成員の側に形成されているもののことをいう。

なぜこんな造語をするかというと、先にも述べたように、意味の押しつけとして始まる文化的支配はその意味を正統なものと感じるかまえを成員のなかにつくりだすにいたってはじめて成就される、というからであるが、実際にも、正統化され制度化されている文化は通常この種の心的対応物を相当範囲の成員のなかにもっている。たとえば「国語」とか「標準語」として教えられるものが、(母語を異にする成員にさえ)「正しいことば」として自明視され、受け入れられているとき、この対応関係は明瞭である。また、近代社会は学校教育や職業生活のなかに競争とそれによる淘汰の原理を大幅に制度化しているが、このような原理を自明かつ当然なものとみなし、そのサンクションに比較的抵抗なく適応していくような態度や行動様式がある範囲の成員に形成されている。およそこのようなものをイメージし、「支配的ハビトゥス」という語をあてておきたい。

しかし、ただちに付け加えておかなければならない。ここでいう「支配的」とはかならずしも〝多数者の〟という意味ではないし、まして、全成員間に斉一的に共有されているという意味でもない。早い話、右にあげた近代社会の競争的原理を自明のものとして受け入れ、これにポジティヴに適応していく態度が階級、階層の別なくひとしく形成され、かつ維持されるなどというのは、虚構にすぎない。

通常むしろ、私のいうこの「支配的ハビトゥス」にたいし、同じ社会のなかに異質的な、さらには対抗的なハビトゥスが生き、機能していて、その布置はかなり複雑であるのがふつうではなかろうか。さしあたり多くの社会で観察されるのは階級、地域、エスニックな集団、およびそれらの複合に対応している種々のサブカルチュアの存在であるが、このサブカルチュアはそれを母胎とし、また環境としてつくりだされる固有のハビトゥスをもっている。では、「支配的ハビトゥス」とこれらとの関係はどのようにとらえられるべきか。それはたんに、異質なハビトゥスがそれぞれそこに併存している、といった静的な関係のイメージでとらえられてはならないだろう。

向き合う二種のハビトゥス

実は、この「支配的ハビトゥス」と多様なサブカルチュアによってはぐくまれたその他のハビトゥスとの関係を多少とも動的に、かれらのことばでいう「教育的働きかけ」と関連づけて論じているのが、ほかでもないブルデューとパスロンである。たとえば『再生産』のなかの次の一節に注目することができる。

「教育的労働の固有の生産性の度合は、それが教えこもうとするハビトゥスと、それに先立って行なわれてきた教育的労働の諸形態――もっともさかのぼれば家族のそれ――によって教えこまれてきたハビトゥスとのあいだの隔りの大小によって規定される」。

ことわっておくと、右の訳文は、煩雑な挿入句をふくむ倍くらいの長大な原文から、枝葉の部分を切り落として取りだしたいわばエッセンスである。かれらの議論の方向を簡明にしめすためあえてそうした。

さて、教育の教えこむハビトゥスと、それに先だって教えこまれてきたハビトゥスとの関係の問題。前者は、典型的に考えれば、学校という場において価値付与され、教えられ、また生徒自身がそれにポジティヴに反応することをとおしてつくられていく諸傾向である。たとえば、「凝った学校ことば《ラング・サヴァント》」をあやつる能力、ある種の知識・教養、それらを難なく身につけていくノウハウなどがこれを構成していよう。またもう少し広く考えれば、教師の問いかけの意味を（教師の意図に添うように）受けとめるのに敏で、たくみに学校的に答えるすべを身につけている生徒の態度なども、ここにふくめられてよい。いってみれば、範型化された学校文化がつくりだす、それに適合的な態度や傾向の総体である。私が「支配的ハビトゥス」とよぶものの、ひとつの限られた場での形成の形態である。

他方、こうした教育の以前に教えこまれ習得されるハビトゥスとはどのようなものか。ほかでもない、それはそれぞれの集団（たとえば社会階級）、より直接的にはそのなかに定位している家庭という環境世界のなかで日常的にまなびとられてきた知覚、推論、言語行動などの固有のパターンである。たとえば、実用的・具体的な知や推論を重視する家庭内の雰囲気を日々呼吸してそだつ労働者の子どもと、抽象的な主題などをめぐる暗示的な会話をふんだんにききながらそだつ上層階級の子どもとでは、とうぜん学校以前的に身につける態度がちがってこよう。私は先ほど、サブカルチュアの違いに照応する違いといういささか平板な言い方をしておいたが、それの意味するのはこのようなことなのである。

さて、ブルデューとパスロンのくだんのテーゼの核心は、支配的ハビトゥスと、それぞれの集団的環境内の個別的教有がつちかう諸ハビトゥスとの「距離」を問題にし、それに関連しての選別の作用を指摘する点にある。ひらたくいえば、学校でモデル化されている知の世界や行動様式とはちがった世界のなかに生きてきた子どもたちは、そのモデルによってふるいにかけられてしまい、逆に、このモデルにきわめて近い知や行動の型に慣れしたしんできた子どもたちは、比較的困難もなく学校教育の要求に適応していけるということである。

この含意をブルデューたちのさしあたり対象とする西欧社会について述べれば、「自由」な教養、たくみな言語操作力などを範型化している「学校文化」といちばん親和性の高い文化を自然に、容易に習得してくるのは、自由業、上級管理職などからなる上層階級の子弟にほかならない。逆にこれともっとも隔った文化のなかに生きてきた労働者階級の子弟は、その「距離」の大きさのために高いバリアーで行く手をはばまれ、就学においていちじるしく不利な位置におかれてしまう。

要するに、教育の場ではある範型化された文化と、さまざまな担い手のはこぶさまざまな文化がぶつかり合うわけであるが、前者との親和性の大小によって、後者のそれぞれの文化は事実上、中心―周辺関係のなかに配されてしまう。それ自体さしあたり質的に多様なものとして形成されてくる諸ハビトゥスに、序列づけがあたえられるわけで、そのいわば裁定の権能を「学校文化」が演じているということである。

構造―ハビトゥス―実践

ハビトゥスをこのように支配的なもの―従属的なもの、あるいは中心―周辺というように分節化することによって、ブルデュー＝パスロンの教育論にせまる道筋が照らしだされてくるが、ここで、いったん原点的な問題に立ちもどり、かれらが「ハビトゥス」というこのキー概念をどういう意味をこめて用いているかを瞥見しておきたい。

これについてまとまった記述にわれわれが出会うのは、カビール社会の贈与行動を分析した三つの試論を前置したブルデューの（これはパスロンとの共作ではない）『実践の一理論についての草稿』(*Esquisse d'une théorie de la pratique*, 1972) である。ここに銘打たれたタイトルもものがたるように、「実践」(pratique) の理論の練り上げのなかで「ハビトゥス」の概念が重要なものとして浮かびあがってくるという関連がある。なお、"pratique" の訳語として「慣習行動」をあてる企てもあり、私も文脈によってはこれが適訳だと思うこともあるが、しかしプラティックの動的な性格がうまくあらわせないと感じることもある。とりあえず、「実践」ということばを使っておく。

カビール社会にかんする民族学的フィールドのなかでのこの著者の思索は、構造主義者の視点と一見似ているようにみえるが、これへの内在的批判をふくみ、たとえば贈与行動にかんしては時間のなかでのたくまざる応答をふくんだ生きた相互作用が強調的にとらえられている。ハビトゥスは、このような実践の原理である。すなわち、「実践と表象の生成および構造化の原理」、また別の表現としては「不可測の絶えず更新されていく状況にうまく対応することを可能にする諸々の戦略の形成原理」などとも書かれている。このかぎりでは、ブルデューのこの概念は、行為者の能動性のがわに大いに引き付けて解釈されるようにもみえる。

しかし、同時にブルデューの眼は、いわば等距離で、「構造」のがわにもそそがれている。ハビトゥスとは「持続的な性向（dispositions）の体系」、「構造化する構造として機能すべく傾向づけられた構造化された構造」などとも書かれている。この側面でいえば、ハビトゥスは所与の構造（たとえばある階級の生活諸条件）のなかで行なわれる社会化の所産であって、その構造への事実上の適合性という性格をももっている。そのばあい、明示的な規範に意識的にしたがうことなしに、しかもあたかも前もって整合化されている行為のように、ある型のなかに収まるのである。このような行為の原理として理解されるハビトゥスは、「構造と実践を媒介する持続的な伝達可能な性向の体系」（J・B・トンプソン）と呼ばれてよいであろう。

いまとりあえず私がこの概念にかんして強調しておきたいのは次の点である。

第一に、ハビトゥスを、生きた人間行為から切り離して、不変の凝固化した沈澱層のようにみるスタティックな見方はしりぞけられなければならない。それは、実践や表象の生成原理として行為者のうちに内化され、血肉化され、かれらの時々の反応を媒介するものとしてみられるべきであろう。第二に、しかし同時に、意識的、自覚的に設計され、選びとられる行為志向とは異なって、ハビトゥスは教えこみの所産として無意識あるいは半意識の行為へのかまえをなすものである。したがって、それを生みだした生活諸条件への適合性をもち、行為を方向づけるにあたっても、この意味で、構造化された可能性の範囲からまったく自由ではない。

以上のように理解してよいとすれば、ブルデューの他の仕事についても、構造―ハビトゥス―実践の多少とも循環的なつながりをもっと読みこんでいってよいのかもしれない。

ハビトゥスと「選別」

以上のことを踏まえていま一度、ブルデュー＝パスロンの教育論、選別論に立ちもどると、そこでのハビトゥスの微妙な生きた作用がより的確につかまれるのではなかろうか。

ふたたび先ほどの主題に関連した議論にもどってみたい。それぞれの集団環境のもとでかたちづくられるハビトゥスは、実践の原理として表象の形成を行ない、諸個人の反応行為を媒介するが、それは同時に所与の構造の再生産の機能側面をもたざるをえない。このことを高等教育就学へのかまえの問題として論じた次のような一節が、『遺産相続者たち』のなかにある。

「本人たちが意識的にそうは考えないにせよ、客観的な就学機会におけるこのような大きな差は、日常的な知覚の場でさまざまな仕方で表現され、高等教育を自分の『不可能』な未来とみるか、『可能』で『当然』な未来とみるかという、社会的出自ごとに異なるイメージをつくりだす。そしてそのイメージが、こんどは就学への志向を規定するようになる。二人に一人以上が大学に行き、その周囲や家族のなかにも高等教有をありきたりの通常のコースとして見いだしている上級カードルの子弟と、進学が百人に二人以下で、人づてに、また媒介的世界をへだてて勉学と学生のことを知るにすぎない労働者の子弟とでは、未来の勉学がおなじように経験されるはずがない」（傍点原著者）。

一九六四年に著わされた同書ではまだ「ハビトゥス」の概念は明示的には登場していない。が、問題を扱うかれらの視角のなかにそれがすでに生きていることは明らかである。

さらに右の文章を手がかりとする考察は次のような方向にも展開されうるように思われる。右に暗示されているのはかれら独特の「選別」(selection) の考え方であるが、そこには、選別を「能力」と単純にむすびつけ、さらには正当化するような見方へのかなり根底的な批判がふくまれているのではなかろうか。いいかえれば、ハビトゥスによる選別という隠されたメカニズムの指摘と、それへの批判的照明である。じっさい、ブルデュー＝パスロンの「選別」の概念は、意識的に生徒たちが参加する競争や試験を通してはたらく明示的な選別だけでなく、当人たちにはほとんど排除や挫折として意識されることのないような広範な事実上のふるい分けの過程をもふくめて用いられている。

たとえば、ある農民の子が「上の学校に行ってもなんの役にも立たない」と一顧だにせずさっさと家業を継いでしまうとき、また商店主の息子が「自分には大学なんて縁遠い」と思いこんで、せいぜい簿記学校くらいを考え、はじめから進学希望をもとうとしないとき、さらに労働者家庭に生まれた少年が当然のごとく工業高校にすすみ、これまた当然のごとく修了と同時に就職してしまうとき、そこにも「選別」の過程があるとみるわけである。

これらのばあい、当人について選別（というよりは「自己選別」）を促進したものは「能力」であるといいうるかどうか。微妙なケースが多いだろう。むしろ教育の価値へのある見方、高等教育への距離感、多分に過小評価された自己イメージなど、半意識的な表象とでもいうべきものが、それにおとらず作用しているのではないか。少なくとも、「能力」には全面的には還元できないような、固有の意味でハビトゥス的なものがかかわっていることは確かであろう（——ただし、それが「成績」へと変換されていく過程にも目配りしなければならないが）。選別における本来的な不平等のメカニズムを、ブルデューたちはここから引き出しているようにみえる。そして、「もっとも下位の階級では、高等教有へすすみたいという主観的な希望が、客観的チャンスよりもいっそう低いレベルにとどまる」（同書）という事実へのかれの言及も、このことを裏づけているのではないか。

「学校ハビトゥス」にたいして劣位におかれるこれらのハビトゥスに、能力主義的な解釈をあてがうことにたいする明瞭な批判が読みとられるべきである。

再生産論としての教育論の視角から

順序として逆かもしれないが、最後に、ブルデューとパスロンの教育論のなかに色濃くあらわれている姿勢、前提とでもいうべきものにふれないわけにはいかなくなった。かれらの仕事のなかでなぜ「ハビトゥス」の概念が重用されているのかをあらためて確認しておくためにも一言しておくことが必要だろう。

もとよりこれは私の試論的な解釈であるが、本書第2章で、すでに次のような主旨のことを書いている。ブルデューたちの教育論は、「再生産論」としてのそれであり、社会変動や移動を媒介するものとしての教育という見方のあえて対極に立っている。この視点の定め方は、変動しつつある現実のがわからは当然反証をつきつけられるであろうが、それを見越したうえでなお、選択的、戦略的に選びとられたものではなかろうか。その戦略的意義とは、教育が促進する他の諸過程はさておいて、その階級構造再生産のメカニズムによりインテンシヴな考察をくわえることにある。教育をもっぱら変動の促進剤とみなす見方に過度なオプティミズムがある以上、この視点に立つことの現実的意義は否定しえないのではないか、と。

以上にいま付けくわえることはとくにない。いずれにしても、教育の社会構造再生産の機能――むろん、それが教育の機能のすべてではない――にあえて照準を合わせる以上、用いられる概念や図式にあるバイアスが生まれることは避けがたいといえよう。

たとえば「教育」の概念もそれであろう。じっさい『再生産』において「教育的」ということばが使われるとき、それはおおむね、“pédagogique”（教育方法的）であり、すでに山本哲士氏も指摘しているように、かれらには「教育」（éducation）を「教えこみ」（inculcation）としてとらえかえそうという視座があって、これがたえず作用している（山本「学校文化と教育心性――ブルデューの教育論と社会史」『民衆のカリキュラム学校のカリキュラム』）。つまり、その「教育」概念にあってはラテン語動詞、ē-dūcō〔引きだす、育てあげる〕

に由来する意味よりも、in-culcō〔厳令する、押しつける〕の要素がはるかに前面に押しだされているわけである。とうぜんこのような概念化の一面性には批判がむけられるであろうが、ブルデューたちの理論構成にしたがえばある程度避けがたい選択だともいえる。

そして「ハビトゥス」のキー概念化。これもいうまでもなくかれらの教育論の基礎視角と分かちがたくかかわり合っているが、それについてはもう多くを語る必要はあるまい。ハビトゥスは、実践を媒介する原理としてある程度力動化してとらえることはできても、自律的な構造革新的要素としては位置づけがたいものである。まさにその点に、かれらの教育論との適合性があるのではなかろうか。

とはいえ、むろん、こうしたバイアスに気付くことは、ブルデュー＝パスロンの教育論、広くは文化社会学的考察の批判的意義を承認することをさまたげるものではない。

7 「正統」の表象の形成とハビトゥス

ハビトゥスにおける表象の生成

ここでは、とくに「表象の生成と構造化」というハビトゥスの機能側面に目を向けてみたい。人間は環境に直接に働きかけるのではなく、環境のイメージをつくりあげ、それをとおして働きかける、とか、「状況の定義」（トマス＝ズナニエツキ）をとおして行為、相互行為をいとなむ、ということはいわば社会学的な行為論のイロハである。ハビトゥスに媒介された実践においてもこのことがいいうる、というのがおそらくブルデューの右のことばのひとつの意味だろう。事実、前著でのカビール社会の贈与行為の考察も、こうした過程をふくんだ相互作用（贈与のやりとり）を扱っているものとして読める。

しかし、これまでの議論のなかで私がたびたびハビトゥスを、無意識的ないし半意識的なパターン化された行為へのかまえであるといってきたこととの関連で、そこでの表象生成とはどのようなもので、どのような機能がそれに想定されるのかを考えてみなければならない。この点、さしあたりいいうることは、これまで論じてきたさまざまなハビトゥス的なものにも、表象の次元、すなわち一定のパターンをもったものの見方、（もっと受動的な言い方をすれば）ものの見え方が伴なっているということである。

初めのほうですでにふれたマルセル・モースに立ち帰ってみると、さまざまな身体技法にさえこうした表象の次元があることが暗に示唆されている。かれのことばを引けば、「身体と精神的もしくは知的象徴の結合」（有地・山口訳『社会学と人類学』）ということばが、これを示唆している。モース自身が少年時代に通ったリセでは、手をぎゅっと握らず、手のひらを開いたまま歩いていると「まるで動物だぞ」と叱る教師がいて、歩き方ひとつにも教育があり、範型があって、人間らしさ、とか動物的といった表象が存在することが示唆されている。なお、おなじ本のなかにおさめられたモースの仕事に「集合体により示唆された死の概念の個人にたいする肉体的効果」という右におとらず興味ぶかい論稿があって、このなかで、オーストラリア、ニュージーランドの原住民が自己の肉体の運命にかんしていだく社会的・宗教的源泉をもつ観念（死の不可避性の観念）の自己呪縛的な作用がえがかれている。当面の文脈との関連でもっとふれておきたい気もするが、ここでは立ち入らないことにしよう。

自明の表象世界とそれへの適応

さて、しかしいま問題にしているハビトゥスにおける表象の次元とは、おおかた、暗黙のものの見方、さらにはその根拠のあえて問われることのない、自明視されたものの見方に相当している。“tacit”あるいは“take for granted”といった英語のニュアンスをここでは強調しておきたい。じっさい、われわれの習慣化したものの解し方、見方、あるいは見え方のなかで、この暗黙的なもの、自明視されたものの慣性の力はかなり広大である。「慣性」という力学的な表現が適切ではないとすれば、次のようにいうべきか。その根拠や合理的理由を問うこともなく、習慣の轍に沿ってものを見るフレーム・オブ・リファレンスの維持されていることがなんと多いことか。

たとえば、われわれは「教師」とか「警察官」とか「フランス人」などと命名される対象にたいし、かなりの程度類型化された表象をつくりあげていて、よほどのことのないかぎりそれを修正しようとはせず、その類型的表象に即して現実の対象に接している。そして、そのイメージとあきらかに食いちがうような対象にふれたばあいでも、「教師のくせに……」とか「フランス人にもかかわらず……」といったかたちで例外範疇に押しこめてしまって、当初のイメージをできるだけ無傷のままに保存しようとする。

これがたとえば「同性愛者」とよばれるような対象になると――これは現実の対象として現われるよりは、想像上の対象であることがはるかに多いだろうが――その暗黙の自明視された表象は、感情的なステレオタイプをふくみ、変化や修正にたいしてより強く抵抗する。これはあらためていうまでもない。

だが、そればかりではない。「善良」で「常識家」の多数者市民がこの「同性愛者」についていだいている表象は、暗黙のうちに、サンクションをともなった一個の規範を構成し、そのようなものとして機能する。これにさからい「かれが同性愛者だからといって、部屋を貸すのを拒むべきではない」と異を唱えるのは、かなりの勇気を要するし、ときに危険をともなう。同類だというレッテルを貼り返されるおそれがあるからである。このような場合、市民たちの「自明の」表象に与することが、否、もっといえばその感性をも共有していくことが、当人が社会のノーマルな成員として受け入れられる条件とさえなろう。だが、こうした適応は通常の個人では、ほとんど無意識のうちに行なわれていて、それが一個の適応のいとなみとして意識されることはめったにない。

「正統」の成立

ところで、こうした「自明の」表象の現実社会のなかでおびる規範的規制力を、いまひとつの恣意性という角度から照明しておくことも忘れてはならない。この「恣意性」については、ハビトゥス的文化をあつかう基本的視角としてこのエッセイのなかでもたびたび言及してきたので、読者にはおなじみのものとなっていよう。いま確認すべきことは、あるものの見方、感じ方が「自明」とされ、暗黙裡に「正しい」とされるとき、それはしばしば、論理性とか事実対応性という基準からみると無根拠で恣意的であること、とはいえ、その「恣意性」とは絶対的な無根拠、気まぐれという意味ではなく、たいてい、なんらかの外在的な要求からみるとそれなりの連関と必然性をもっているということである。ブルデューが「権力」とか「構造」というタームを使いながら、「恣意性」ということばをこれに結びつけてきたことの理由は、そうした連関のもとに理解されなければならない。

さて、ここまでハビトゥスにおける表象の生成と構造化の作用についての議論を展開してきて、思想的かつ社会的・政治的でもあるおなじみのひとつの問題がすでにその射程のなかに入っていることに気づく。それは、異端-正統の範疇の成立という問題である。といっても、ここで私が興味をひかれているのは、正統の成立とその維持を可能にするハビトゥス的なものの作用と、正統の「自明」性をささえる恣意性という、かぎられた視角からの正統―異端問題にすぎない。

たとえばローマ教会が「正統」化することによって、他方に「異端」をつくりだすことになった三位一体説を考えてみよう。この説は、よく知られているように、カトリック世界の民衆のなかには、神と子（キリスト）と聖霊の一体というよくなじんだ自明の表象をつくってきた。

だが、始原にあっては、これをめぐる熾烈な論争があったように、自明視されるにはほど遠いものがあったことが知られる。たとえばアリウスとその一派がこれにどのように異を唱えたか。この紀元四世紀のアレクサンドリアの聖職者は、理路整然と次のように論陣を張ったといわれる。どうして子と父がおなじ年齢でありうるのか、どうして子が父の同一性の一部でありうるのか。もしも子であるならば、それには誕生の時があったはずであり、その時点以前にはこの者は非存在であったはずだ。非存在の時をもつ者は、なんであれ、あきらかに永遠に存在したものではない。とすれば、たとえ父（神）は永遠に存在しうるとしても、子（キリスト）はそうではないことになるし、このことは子の地位の低次性を示すことになる、と。それにひきかえ、ニカエア公会議における勝者は、それにまさるだけのするどい論理性をもちえなかったようである。

バロウズ・ダンハムは明快にこう述べている。三位一体の教義は神学や形而上学にかかわりはあるにせよ、基本的にはそれに属するものではない（ということは、神学上は容易に正当化しうるものではなかったということだろう）。むしろそれは、支配者として、この世のあらゆる問題の最後の調停者として、ひとつの人間集団を正統化しようとする企てであり、それゆえ「法理論」に属するものである。教会がいかにして正統化され、優越した権力となりうるかを思うとき、教会創立者が個体性をもった人間であるとともに神性のなかに取りこまれているとすることが必要であったのだ、と（『英雄と異端——反権力の思想史　1』）。

私はまったく専門外のキリスト教会史に立ち入る意図も、その能力もない。今いいたいことは、たんに次のことだけである。生物学的推論にてらしても、ユダヤ的一神教をすでに知る神学的思惟にてらしてもおよそ自明とされえないような教義が、権力の正当化の隠れた論理のもとに取り上げられていくことは、先に述べたような意味での恣意性の支配である。ところが、この教義が「正統」の位置に就くや、歴代の法王が行なったように非神学的な次元で自己正当化の論理が展開されえたし、民衆は民衆で、素朴だがナンセンスとはいいきれぬアナロジーや比喩をつうじてこの教義のリアリティと「真理性」を感得していった。「正統」は、このようにして時の経過のなかで、それに対応するハビトゥス的な「自明」の表象をつくりあげていく。またそれは、「正統」に異を立てる者にたいして、論理的に応じるよりは、習慣化されたある感性をもって応じ、これを「邪」と観させるような表象なのである。

ちなみに、魔女《ソルシエール》の表象の民衆レベルの成立にもおなじ恣意性から「自明性」への展開をみることができるようである。あまりにも有名なミシュレの『魔女』は、「魔女」なる存在を創りだすのに一役も二役も買ったローマ教会がそれについてこういう弁解をはっきりともっていたことを伝えている。「弱く、軽やかだった神の創りたまいし人間は、もろもろの誘惑に脆かった。彼らは色欲をつうじて悪にみちびき入れられている」（篠田浩一郎訳）。だから「魔女」は必要なのだ。その焚刑も必要なのだ。民衆教化のうえでもこれはたいへん好都合ではないか、と。

「学校文化」の自明性、暗黙性

宗教教義のことにかぎられないが、自明視された「正統」というものが存在するとき、これに疑いをさしはさみ、異を唱えることは、しばしば心の習慣にもさからうものである。じっさい、日常、周りに起っていることがとくに不可解とも感じられず、自明とみえることが多いのは、人びとがプラグマティックな思考の公準に事実上のっとり、それ以上の知覚や推論を停止しているということによる。ハビトゥスの表象形成の作用は、このような心の習慣の上になりたっているように思える。

以上のことはありとあらゆる生活場面についていえるだろうが、このエッセイでたびたび取り上げてきた教育の場に即して例を考えてみよう。いわゆる「学校文化」においても正統というものは存在し、それは通常、生徒たちの体得してくるこれに適合的なハビトゥスによって担保されている。

たとえば小・中学生の教場を思いうかべ、この種の状況のなりたちを考えてみる。一例として、100×0＝0とする等式を「正しい」とする知のあり方は、ここではどのように受け入れられているか。おそらくそれは、教えられることがらをあえてその根拠を問うことなしに理屈ぬきに、「正しいこと」として表象する暗黙の態度によって可能とされていよう。多くの生徒は教場で教えこまれることはあえて疑わず、理屈ずくの説明がなくとも、その正しさを了解するというかまえを示すことによって、「学校文化」を支えている。100×0＝0は、学校の場で教えられるかぎり、正しいのであり、「正しい」として受け入れられるべきなのである。もちろん、それにはなにがしか、これを「正しい」として受け入れないと負のサンクションがおよぶのではないか、とみる予感もはたらいているにはちがいないが。

ところがこの教えられることがらの自明性に同調しない生徒が現われ、「なぜ100×0＝0なのか、よく分らないから説明してほしい」と教師にせまるとき、正統的「学校文化」のカラクリが明らかになる。子どもたちのなかには、頭から鵜呑みにできるほどこの等式の意味は自明ではないのだ、と気づく者がでてくる。教師は、これは厄介なことになった、と当惑する。ふだんあえて根拠や理屈を問わないことによって成り立っていた学校的真理というものの構造が、露わになってくるのである。

しかし、一人の生徒の呈する疑義が、クラス全体でくだんの数式の意味を問いなおすきっかけとなるような事態は、やはりまれであろう。教師は、このような質問を「君がもっと大きくなれば分るよ」と答えて、逃げてしまうかもしれない。わるくすれば、「そんな理屈っぽい質問をするとは、反抗的な子だ」と、かえって露骨に不快感を生徒にしめすこともありえよう。また、子どもたちのなかにも、なぜわざわざそんな質問をするのか、と意図をいぶかる者、授業の進行をさまたげる、と迷惑がる者、そして沈黙を守る多数者として「理屈ぬきで覚えてしまえば、それですむではないか」と腹の底で考える者などがあって、当の質問者の企ても孤立した反抗に終ってしまうことが多い。ここでも、教えこまれることをそのまま正しいとして受け入れるべく馴致せしめられたハビトゥスが、「正統」として多数を占め、これに疑義をさしはさむ者を「異端」の位置に追いやることになるのである。

あらためて考えてみるに、このような場で「自明」視されているものとは、いったいなんであろうか。当の知の内容であろうか。おそらくそうではあるまい。むしろそれは、教えられる知を「正しい」として受け入れることを当然と考えること、そのことではなかろうか。学校という知の伝達の場は、ふつう考えられる以上にさまざまな暗黙の了解、黙契を通してなりたっているということである。

疑義と抵抗

では、このような支配的なハビトゥスの定立する自明化された表象に同調しえない者、疑義を呈さずにいられない者、あるいは同調をめざしながらもその圏外にとどまっている者（A・シュッツのいう「異邦人《ストレンジャー》」）にとって、世界はどのようにみえるのだろうか。

あたかもアリウス派が三位一体説のなかに論理矛盾をみてとったように、かれらは、自明視された表象のうちに根拠薄弱な前提や、つきつめれば虚構にすぎないような論理をみいだすかもしれない。これは、教師にむかって根源的な問いを発する生徒のように、習慣的な知から多少とも身を引き離そうとする醒めた精神をもっている者のばあいである。しかし、いますこし曖昧で、より多数であるとおもわれるのは、自明とされる表象や知の体系に同調しようにも、そのコンテクストのなかにうまく入っていくことができない者、そこから締めだされ、仲間とおなじ自明性を共有できない者のケースである。しかし、また、かれらには、疎外感とならんで、それら自明性のなかで当然のごとく振舞っている者たちを逆になにかしら非現実としてとらえ返す感覚があるかもしれない。

いささか突飛な連想だが、これにちなんで私は、M・セシュエーの『分裂病の少女の手記』のルネの心的世界を思いうかべる。この少女には突然、周囲のすべてのものが「非現実」にみえてくる。まわりでうつむいて一生懸命勉強している仲間たちが、まるで目にみえないカラクリでうごいているロボットか操り人形のようにみえ、教壇でしきりに話したり、身振りをしたり、字を書くために黒板を上げたりしている教師は、グロテスクなびっくり箱の人形のように感じられる。人びとがなんということなしに展開している日常的ないとなみが、彼女にとっては不可思議で、非現実で、そのなかに自分を挿入することの困難な世界と映るのである。

これは一分裂病者の心の内なる風景であるが、はたしてそれは暗喩的になにかを語っていないだろうか。たとえば、学校という場に投げ入れられ、そこで、自然に屈託なく振舞いつつ教師の要求をこなしていくようなミドルクラスの生徒のなかで、自分を場ちがいの「異邦人」として感じる労働者の子弟の内なる世界と似ていないだろうか。

じつは「学校文化」とそれに適合的なハビトゥスを論じるさい見逃してはならないテーマは、この適合的なハビトゥスを前もって習得することが困難で、それゆえ「異邦人」として学校文化のなかに入ってくる子どもたちのこうむっている剥奪状態である。ブルデューとパスロンの表現をいま一度もちいれば、教育の場で重視され教えこまれるハビトゥスと、それに先行して（階級、家庭の環境世界のなかで）教えこまれてきたハビトゥスとの隔りが大きい者ほど、教育の成果を享受することがむずかしいということである（『再生産』）。

だが、そうした支配的な学校的ハビトゥスから疎外されている者こそが、ちょうど「異端」者の眼が「正統」者の自明視している表象世界の虚構をするどく見抜くことがあるように、そこでの支配的な知の範型に疑義を呈する可能性をもつのではなかろうか。これは「可能性」という言い方しかできないが、教育をみる眼のいっそうの深化のためにも、またハビトゥス論の逆説に目配りしておくためにも重要な点であると、私は考える。

最後に、正統を任じ自明視された諸前提の上に立つハビトゥスも、かならずしもつねに安定的に自己を維持しうるとはかぎらないということについて、一言しておこう。それは、ひとつには、いま述べたようにこれに同調しえない別種のハビトゥスからの疑義、異議申し立てにさらされるという場合である。また積極的な異議申し立てによってでなくとも、労働者居住地区にあるハイスクールの「学校文化」のように、自明の前提が十分に生徒たちのあいだに共有されていないところでは、これはきわめて不安定な状態におかれよう。

しかし、それだけではない。意味の伝達において力《フォルス》による押しつけが少しでもネイキッドに現われたばあいも、教えられることを自明の正しさにおいて受けとめるという関係は成り立ちがたくなる。これはブルデュー＝パスロンの『再生産』が強調しているところでもある。そして、教育自らが自らにたいして行なうこうした脱神秘化は、小規模なかたちであんがい頻繁に生じているようにも思われる。

8　コミュニケーションと力関係

認識の戦略として

そうと意識されなくとも、認識とはつねに戦略的なものであろう。対象をどのような側面でとらえるか、どのような観点から再構成するか、そのためにはどのような概念をキーとするか——こうした認識プランをさだめることは、ある限られた観点を多少とも選択的にえらびとることであり、その観点にあえて身を置くことによって、狙いをさだめた特定の対象なり対象側面なりによりよく迫ろうという戦略に従うことである。

こうした戦略性は意識されていることも、されていないこともあるが、いずれにせよ認識とはそのようなものであろう。たとえば社会学者デュルケムが社会的事実を「物のように《ショーズ》」考察せよ、という公準を押しだしたとき、かれは社会現象を「物《もの》」的性格という側面からながめるという一個の戦略にかけたことになる。主観的にそう意識されていたかどうかはともかくとして、すくなくともそのプランにしたがってかれの認識がすすんでいったことは事実である。社会現象の功利主義的な解釈や説明を一貫してしりぞけるというこの社会学者の企ては、まごうかたなくその帰結であるし、その面から社会学における「人間中心的《アントロポ・サントリック》」公準の完膚なきまでの批判を展開しえたのである。しかしまた、この戦略に賭けたことによって、その視角がいくつかの決定的な限界を負ったこともたしかである。

さて、あらためてこういう見地から、「ハビトゥス」といった概念に拠り、ハビトゥス的な文化現象に注目することの戦略的意義とはなにか、を考えてみることは意味なしとしない。まず、最初にふれたマルセル・モースをふりかえってみよう。その身体技法の考察にかかわってのかれのハビトゥス論は、いったいどんな認識戦略に立っていたのだろうか。

「全体人」への接近の戦略

その「身体技法」（『社会学と人類学』所収）で、モースがまず意義強調的に語っているのは次のことである。

ある一定の型で泳ぐとか、歩くとか、体をやすめるといった運動は、もっぱら解剖学的、生理学的なものであるのではなく、後天的に習得される文化でもあること、したがってそこでは教育という事実が決定的な意味をもっていること、である。デュルケミアンであるモースが、叔父でもあるその師の徹底的に社会学化された眼を引き継いで、得意とする民族誌と日常観察のレベルで、ついに身体の領域にまで社会的なものの刻印を発見しえているということである。ちなみに、かれの同僚ロベール・エルツなどにも、死という身体論の中心問題や手の技法をあつかった考察がある。後者についていえば、右手を使うとか左手を使うという動作のひとつにしても、生理学的説明にくわえて、「伝統」という社会文化的説明が重ね合わせられねばならないことが説かれている。身体運動の社会性、これは両大戦間期のデュルケミアンたちにとって食欲をそそるかっこうのテーマであったのかもしれない。

しかし、次のモースのことばは、たんなる社会学主義の残映ではなく、それ以上のなにものかである。「わたくしは、歩き方の解剖学的、生理学的理論のように、考察が機械的、物理的であるにせよ、あるいはそれとは逆に心理的、社会学的であるにせよ、単一の考察のかわりに三重の考察に訴えなければ、走り、泳ぐ、などのこれらの一切の事実について、なにびとも明確な見解をもつことができないという結論を下すのである。三重の視点《全体的人間》(l'homme total)の視点こそが必要なのである」(有地・山口訳)。この面からみれば、ハビトゥスなる「型」の文化へのモースの着眼は、まさに、人間の「全体性」へのアプローチのひとつの戦略とみることができる。このばあい、身体技法には、いわば、人間における生理的なもの、心理的なもの、社会的なものが解逅する結節点の位置があたえられていることになる。

あるひとつの型をもった身体運動には、とうぜんまず解剖学的・生理学的機能にささえられている要素がある。それとともに、他者に反応し、これを模倣するという心理的な側面がある(ついでながら、ここでデュルケミアンのモースが、かつてその師とカブリエル・タルドのあいだの確執のタネであった「模倣」という心理的過程に、一定の位置をあたえていることは、興味ぶかい)。しかしまた、この習得においては、個々の模倣者にたいし、「秩序立ち、権威のある、証明された行為をなす者の威光」が上からはたらいていて、まさしくそこに「一切の社会的要素」なるものがある、とモースはいう。

後世の評者、たとえばレヴィ゠ストロースは、身体‐精神‐社会のこの内的連関をみごとに暗示するモースの思考の「現代性《モデルニスム》」にあらためて驚きを表明している（『社会学と人類学』への序文）。その「現代性」といえば、かれの仕事との関連では、ハビトゥス論からはいささかずれてしまうが、メルロ＝ポンティの有名な「幻影肢《マンブル・ファントーム》」の考察などが思いうかぶ。『知覚の現象学』のこの著者は、事故とか戦場での負傷によって手足を切断された者が、にもかかわらず自分の手足についてなんらかの感覚（たとえば痛み、疼き）をもちつづけるという現象に注目した。これはたしかに、脳に通じる神経系の作用と無関係ではないから、生理学的に説明されえないわけではない。しかし、たとえば戦場での記憶とそこにかかわる情動がかきたてられるようなとき、「幻影肢」の感覚がなまなましさを増すといった現象がある以上、これには心的要因が関係しているとみなければならない（モースならば「社会的」要因といったかもしれない）。モースの身体論は、まさしくこうした現代の精神‐身体論の先駆とみなされてよいであろう。

すこし回り道をしすぎたが、こうした角度からみると、モースのハビトゥス論の暗黙のねらいは、われわれの合理化的意識（意味を合理的に説明し了解しようとする意識）から遠く逃れ去っているような身体的、日常的、習慣的な人びとのいとなみのなかに、人間の「全体性」をみいだすことにあったように読める。別の言い方をすれば、生理的なもの、心理的なもの、社会的なものが分化し切り離されることなく、多分に未分化にからみあっているその全体性をつかむための戦略的な対象として、このハビトゥス的なものが着眼されたということかもしれない。

規範化の恣意性

ただ、「全体性」ということばは、無規定に使うとすれば空疎で無内容なものとなる。モースが、身体ハビトゥスのなかに生理的、心理的、社会的なものの全体をみていたとしても、いったい、その全体の編成の原理はどのように考えられていたのだろうか。ひらたくいえば、一定の「型」というものをとりまとめ、維持していく中心的な力をかれはどこにもとめていたのか。やはりそれは、どうも「個々の模倣者に対して秩序立ち、権威のある、証明された行為をなす者の威光」という「社会的要素」であったように思われる。

この点は、モースの「全体性」に論及したレヴィ＝ストロースも、ほぼ認めている。すなわち前掲の「序文」のなかでかれは、モースのいう全体的事象の構成諸要素を紹介したうえで「これほど多様な本性をもったこれらの要素が、包括的《グローバル》な一個の意味作用を獲得し、一個の全体性となりうるのは、社会的事象という形態においてのみだからだ」（清水・菅野訳、『マルセル・モースの世界』所収）と書いている。

じっさい、モース自身、上から課される権威、威光、過去から連綿としてつたえられてくる伝統が、ハビトゥスの習得と維持において支配的であることを随所に暗示している。

そのモースにおける社会的なものの観念を、私は次のように解釈したい。

なぜ社会的なものが個人的行為者にたいし威光をおび、さらには権威をもつのか。おそらくかれの師デュルケムならば、社会的なものは、個人的事実にたいする先行性とその一種独特の綜合性において、おのずと優越性をもって立ち現われるのだ、という言い方をしたことだろう。しかしモースは、この点より抑制的であって、記述を旨とし、そのような〝存在論的〟説明をほどこしてはいない。むしろかれの淡々とした多数の例証的記述からは、次のようなメッセージが読みとれるように思う。

ある一定の歩き方や泳ぎ方や道具の使い方が威光をおびて現われてくるとしても、これを明示的に意味づけるだけの道徳説明や明らかな美学がそこにあるわけではない。とするならば、それらを「よい」型であるとすることは、その明示的な根拠を問うことが不可能だという意味において、恣意的な意味作用のはたらきといわざるをえない。すなわち、ある型が社会的なものであること＝権威あるものであること、という等置は、なんら内在的には必然的なものではなく、その意味で〝恣意的〟な規範化（規範化それじたいはこれまたある社会的な作用なのであるが）の所産であるとみることができる。いささか我田引水的な読み方かもしれないが、私は、モースの身体ハビトゥス論のうちに隠されているひとつの重要な含意は、この、型の規範化の恣意性というテーゼではないかと考えている。もっとも、これはすでにふれていることの繰り返しである。

ブルデューたちの戦略

ハビトゥスの概念の今日的な再規定は、ブルデューによってこころみられた。かれがパスロンとともに展開した現代教育の考察はそれじたいすでに有名であり、多くの話題を呼んでいるが、「ハビトゥス」の語が多少とも定義めいた叙述をともないつつ用いられたのは『実践の一理論についての草稿』（一九七二年）においてである。このこともすでに紹介ずみだが、いま一度確認しておくと、北アフリカのカビールの部族の贈与行動の考察をふまえてブルデューは、「ハビトゥス」を「実践と表象の構造化の原理」あるいは「構造化する構造として機能すべく傾向づけられた構造化された構造」などと規定している。この両義的なとらえ方は、ハビトゥスをもって、凝固したコンヴェンショナルな行動様式でこそないが、また、意識的、自覚的に方向づけられた、所与の地平の突破をめざすような行為の志向でもない、教えこみ《アンキュルカシオン》の所産として構造化をまぬがれない無意識的、半意識的な行為へのかまえとみなすことを示唆している。

そして、事実、こうしたハビトゥス概念は、ブルデュー＝パスロンがかねてから展開している再生産論としての教育論にたいして適合性をもっており、かれらの戦略はこの点で符牒を合わせているといってよい。

しかし、教育へのかれらの独特の接近視角を追うためには、言語の問題、広くいえば記号とコミュニケーションの問題をいったん経由することが必要である。というのも、この問題がかれらのなかで高度に戦略的重要性をおびているからである。そしてここでは、言語の記号としての恣意性、および言語への価値づけの恣意性という、二つの恣意性についてまず目配りしておかねばならない。

言語記号の「恣意性」についてはソシュールの古典的指摘以来、じつに多くのことがいわれてきた。たとえばミシェル・フーコーもこう論じている。記号《シーニュ》というものは、自然的なものでも、恣意的なものでもありうる。が、だからといってそれは記号の性格そのものや、記号としての価値になんら影響をおよぼすものではない。このことは、記号とその意味するものの関係が、物じたいの秩序のなかでは確定されていないことをよくしめしている（『言葉と物』）。

そこで、少々議論を転轍してその意味を汲んでみるならば、Aという環境世界のなかで習得されてくる言語行動と、Bという環境世界のなかで習得されてくる言語行動とは価値的に比較するすべはないはずである。記号は決して物に還元されないこと、記号体系と物の体系の関係は本質的に非一義的な曖昧さをおびていることを考えれば考えるほど、言語の価値を論じるという見方は承認しがたいものとなろう。

ところが、現実には、この言語ハビトゥスほど価値付与的ないし価値剥奪的扱いをうける文化現象もほかにない。それはあたかも本来的に価値を担わされている実体のごとく表象され、品さだめされるのである。いわく、「正しいことば」「正しい話し方」、「粗野なことば」、「粗野な話し方」、等々。言語とは恣意的記号であり、その用い方は習慣や約束の問題であって、なんら必然性によるものではない、と言語学者はくりかえし語ってきたが、それにかかわりなく言語への価値づけはすすめられてきた。

こうした価値づけを行なうものは、けっきょくは言語外的な力であろう。私はこれを、集団の力の優劣関係ではないだろうかとすでに書いたが、究極的にはそのような言い方ができると思うし、その例証は歴史のなかにも、今日の言語状況のなかにもふんだんにもとめることができる。

とすれば、言語および言語ハビトゥスをどのような文脈のなかに置いて考察すべきか、ということにもおのずとひとつの方向が示唆されてくる。

力関係に織りこまれた言語コミュニケーション

ブルデュー＝パスロンの戦略は、じっさい、言語および言語ハビトゥスを一貫して「力関係」（rapports de force）のなかに織りこまれたものとして認識していこうとする点にある。J・B・トンプソンは、ややコミュニケーション論に引き付けながらではあるが、これを次のように評している。「かれ〔ブルデュー〕は、言語の形成と使用を無視してしまう言語形式主義、および、それの再生産に力を貸している社会構造の痕跡をまったくとどめていないような言語的交換は――いかにとるに足りない、パーソナルなものであれ――ありえないことを看過している社会学的『相互作用論』、という二重の危機をするどく、示唆的な仕方できわだたせたのであった」（『イデオロギーの理論の研究』）。事実、社会関係、権力関係を捨象し、純粋にイデアールな記号交換過程としてとらえられるようなコミュニケーションは、一個の抽象にすぎない。ブルデューたちはこのことを力説している。

そこで、この面からかれらの言語論、コミュニケーション論の内容に歩をすすめてみると、通常のこうした議論がほとんど問うことなく終っている二つの問題を、かれらが一挙にその考察の中心に取りこんでいることがわかる。ひとつは、言語コミュニケーションを行なう当人たちが動員しうるいわばリソースとしてあらかじめ配分されている「言語能力」の不平等という問題である。そしてもうひとつは、現実の社会的力関係のなかに織りこまれて進行するコミュニケーションが、そのことゆえに内包する二重のメッセージの問題であるといっておこう。

第一の点については、本章でも一再ならずふれているので、もはや多くを語る必要はないかもしれない。要点はまさに次の点にある。人びとがあたえられた社会的環境世界のなかでそれぞれ習得してくる言語ハビトゥスのあいだには、それぞれの環境によって刻印された相違がある。ところが、その相違は、たんなる相違にとどまらず、「学校文化」その他の範型化された、モデルにしたがって、優－劣の差異へと変換されていく。言語ハビトゥスがいわば「言語能力」へと置き換えられ、その「優-劣」がさらに学業の成功の成否のカギとされ、選別、排除を規定するものとなっていくわけである。言語ハビトゥスが所与の力関係のなかでどのように動員可能な資源とされるのか、また負の資源とされるのか――ブルデュー＝パスロンの考察はまずこの点を問いかけている。

課されるメタ的メッセージ

いまひとつの問題は、より微妙な点にわたっているが、およそ次のようにいうことができよう。ブルデューたちが注目しているのは、力関係のなかに織りこまれているコミュニケーションは、その力関係をできるだけ覆い隠しながらも、実際にはこれを担保とし、明示的な意味のほかに黙示的なさまざまな意味を――その恣意性のなかで――押しつけてくるという点である、と。たとえば、その『再生産』から、次のようなかれら独特の命題を引くことができる。

「教育的働きかけが、第一の意味において客観的には象徴的暴力であるのは、社会組織を構成する諸集団ないし諸階級のあいだの関係が、恣意的権力（pouvoir arbitraire）の基盤となっているためである。この恣意的権力は、教育的コミュニケーションの関係、すなわち押しつけと教えこみ（教育）の恣意的様式に応じた文化的恣意（arbitraire culturel）の押しつけと教えこみの関係、が築かれていくうえでの基礎条件となっている」。

ここでは、「教育的働きかけ」（action pédagogique）に即してコミュニケーションの恣意性が語られているわけだが、もちろんこれは現実の社会過程のなかでのコミュニケーション全般にも多かれ少かれ妥当しよう。

とはいえ、この二重のかたちでの恣意的な意味の押しつけは、典型的状況としては、教育の場に現われやすいといえるかもしれない。たとえば、前節で例示したシチュエーションをもう一度とりあげてみよう。すでに一度あげた例だが、教師が生徒にたいし、100×0＝0という等式を「正しい」ものとして教えるとしよう。通常、教師は、自分が子どもたちにあたえているメッセージは、この等式の内容とその真理性だけであると思いこみがちである。しかし、そこにはいまひとつの隠れた水準のメタ的なメッセージがあるとみることができる。それは、「教師が語る以上、これは正しい」、「疑ってはならない」という暗黙の意味の伝達であり、さらにいえば強要である。これは教師にしてみれば意図的にあたえるメッセージではないかもしれないが、かれ自身、心のどこかでこれを自明視していることは大いにありうることである。

重要なことは、こうした隠れた次元のメタ的メッセージの効果は、送り手―受け手の地位関係（教師―生徒、親―子、著名な作家―読者など）に大いに依存しているという意味で、関係的なものだということである。これまた典型的な例は教師―生徒関係であるが、教場のなかの教師は論証も例証も容易ではないような知をばあいによっては理屈ぬきで生徒に教えこみ、これを受け入れさせることもできる。そして、そのような場合、生徒たちの側に習得されているいわゆる学校的ハビトゥスが、この受け入れの装置としてはたらくわけである。このことについて前節でも述べた。なおこまかな議論は必要だろうが、ブルデューたちが「教えこみ」のコミュニケーションを、教えられるものの恣意性と教える様式の恣意性という二重性においてとらえているのは、ほぼこのような意味であるといえよう。

近年、社会関係としてのコミュニケーションを、逆説をふくんだ二重あるいは多重のメッセージの搬送としてとらえる視点が注目をあびている。アーヴィン・ゴフマンの儀礼的相互作用への視点や、グレゴリー・ベイトソンの「二重拘束《ダブル・バインド》」論などがそれであるが、ブルデュー＝パスロンの右のようなコミュニケーション論も、とうぜんここに一枚くわえられてよいと思われる。

エピローグ

「ハビトゥス」なるものの社会学的含意をたどり、できるだけ鮮明に定式化したいと考え、それに沿った作業であるべきであったものが、実際には求心性を欠くかなりとりとめのない議論に終始してしまった。枝分かれした派生的な議論にしばしば入りこんでしまい、そこに足を取られるかたちとなったからである。しかし考えてもみれば、それじたいとしては単純きわまりない定義しかあたえようのないハビトゥスなるものが、行為諸主体にになわれ、現実の学校の世界、その他の社会関係、支配関係のなかで作用するとき、どういう機能態としてあらわれるか、ということがもともと中心問題であった以上、その議論の展開がやや拡散気味となったのもやむをえなかったかもしれない。

さいごに、まさしくエピローグ（納め口上）として、つぎのような開かれた問いを提起しておきたい。ハビトゥス的なものに注目することは、そのことじたい、いったいどのような社会過程、歴史過程を重視する認識へとみちびかれていくことになるのか。

ブルデューからのつぎの引用はそのひとつの方向を指し示していよう。

「……同様に、（物的・象徴的な）財産相続の世界は、えてして兄弟間、より広くは父方親族間の競争であり、またしばしば相剋の世界であるが、にもかかわらず家族財産の不分割という方向に行使される経済的・象徴的圧力というものがあって、それが、経済的秩序の永続化にあずかっていること、またそれを通じ、経済的秩序によって基礎づけられている政治的秩序の永続化に寄与していることは疑いをいれない」(『実践の一理論についての草稿』)。

これはカビール人部族の家族生活のモノグラフに関連してのブルデューのコメントであるが、そのいわんとするところはほぼ明らかであろう。ハビトゥスを通して、それと意識されずに馴致せしめられる諸個人の行動は、一定の偏倚や葛藤をふくむことはあっても、けっきょくは過去から伝達されたパターンの再生産としてとらえられるということである。これもすでに確認してきたことだが、構造再生産的な、その意味で常数的な文化要素としてのハビトゥスという見方である。こうした見地に身を置くことが、ブルデューにおいてどういう認識上の戦略につながっているのかということも、これまたすでにふれた。

しかし、おなじくハビトゥス的な文化の層に注目しつつ、いま少し異なった見方に立つことも可能であるように思われる。それは、社会生活のなかで、また歴史のなかで観察される習慣的なものと非日常的なものの、いわば連続的不連続の弁証法に目をむけることである。たとえば、ジョルジュ・ルフェーヴルは「革命的群衆」の次のような転態に注目している。大革命時、地方では週市のひらかれる際に、またよく日曜日の午後に、農民の蜂起が発生した。だが、この「蜂起する結集体」の誕生は、けっしてはじめから農民たちの習慣的日常性から切り離されて生じたものではない。かれらは日曜ごとのミサにつどい、またそれぞれの目的で週市に集まってくる。かれらはそこで噂を耳にし、あるいは町の住民に拡まりつつある考え方を知り、居酒屋で議論をはずませる。こうした接触と交流がやがては「集合体《アグレガ》」を「結集体《ラサンブルマン》」へと変容させる引き金となる。だが、そうした人間の集まりのどれをとっても、それは必ずしも意識的に形成されたものではない。人びとは、まさに日々の習慣や必要の充足や、いつもながらの楽しみのためにやってくるのであって、徒党を組むために出かけてくるのではないのである（『革命的群衆』）。

ハビトゥス的なものに注目することが、あんがい、沸騰的な変動を理解するうえで重要な戦略となりうるかもしれない、ということもこの例は暗示している。

引用ないし言及した文献（〔　〕内には原著出版年をしめす）

Ph・アリエス「避妊の心性史」林・芳賀訳『学校のない社会　学校のある社会』（産育と教育の社会史1）新評論、一九八三年。

M・ウェーバー『社会学の根本概念』〔一九二二〕清水幾太郎訳、岩波文庫、一九七二年。

E・ゴフマン『行為と演技』〔一九六九〕石黒毅訳、誠信書房、一九七四年。

篠田浩一郎『形象と文明――書くことの歴史』白水社、一九七七年。

M・セシュエー『分裂病の少女の手記』〔一九五〇〕村上・平野訳、みすず書房、一九五五年。

F・ソシュール『一般言語学講義』〔一九一六〕小林英夫訳、岩波書店、一九七七年。

竹内芳郎『文化の理論のために』岩波書店、一九八一年。

田中克彦『言語からみた民族と国家』岩波書店、一九七八年。

B・ダンハム『英雄と異端――反権力の思想史』〔一九六四〕滝浦・本村訳、みすず書房、一九六八年。

E・デュルケム『社会学的方法の規準』〔一八九五〕宮島喬訳、岩波文庫、一九七八年。

――『宗教生活の原初形態』〔一九一二〕古野清人訳、岩波文庫、一九七五年。

――『社会学講義』〔一九五〇〕宮島・川喜多訳、みすず書房、一九七四年。

中内敏夫「教材『桃太郎』話の心性史」『学校のない社会　学校のある社会』、前掲。

B・バーンスティン『言語社会化論』〔一九七三〕萩原元昭編訳、明治図書、一九八一年。

J・B・ファージュ『構造主義入門』〔一九七二〕加藤晴久訳、大修館書店、一九七二年。

M・フーコー『言葉と物』〔一九六五〕渡辺・佐々木訳、新潮社、一九七四年。

P・ブルデュー『ディスタンクシオン』（Ⅰ）〔一九七九〕石井洋二郎訳、藤原書店、一九九〇年。

P・ブルデュー、J-C・パスロン『再生産』〔一九七〇〕宮島喬訳、藤原書店、一九九一年。

R・ベネディクト『文化の型』〔一九三四〕米山俊直訳、社会思想社、一九七三年。

J・ミシュレ『魔女』〔一八六二〕篠田浩一郎訳、現代思潮社、一九六七年。

M・メルロ＝ポンティ『知覚の現象学』〔一九四五〕竹内・小木訳、みすず書房、一九六七年。

M・モース「集合体により示唆された死の観念の個人に対する肉体的効果」「身体技法」同著、『社会学と人類学』（Ⅱ）〔一九六八〕有地・山口訳、弘文堂、一九七六年。

山本哲士「学校文化と教育心性——ブルデューの教育論と社会史」『民衆のカリキュラム　学校のカリキュラム』（産育と教育の社会史2）、新評論、一九八三年。

R・C・リスト「学校教育におけるレイベリング理論」カラベル、ハルゼー編『教育と社会変動』（上）〔一九七七〕潮木守一他編訳、東京大学出版会、一九八〇年。

W・リップマン『世論』（上・下）〔一九二二〕掛川トミ子訳、岩波文庫、一九八七年。

G・ルフェーヴル『革命的群衆』〔一九三二〕二宮宏之訳、創文社、一九八二年。

Cl・レヴィ＝ストロース『構造人類学』〔一九五八〕荒川幾男他訳、みすず書房、一九七二年。

——「マルセル・モースの業績解題」（『社会学と人類学』への序文）〔一九六八年〕清水・菅野訳『マルセル・モースの世界』みすず書房、一九七四年。

Baudelot, C. & Establet, R., *l'Ecole capitaliste en France*, F. Maspero, 1971.

Bourdet, Y., *l'Eloge du patois ou l'Itinéraire d'un Occitan*, Galilee, 1977.

Bourdieu, *Esquisse d'une théorie de la pratique*, Droz, 1970.

Bourdieu, P. & Passeron, J.-C., *Les héritiers*, Ed. de Minuit, 1964.

De Certeau, M. et al., *Une politique de la langue*, Gallimard, 1975.
Dimaggio, P., "On Pierre Bourdieu", *AJS*, Vol. 84, No. 6, 1979.
Durkheim, E., et al., "L'Inconnue et l'inconscient en histoire", Séance du 28 mai, 1908, *Bulletin de la Société Francaise de Philosophie*, VIII, 1908.
Hertz, R., "Contribution à une étude sur la représentation collective de la mort", *L'Année Sociologique*, Dixieme Année (1905-1906)
Ingris, F., "Good and bad habitus: Bourdieu, Habermas and the condition of England", in *Sociological Review*, Vol. 27, No. 2, 1979.
Meillet, A., "Comment les mots changent de sens", *L'Année Sociologique*, Neuvième Année (1904-1905)
J. B. Thompson, *Studies in the Theory of Ideology*, Polity press, 1984 (especially Chapter 2)

あとがき（初版）

この本が、月満ちて生まれ出た成熟児なのか、それとも早産の未熟児なのか、私にもよくわからない。

ブルデューとパスロンの六〇年代の教育批判、文化批判について初めて紹介の文章をある雑誌に書いたのは、一九七四年のことである。だから、もうかれこれ二〇年間にわたって、かれらと関わりをもってきたことになる。時間の長さだけはもう十分かもしれない。しかし、単発の論文ならまだしも、一書にまとめることはなかなか思い切りがつかず、実に苦しかった。この本を公刊できることの喜びよりも、むしろ不安のほうがはるかに先に立つ。

私自身のことについて少し書くと、デュルケムおよびデュルケム学派の仕事について主に学んできて、文化の社会的機能（聖化、正統化、統合、等々）について色々と考える機会があった。また、社会化論についてデュルケムが論じているテーマは実に広範で、汲みつくしがたい魅力を秘めていることを知った。服従への社会化、死の受容にむけての社会化、あるいは異質化、個人化にむけての社会化、等々。この延長上で、モースの『人類学と社会学』の中の小論文（あるいはエッセイ）にも興味ぶかく接した。そのなかには「身体技法」と題された風変わりな文章も含まれていた。

ブルデューとの出会い自体はこのこととあまり関係ない。『再生産』の「解説」でも書いたが、「六八年五月」

後の状況と一連の問題を理解したいという思いが、私を『遺産相続者たち』や『再生産』へと向かわせたのである。そのことはもう省略する。ブルデュー理論の別の射程に気づいて、本格的にその意義を考えるようになったのは、もう少し後で、かれのハビトゥスに関する議論を読み進んでからである。ベアルンの農村の婚姻戦略から『ディスタンクシオン』にいたる一連の著作を読んで、その社会学理論へのインパクトの大きさに気づいたのである。そして、ハビトゥス論を私なりに理解し、咀嚼する段になって、デュルケムおよびデュルケム学派を読んでいたことが実に役に立った。意識と無意識、社会化と行動形成、「型」としての文化などをめぐる議論などになじんでいたのが、ブルデューのハビトゥス論への接近を容易にしてくれた。その代わり、私のハビトゥス理解にデュルケミスムの影が強すぎるという指摘も、一、二の友人から受けている。

「ハビトゥスとしての文化」というエッセイを『現代思想』に連載したのは、一九八五年から六年にかけてであるが、これには、ブルデューの文化的再生産論の理解のカギをなんとか手に入れることができたという当時の心境がそこここに反映している。私にとっては、思い出ぶかいものであり、少しアウト・オブ・デートに感じる箇所もあるが、あえて今回採録をした。

ブルデューらの仕事は決して孤立した仕事ではない、ということを「序論」で書いたが、最近では、かれから発する主張が、他の同時代的社会学者の並行的な仕事と共鳴部分を増し、次第にゆるやかなひとつの社会学派が生まれつつあるという感想をもつ。アーチャーやギデンズの名を本書でもあげたが、特にギデンズの一連の著作は、構造(化)、規則、行為者、行為、自省性などの位置づけ方においてブルデューと通底する要素をふんだんに示している。私の場合、ギデンズを読むことが、ブルデューの理解の上でもかなり助けになった。

藤田英典氏らとともに行なった二回の調査は、不十分な点も多いが、それなりに先駆的な意義はあったと自負している。「完全な調査ができるまでは……」と慎重にかまえることが、調査をしないことのアリバイとされてはならないという思いが私のなかにあったが、藤田氏も同様だったと思う。わが国の教育、文化、選別にかんして明らかにすべき問題はひじょうに多い。われわれの調査が出発点になれば、と考えている。

一方、今私を捉えている現実的な問題関心としては、事実上の多文化、多民族化にむかって進みつつある日本社会において、争点としての文化をどう捉えていったらよいのか、というテーマがある。おそらく、文化的再生産論の分析視点を今後に活かしていくうえで私にとっていちばん関係が深まりそうなのはこのテーマであろう。

最後に、ブルデューの豊富で多面的な内容をもった著作については、その読み方は自由であってよいと私は思っている。解釈の正統などというものが言われ、幅をきかすことはよくない。しかし、ブルデューを直接に読まないで論じることだけは、許されないだろう。多くの人々が直接にかれのテクストを手にとってくれることを切に願うものである。

本の「あとがき」の謝辞にはいくぶん儀礼的要素が混じるものであるが、儀礼ぬきで私が心から感謝しているのは次の方である。

ブルデューのハビトゥス論について貴重な示唆をあたえてくれて、私の考えをまとめるきっかけをつくってくれた秋永雄一氏、ギデンズとブルデューの方法の異同について私の議論相手になってくれて、色々と啓発してくれた田辺浩氏。それに二回の調査と『文化と社会』（有信堂高文社）の共同編集などを通じ、教育と選別の問題について貴重な教示をあたえてくれた藤田英典氏。

ピエール・ブルデュー氏自身とは数度の意見交換の機会があったが、私のいくつかの質問にたいし、氏は「それはこうだ」式の対応をせず、「あなたの質問はよく考えてみたいが……」と受けて、簡潔に自分の考えを述べてくれた。氏の人柄がしのばれた。ハビトゥスとは何かを分かり易く、印象ぶかく教えてくれたのは、アブデルマレク・サイアッド氏である。かれは『アルジェリア'60』（邦訳『資本主義のハビトゥス』）のなかに挙げられているような例を色々と引きながら、ハビトゥスの衝突・葛藤について論じてくれた。ほかに、文化資本をどのようなカテゴリーとして調査のなかで用いるべきかを討論し、教示を得たパトリック・シャンパーニュ、インドシナ難民の調査に従事した経験から文化葛藤の問題で意見を述べてくれたフランソワ・ボンヴァンの両氏にも多くを負っている。

この本をまとめるようにと勧めていただいた藤原書店の藤原良雄氏、本づくりの面倒な作業いっさいを引き受けてくれた同清藤洋氏には、また別の意味で、心から感謝している。

この一年、原稿をまとめるのに四苦八苦し、日常の務めもともすれば滞りがちで、迷惑をかけた家族やその他周囲の人々にも、この場を借りて詫びと感謝の気持を表したい。

一九九四年一月

宮島　喬

初出一覧

次の諸章は、既発表の論文またはエッセイを採録したものである。初出年を括弧内に示す。採録を許された各誌、各出版社に感謝する次第である。

1　「文化的再生産論の展開」（宮島喬・藤田英典編『文化と社会』有信堂高文社、一九九一年、所収）

2　「再生産論としての教育論の構造」（『現代思想』青土社、一九八五年十一月号）

3　「ブルデュー社会学の論理」（『現代思想』青土社、一九九〇年三月号、副題を一部変更）

4　「選別とハビトゥスの社会学」（『思想』岩波書店、一九九一年六月号）

6　「ハビトゥスとしての戦略」（『フランス手帖』一六号、一九八七年）

9　「日本における文化的再生産過程のいくつかの側面」（「文化の階層性と文化的再生産」『東京大学教育学部紀要』二七巻、一九八八年、「現代日本における文化的再生産過程」前掲『文化と社会』有信堂高文社、「文化の構造と再生産に関する実証的研究」『東京大学教育学部紀要』三二巻、一九九二年、のそれぞれの共同執筆のうちの著者の執筆の部分）

11　「ハビトゥスとしての文化」（『現代思想』青土社、一九八五年八月、九月、十月、十二月、一九八六年一月、二月、三月、四月の各号）

＊　なお、それぞれにかなりの加筆・訂正を行なっている。

ま　行

や　行

ら　行

た 行

な 行

は 行

さ 行

索　引

あ　行

か　行

著者紹介

宮島 喬（みやじま・たかし）

1940年生まれ。東京大学大学院社会学研究科博士課程中退。東京大学文学部助手、お茶の水女子大学助教授、同教授、立教大学教授、法政大学大学院教授（社会学研究科）を歴任。現在、お茶の水女子大学名誉教授。専攻は社会学。主に文化の社会学の諸理論にもとづき日本とヨーロッパの移民やマイノリティの研究に携わる。

著書に『移民社会フランスの危機』、『多文化であることは』、『ヨーロッパ市民の誕生――開かれたシティズンシップへ』（以上岩波書店）、『文化と不平等』（有斐閣）など多数。訳書にP・ブルデュー＋J-C・パスロン『再生産』（藤原書店）、デュルケーム『自殺論』（中公文庫）など多数。

〈増補新版〉文化的再生産《ぶんかてきさいせいさん》の社会学《しゃかいがく》――ブルデュー理論《りろん》からの展開《てんかい》

1994年2月25日　初版第1刷発行
2002年2月20日　初版第4刷発行
2017年4月10日　増補新版第1刷発行©

著　者　宮　島　　喬
発行者　藤　原　良　雄
発行所　株式会社　藤　原　書　店

〒162-0041　東京都新宿区早稲田鶴巻町523
電　話　03（5272）0301
FAX　03（5272）0450
振　替　00160-4-17013
info@fujiwara-shoten.co.jp

印刷・製本　中央精版印刷

Printed in Japan
ISBN978-4-86578-118-2

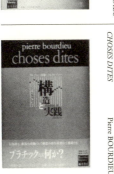

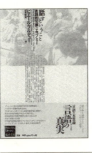

大学世界のタブーをあばく

ホモ・アカデミクス

P・ブルデュー
石崎晴己・東松秀雄訳

この本を焼くべきか？　自己の属する大学世界の再生産を徹底的に分析した、科学的自己批判・自己分析の金字塔。世俗的権力は有するが学問的権威を欠く管理職的保守派と、その逆をゆく知識人的革新派による学部の争いの構造を、初めて科学的に説き得た傑作。

A5上製　四〇八頁　**四八〇〇円**
（一九九七年三月刊）
◇978-4-89434-058-9
HOMO ACADEMICUS　Pierre BOURDIEU

まったく新しいハイデガー像

ハイデガーの政治的存在論

P・ブルデュー
桑田禮彰訳

一見社会的な政治性と無縁にみえるハイデガーの「純粋哲学」の核心に社会的な政治性を発見。哲学と社会・時代の関係の本質にラディカルに迫る「哲学の社会学」。哲学言語の「内在的読解」による哲学的自己批判から、デリダ／ブルデュー論争の本質を明かす。

四六上製　二〇八頁　**二八〇〇円**
（二〇〇〇年一月刊）
◇978-4-89434-161-6
L'ONTOLOGIE POLITIQUE DE MARTIN HEIDEGGER　Pierre BOURDIEU

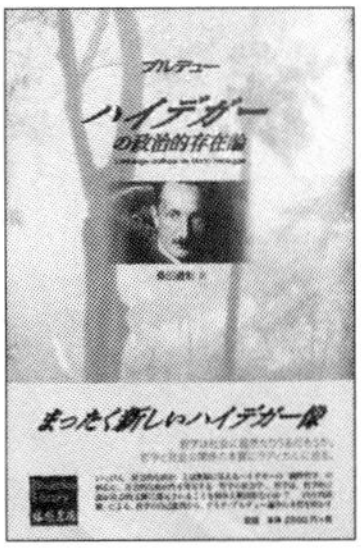

ネオリベラリズム批判

市場独裁主義批判

P・ブルデュー
加藤晴久訳＝解説

ピエール・ブルデュー監修〈**シリーズ・社会批判**〉第一弾。「市場」なるものが独裁者然と君臨するグローバリズムへの対抗戦術を呈示。最晩年のブルデューが世界各地で行なった、緊張感溢れる講演・政治的発言を集成。「市場派」エコノミストの詭弁をあばき、「幸福の経済学」を提唱する。

四六変並製　一九二頁　**一八〇〇円**
（二〇〇〇年七月刊）
◇978-4-89434-189-0
CONTRE-FEUX　Pierre BOURDIEU

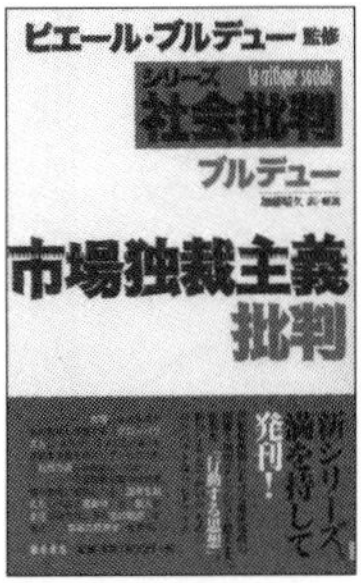

商業主義テレビ批判

メディア批判

P・ブルデュー
櫻本陽一訳＝解説

ピエール・ブルデュー監修〈**シリーズ・社会批判**〉第二弾。メディアの視聴率・部数至上主義によって瀕死の状態にある「学術・文化・芸術」を再生させるために必要な科学的分析と実践的行動を具体的に呈示。視聴者・読者は、いま消費者として「メディア批判」をいかになしうるか？

四六変並製　二一六頁　**一八〇〇円**
（二〇〇〇年七月刊）
◇978-4-89434-188-3
SUR LA TÉLÉVISION　Pierre BOURDIEU

「これは自伝ではない」

自己分析

P・ブルデュー
加藤晴久訳

父母や故郷など自らの出自から、一九五〇年代のフランスの知的状況、学問遍歴、アルジェリア経験、そして「取り返しのつかない不幸」まで。危険を省みず、自己自身を容赦なく科学の対象としたブルデューの絶筆。『パスカル的省察』『科学の科学』に続く晩年三部作、ついに完結！

四六上製　二〇〇頁　**二八〇〇円**
（二〇一一年一月刊）
◇978-4-89434-781-6

ESQUISSE POUR UNE AUTO-ANALYSE Pierre BOURDIEU

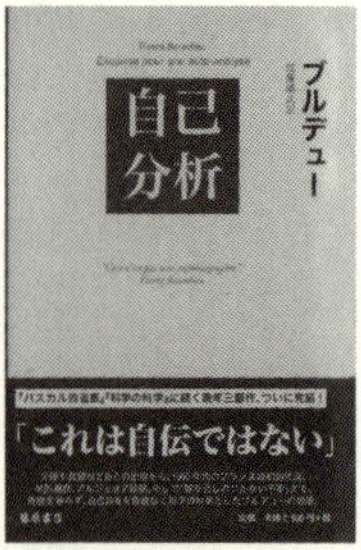

ブルデューの〝資本論〟

国家貴族 I・II

（エリート教育と支配階級の再生産）
P・ブルデュー
立花英裕訳＝解説

膨大な文献資料・統計データを渉猟し、一九六〇―八〇年代フランスにおける支配階級再生産の社会的基盤を分析、「権力維持に文化・教育が果たす役割」についての一般理論を展開。

A5上製　I四八〇頁　II三五二頁　**各五五〇〇円**
（I二〇一二年二月刊　II二〇一二年三月刊）
I◇978-4-89434-841-7
II◇978-4-89434-842-4

LA NOBLESSE D'ÉTAT Pierre BOURDIEU

四〇年にわたる「政治的発言」の主要テクストを網羅

介入 I・II

（社会科学と政治行動 1961-2001）
P・ブルデュー
F・プポー＋Th・ディセポロ編
櫻本陽一訳＝解説

社会に介入＝発言し続ける「知識人」ブルデューの真価とは何か。全生涯の社会的発言を集成し、旧来型の「社会運動」への挺身でも「国家」の単純な再評価でもなく、両者を乗り越えてグローバリズムと対峙したブルデュー思想の現代的意味を炙り出す決定版論集。

A5並製　I四〇八頁　II三三六頁
各三六〇〇円　（二〇一五年三月刊）
I◇978-4-86578-016-1
II◇978-4-86578-017-8

INTERVENTIONS 1961-2001 Pierre BOURDIEU

偉大な知識人の生と仕事を俯瞰

ピエール・ブルデュー

（1930-2002）
加藤晴久編

ブルデューが自身の人生、同時代の思想家との関係を赤裸々に語る日本語版オリジナルのロングインタビュー二本と、最近の重要論文、世界の知識人によるブルデュー論、年譜、著作解題、**デリダ、サイード**らの弔辞などで構成。

A5並製　三一二頁　**三二〇〇円**
（一九九六年九月／二〇〇二年六月刊）
◇978-4-89434-282-8